미디어 산업 지형을 뒤바꿀 파괴적 혁신의 새로운 시작

웹3.0 미디어 비즈니스

WEB3.0 MEDIA BUSINESS

송민정 지음

박영사

머리말

"탈중앙화"가 핵심인 웹3.0은 개인이 직접 데이터를 소유하고, 블록체인, 스마트계약, 대체불가토큰(NFT) 기술 등을 토대로 다음 세대의 인터넷 생태계를 구현하는 것이다. 웹1.0 시대 개인은 정보를 일방향으로 얻었지만, 웹 2.0 시대 개인의 역할은 생산자로 확장되어 프로슈머(Prosumer)라 칭해졌다. 플랫폼 경제 안에서 개인도 직접 재화 생산에 참여했던 것이다. 하지만, 플랫폼 경제의 승자 싹쓸이로 대부분 이득은 소수 플랫폼 기업의 차지가 되었다. 개인의 정보와 검색 기록은 페이스북, 인스타그램, 아마존, 유튜브 등 플랫폼 기업의 중앙 서버에 저장되면서 플랫폼 기업들은 이를 토대로 막대한 수익을 챙겼다. 게다가, 플랫폼의 운영 정책도 플랫폼 자사 이익에 집중됐고, 인터넷 생태계 확장도 플랫폼 기업에 의해 좌지우지되었다.

이러한 소수 플랫폼 독점의 대안으로 제시된 것이 웹3.0이다. 개인이 데이터 소유권을 갖고, 누구나 다양한 분산형의 애플리케이션을 만들 수 있으며, 참여자들 스스로 규칙을 정하고 의사 결정권자도 될 수 있다. 웹1.0이 정보

읽기, 웹2.0이 정보 공유의 민주화였다면, 웹3.0은 디지털자산 소유의 민주화이다. 이러한 이론적 이해에도 불구하고 실제 웹3.0 비즈니스 모델에 참여하는 데는 시간이 좀 더 필요하다. 하지만, 각 산업에서 이미 다양한 사례들이 등장하고 없어지는 진화 과정 속에서 그 속도는 가속화될 것이다. 이에 현시점에서 웹3.0 철학을 좀 더 명확히 인지하고 진화가 안정화될 미래 시점에서 현재를 바라보는 비즈니스 접근법이 필요하다. 미디어 비즈니스도 예외가 아니다.

본서인 **"웹3.0 미디어 비즈니스"**는 크게 두 개의 파트로 나뉘며, 총 13장으로 꾸며져 있다. **전반부**에서는 웹3.0의 이해를 돕기 위해 1장의 개관과 함께 2~6장에서 웹3.0의 5대 특성을 중심으로 하는 비즈니스 기회들을 소개한다. **후반부**는 웹3.0 미디어 비즈니스에 대한 것으로 7장의 비즈니스 모델 설계와 함께 관련 사례들을 8~12장에서 미디어 장르 중심으로 소개하고, 마지막 13장에서 미디어 비즈니스에 필요한 인프라에 대해 웹3.0 기본 특성 중심으로 소개한다.

각 장들에 대해 좀 더 설명하면, **1장**은 웹2.0에서 웹3.0으로의 여정을 다룬다. 먼저, 웹3.0의 등장 배경과 그 의미를 언급하고, 웹3.0을 구성하는 5대 특성을 기본 특성과 구현 특성으로 구분해 정의하며, 현 시점에서 정책 중심에 있는 디지털자산 규제 정책에 대해 살펴본 후 다양한 시각에서 본 비즈니스 기회들을 소개한다.

2장은 웹3.0 기본 특성 중 하나인 "탈중앙화" 비즈니스 기회를 다룬다. 먼저, 이용자 권한의 회복을 의미하는 탈중앙화에 대해 설명하고, 중앙집중적 플랫폼 기업 구조를 대체하는 탈중앙화 자율조직(DAO)의 특성을 살핀 후, 이의 시작점이 되는 탈중앙화 금융(DeFi)과 이의 비즈니스 확장 가능성에 대해 조망한다.

3장은 웹3.0 기본 특성 중 하나인 "디지털자산" 비즈니스 기회를 다룬다. 먼저, 소유권의 회복을 의미하는 디지털자산에 대해 설명하고, 데이터의 가치화와 수익화를 실현하게 하는 디지털자산의 토큰화 특성을 살핀 후, 그 시작점이 되는 유틸리티 토큰과 이의 비즈니스 확장 가능성에 대해 조망한다.

4장은 웹3.0 기본 특성 중 하나인 "분산 저장" 비즈니스 기회를 다룬다. 먼저, 보다 높은 신뢰성의 회복을 의미하는 분산 저장에 대해 설명하고, 이용자 데이터가 특정 앱에 귀속되지 않고 여러 앱에서 사용될 수 있게 하는 분산 애플리케이션(DApp)의 특성을 살핀 후, 그 시작점이 되는 암호화폐 지갑과 이의 비즈니스 확장 가능성에 대해 조망한다.

5장은 웹3.0 구현 특성 중 하나인 "웹3.0 인공지능(AI)" 비즈니스 기회를 다룬다. 먼저, 생산성의 향상을 도모하는 웹3.0 AI에 대해 설명하고, 탈중앙화 인프라와 분산 애플리케이션 계층 모두에 영향을 미치는 웹3.0 AI의 지능화 특성을 살핀 후, 그 시작점이 되는 탈중앙화 컴퓨팅 네트워크와 이의 비즈니스 확장 가능성에 대해 조망해 본다.

6장은 웹3.0 구현 특성 중 하나인 "웹3.0 메타버스" 비즈니스 기회를 다룬다. 먼저, 이용자 경험의 향상을 도모하는 웹3.0 메타버스에 대해 설명하고, 웹3.0과 메타버스의 융합 실현의 전제조건이 되는 상호운용성 특성을 살핀 후, 그 시작점이 되는 대체불가토큰(NFT)과 이의 비즈니스 확장 가능성에 대해 조망한다.

7장은 웹3.0 미디어 비즈니스 모델 설계를 다룬다. 먼저, 웹3.0이 주는 미디어 비즈니스 기회를 신규 비즈니스, 글로벌 확장, 기술 부채로 구분해 데이터와 콘텐츠 소유권의 가치 창출 기회를 관찰하고, 가치 제안과 이익 공식 중심의 비즈니스 모델을 설계한 후, 데이터와 콘텐츠 기반의 웹3.0 미디어 비즈니스 선두 사례들의 장단점을 따져본다.

8장부터 12장까지는 저자의 최근 논문들을 바탕으로 한 웹3.0 미디어 비즈니스 사례들을 다룬다. 먼저 **8장**은 2장의 "탈중앙화" 특성과 연계한 웹3.0 스트리밍 미디어 비즈니스의 설계이다. 탈중앙화 시스템 구성요소 기반의 웹3.0 스트리밍 비즈니스 모델을 설명한 후, 비즈니스 모델 유형을 두 개로 나누어 유튜브의 대안인 비디오 공유 비즈니스와 아마존웹서비스(AWS)의 대안인 콘텐츠 전송 비즈니스를 설계하고 사례들을 제시한다.

9장은 3장의 "디지털자산" 특성과 연계한 웹3.0 게임 미디어 비즈니스의 설계이다. 유틸리티 토큰 구조 기반의 웹3.0 게임 비즈니스 모델 혁신을 설명한 후, 비즈니스 모델 혁신 유형을 두 개로 나누어 방어적 비즈니스 모델 혁신과 공격적 비즈니스 모델 혁신을 설계하고 사례들을 제시한다.

10장은 4장의 "분산 저장" 특성과 연계한 웹3.0 창작경제 미디어 비즈니스의 설계이다. 기존 플랫폼에 대한 무너진 신뢰성을 회복하려는 창작경제의 변화 움직임을 관찰한 후, 웹2.0 플랫폼 비즈니스 모델을 파괴적으로 혁신하려는 신시장의 웹3.0 비즈니스 모델 유형을 세 개로 나눈 후 다시 B2C 비즈니스(직접 수익화)와 B2B 비즈니스(창작자 툴 지원)로 구분해 비즈니스를 설계하고 사례들을 제시한다.

11장은 6장의 "웹3.0 메타버스" 특성과 연계한 웹3.0 스포츠 미디어 비즈니스의 설계이다. 이용자 경험을 향상시키려는 웹3.0 메타버스의 경제 원칙들을 토대로 웹3.0 메타버스 스포츠 비즈니스 유형을 관찰한 후, 세 가지 경제 원칙인 디지털 공간, NFT, 디지털 신원을 비즈니스 기회로 보아 각각에 대해 가치사슬 3단계인 가치 창출, 획득, 전달별로 비즈니스를 설계하고 사례들을 제시한다.

12장은 웹3.0 특성들을 총체적으로 연계한 토크노믹스(Tokenomics) 관점에서 본 웹3.0 소셜미디어의 소셜토큰 비즈니스 설계이다. 토크노믹스에 의해 형성되는 소셜토큰(Social token)을 유형화하고, 토크노믹스 구성 요소와 인센티브 구조를 토대로 세 가지 유형인 퍼스널 토큰, 커뮤니티 토큰, 소셜토큰 플랫폼 비즈니스를 설계하고 사례들을 제시한다.

마지막으로 **13장**은 웹3.0 특성별로 본 인프라의 진화를 보여준다. 먼저, 웹3.0 인프라의 개념과 진화 패러다임을 관찰하고, 5장에서 다룬 구현 특성인 "웹3.0 인공지능"의 지능화를 근간으로 "탈중앙화" 특성과 연계된 블록체인 인프라, "데이터 소유권" 특성과 연계된 쿼리(Query) 인프라, 그리고 "높은 신뢰성" 특성과 연계된 스토리지(Storage) 인프라에 대해 소개한다.

본서의 우선적 대상은 미디어 및 인터넷 업계에 있는 모든 이해관계자들과 관련 연구자들, 학계에 있는 대학 교수들과 관련 전공자들이다. 또한, 본서는 미디어 산업 변화 추세를 재빨리 이해하여 전략을 수립하고 싶은 일선에서 일하는 미디어 기획자들과 웹3.0 미디어 비즈니스 사례들을 알고 싶어 하는 기업들에게도 시기적으로 도움이 될 것으로 기대한다. 결론적으로 웹3.0 시대를 대비하여 미디어 산업과 비즈니스에 관심 있는 모든 분들께 도움이 될 것이다.

본서가 잘 출판될 수 있었던 것은 무엇보다도 2023년 4월 창립한 카이스트(KAIST), 한국전자통신연구원(ETRI) 주도의 "웹3.0 연구회" 활동 덕분이다. 창립 이후부터 매주 목요일 오전마다 온, 오프라인 미팅을 통해 서로 머리를 맞대고 웹3.0을 구상해 보는 시간을 가졌고, 아직도 진행 중이다. 연구회의 회장이신 최준균 교수를 비롯해 박홍식 교수, 정일영 교수, 박종대 박사, 이

종현 박사, 박효주 박사, 고혜수 박사 등 이 저서를 쓸 수 있도록 지혜를 주신 분들께 감사의 뜻을 전하고 싶다. 아울러, 출판하도록 배려해 주신 박영사 안종만 회장, 안상준 대표, 김한유 대리, 조보나 편집위원께도 감사를 드리며, 본 서가 국내 미디어 기업들을 글로벌 웹3.0 혁신 기업으로 도약시키는 데 조그마한 보탬이 되기를 소망한다.

2025년 2월

저자 송민정

목차

PART 1

웹2.0에서 웹3.0으로의 여정   **15**

- 웹3.0의 등장 배경과 그 의미   16
- 웹3.0을 구성하는 5대 특성   21
- 웹3.0 정책 중심, 디지털자산   24
- 웹3.0 기술로 본 비즈니스 지형   32
- 참고문헌   43

PART 2

탈중앙화 비즈니스 기회   **49**

- 이용자 권한의 회복, 탈중앙화   50
- 탈중앙화 자율조직(DAO)의 특성   56
- DAO의 시작, 탈중앙화 금융(DeFi)   64
- 탈중앙화 금융(DeFi) 비즈니스 확장   72
- 참고문헌   75

PART 3
디지털자산 비즈니스 기회   79

- 소유권의 회복, 디지털자산   80
- 디지털자산 토큰화와 그 특성   82
- 토큰화의 시작, 유틸리티 토큰   90
- 유틸리티 토큰 비즈니스 확장   92
- 참고문헌   98

PART 4
분산 저장 비즈니스 기회   103

- 높은 신뢰성의 회복, 분산 저장   104
- 분산 애플리케이션(DApp)의 특성   110
- DApp의 시작, 암호화폐 지갑   114
- 암호화폐 지갑 비즈니스 확장   120
- 참고문헌   128

PART 5
웹3.0 인공지능 비즈니스 기회   133

- 생산성의 향상, 웹3.0 인공지능   134
- 웹3.0 인공지능의 지능화 특성   137
- 지능화의 시작, 컴퓨팅 네트워크   141
- 컴퓨팅 네트워크 비즈니스 확장   144
- 참고문헌   151

PART 6
웹3.0 메타버스 비즈니스 기회   155

- 이용자 경험의 향상, 웹3.0 메타버스   156
- 웹3.0 메타버스의 상호운용성 특성   162
- 상호운용성의 시작, 대체불가토큰   166
- 대체불가토큰(NFT) 비즈니스 확장   173
- 참고문헌   176

PART 7
웹3.0 미디어 비즈니스 모델 설계　　　　　　179

- 웹3.0이 주는 미디어 비즈니스 기회　　　　　180
- 웹3.0 미디어 비즈니스 모델 설계　　　　　　185
- 데이터 기반 웹3.0 미디어 비즈니스　　　　　189
- 콘텐츠 기반 웹3.0 미디어 비즈니스　　　　　194
- 참고문헌　　　　　　　　　　　　　　　201

PART 8
웹3.0 스트리밍 미디어 비즈니스　　　　　　205

- 웹3.0 스트리밍 비즈니스 모델 이해　　　　　206
- 웹3.0 스트리밍 비즈니스 모델 유형　　　　　210
- 웹3.0 비디오 공유 비즈니스 설계　　　　　　213
- 웹3.0 콘텐츠 전송 비즈니스 설계　　　　　　216
- 참고문헌　　　　　　　　　　　　　　　227

PART 9
웹3.0 게임 미디어 비즈니스   233

- 웹3.0 게임 비즈니스 모델 이해   234
- 웹3.0 게임 비즈니스 모델 혁신 유형   242
- 웹3.0 게임의 방어적 비즈니스 설계   247
- 웹3.0 게임의 공격적 비즈니스 설계   250
- 참고문헌   256

PART 10
웹3.0 창작경제 미디어 비즈니스   259

- 웹3.0 창작경제 비즈니스 모델 이해   260
- 웹3.0 창작경제 비즈니스 모델 유형   268
- 웹3.0 창작경제의 B2C 비즈니스 설계   274
- 웹3.0 창작경제의 B2B 비즈니스 설계   279
- 참고문헌   283

PART 11
웹3.0 스포츠 미디어 비즈니스   289

- 웹3.0 메타버스 스포츠 비즈니스 유형   290
- 웹3.0 스포츠 공간 비즈니스 설계   294
- 웹3.0 스포츠 NFT 비즈니스 설계   298
- 웹3.0 스포츠 아바타 비즈니스 설계   301
- 참고문헌   306

PART 12
웹3.0 소셜미디어 토큰 비즈니스   313

- 웹3.0 소셜미디어의 소셜토큰 유형   314
- 웹3.0 퍼스널 토큰 비즈니스 설계   321
- 웹3.0 커뮤니티 토큰 비즈니스 설계   325
- 웹3.0 소셜토큰 플랫폼 비즈니스 설계   329
- 참고문헌   337

PART 13
웹3.0 특성별로 본 인프라의 진화   343

- 웹3.0 인프라 개념과 진화 패러다임   344
- "탈중앙화" 특성과 블록체인 인프라   348
- "데이터 소유권" 특성과 쿼리 인프라   357
- "높은 신뢰성" 특성과 스토리지 인프라   362
- 참고문헌   371

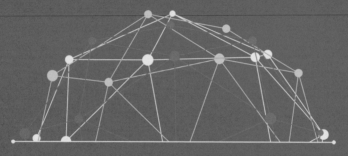
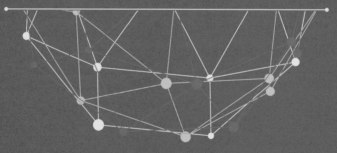

WEB3.0 MEDIA BUSINESS

웹2.0에서
웹3.0으로의 여정

웹2.0에서 웹3.0으로의 여정

웹3.0의 등장 배경과 그 의미

웹3.0(Web3.0) 용어는 1999년 팀 버너스리(Tim Berners-Lee)의 저서 "웹 짜기(Weaving the Web)"에서 '시멘틱 웹(Semantic Web)'으로 표현되면서 처음 사용되었다. 시멘틱 웹이란 컴퓨터가 이해할 수 있는 잘 정의된 의미를 기반으로 맥락에 맞는 정보를 제공해 주는 지능형 웹을 말한다. 즉, 웹 내의 기계가 자동으로 정보를 수집하고 처리하는 방식으로 변화하기 때문에 정보 접근성 개선이 필요하다는 주장인 것이다. 이러한 웹3.0은 점차 이용자와 창작자가 토큰을 매개로 공동 소유하는 개방형 인터넷을 의미하게 된다. 이는 암호화폐(Cryptocurrency), 대체불가토큰(Non-fungible token; NFT), 탈중앙화 자율조직(Decentralized Autonomous Organization; DAO), 탈중앙화 금융(Decentralized Finance; DeFi) 등을 포괄하며, 다양한 산업에서 접목되기 시작하면서 미디어 산업도 이에 가세하게 된다.

한편, 웹3.0과 웹3이 구분되기도 한다. 아래 [표 1]에서 보면, **웹3**으로 부르기 시작한 개빈 우드(Gavin Wood)는 2014년 4월 17일 게재한 자신의 블로그에서 개인정보 보호 측면에서 블록체인 기술을 강조한다. 한편, 시맨틱 웹 개념과 웹3.0 용어를 처음 썼던 버너스-리와 그의 추종자들은 2016년 웹3과 구분되는 **웹3.0**을 다시 제시한다. 정리해 살펴보면, 웹3은 데이터와 신원(Idendity; ID)에 대한 제어권을 사용자에게 주는 보안과 개인정보 권한 부여에 중점을 두는 데 비해, 웹3.0은 웹사이트에서 데이터를 재사용하고 상호 연결하는 효율성 차원의 인텔리전스(Intelligence)에 중점을 두고 있다.

[표 1] 웹3(2014년)와 웹3.0(2016년) 개념 비교

	Web3 (2014)	Web3.0 (2016)
제안자	Gavin wood	Semantic Web follower & Berners-Lee
분산화 모델	탈중앙, P2P	Server-Client
프로토콜	블록체인 기반	Http/Https
지향점	WWW에 대한 대안	WWW의 보완
비용	Tx[*] 발생에 따른 지불	통신사 요금제
프로덕트	BTX, ETH 등	Solid, Chat GPT 등
사용성	낮은 Scalability	높은 Scalability
개인 정보 관리	공개된 원장 (zK[**]의 경우에는 예외가 있음)	개인이 직접 관리 (외부 노출X)
사용범위	NFT, Banking, DID, Storage	DID, AI, 분산화 된 데이터 베이스

[*]Tx: Transaction(거래)
[**]zk: zero knowledge(영지식)

출처: 이지스 벤처스, 2023.9.27.

웹3과 웹3.0 모두 인터넷의 미래를 담은 용어로, 블록체인과 인공지능 기술을 활용해 데이터의 소유권을 지키고 개인화된 서비스를 제공하는 것을 목표로 한다. 따라서, 본서는 웹3이 말하는 데이터 제어를 분산시키는 기술

과 웹3.0이 말하는 인공지능과 블록체인 기반으로 데이터 소유를 개인화하는 기술 모두를 포괄하며, 용어를 웹3.0으로 통일한다.

웹3.0이 등장하게 된 배경은 여러 가지이다. 본서는 특히 웹2.0의 존재가 없다면 웹3.0의 여정이 시작될 수 없다는 전제하에 현재 웹2.0 플랫폼의 한계성에서부터 **웹3.0의 등장배경**을 찾아보고자 한다. **첫째,** 일부 거대 플랫폼들의 권력이 너무 강하다. 웹2.0에서 만들어지는 데이터와 콘텐츠가 중앙집중적으로 관리되면서, 구글, 애플, 페이스북, 아마존 등 대표 플랫폼들의 권력이 강해질 수밖에 없고 이런 권력의 불균형으로 인한 문제점들이 등장한다. 이들은 초기에 혁신적 서비스로 이용자들을 끌어모았지만, 이용자 데이터 축적을 계기로 여러 문제들을 야기한다. 플랫폼의 중앙 서버에 저장된 개인정보는 해킹과 유출 위험에 노출되었고, 갑작스러운 서비스 중단이 발생하면 이용자들이 대응할 방법이 없다. 축적된 데이터는 이용자 의사와 관계없이 광고에 이용되거나 제3자 사업자에 판매되는 문제도 발생했고, 플랫폼에게 서비스를 제공한 창작자는 공정한 수익을 배분받지 못한다.

둘째, 거대 플랫폼들의 콘텐츠 독점이다. 플랫폼 기업들이 개인 이용자가 창작한 다양한 콘텐츠를 직접 소유하고 통제, 서비스하였기 때문에 콘텐츠의 독점을 통해 창출되는 수익의 대부분을 독식하고 있는 게 현실이다. 이러한 웹2.0 환경에서 개인 이용자들은 자신들이 내놓은 콘텐츠에 대한 소유권을 주장하기 어려우며, 수익 측면에서는 극히 일부의 수익만을 거둘 수 있게 된다. 유튜브조차도 유튜버인 크리에이터들에게 애드센스 광고(Ad Sense) 수익 일부를 배분하고 있다.

마지막 **셋째,** 이용자 간 거래가 발생할 경우에 반복되는 플랫폼 기업의 불공정 거래 행위이다. 이는 거래 자체에 대한 신뢰성과 투명성을 저해하는 것이다. 특히, 인앱결제(In App Purchase; IAP)와 전자금융 등, 양대 스마트폰 운영 체제(Operating System; OS)인 구글과 애플의 앱 시장 독과점이 심화되는 양상이다. 예컨대, 구글의 IAP 강제로 안드로이드 앱 개발사들의 서비스 이용료 인상이 불가피해진다. 구글은 IAP를 준수하지 않는 앱을 구글플레이에서 퇴출했다. 이에 미국의 상무부 산하에 있는 통신정보관리청이 2023년 2월에 구글과 애플의 IAP 정책이 앱 개발사들의 혁신을 저해한다고 경고한 바 있다.

이러한 웹2.0 플랫폼의 한계점은 결국 플랫폼의 주요 특성이기도 한 승자독식에 기인한다. 이를 해소하려는 노력의 일환인 웹3.0의 주요 철학은 바로 '소유'를 가장 중시한다는 점이다. 웹의 변천사를 살펴보면, 현재 인류가 누리고 있는 인터넷은 1980년대부터의 웹1.0을 시작으로 발전하고 있다. 웹1.0이 일방향적인 하이퍼 텍스트 마크업 언어(Hyper Text Markup Language; HTML)로 구성되었다면, 웹2.0은 양방향적으로 발전했고, 이제 탈중앙화된 웹으로 블록체인과 인공지능, 사용자 데이터의 자율성 등을 강조하는 웹3.0 시대로 진입 중이다.

웹의 여정으로 보면, 먼저 웹3.0 용어를 가장 처음 사용한 팀 버너스리가 1989년 월드와이드웹(World wide web; WWW)을 제안해 정보 공유를 위한 하이퍼텍스트(Hypertext)를 개발했다. 그 이후 최초의 웹 브라우저가 개발되었으며 웹사이트가 공개되어 정보를 습득할 수 있게 되면서 **웹1.0** 시대가 열린다. 또한, 1993년 모자이크와 넷스케이프 내비게이터가 출시되면서 웹이 대중화되더니 2000년대 중반까지 웹1.0 시대를 이룬다. 1995년 인터넷 익스플로러가 출시되면서 웹 브라우저 경쟁이 시작되고, HTML3.2의 표준화로 콘텐츠가 다양해지기 시작한다. 1998년에 구글이 나오면서 정보 검색이 쉬워지게 되는데, 이러한 웹1.0의 한계는 정보 습득은 가능하나 정보 공유나 교류는 어려웠다는 점이다.

2003년, 사용자가 콘텐츠를 생성하고 공유하는 **웹2.0**이 제시된다. 참여, 공유, 개방이라는 개념을 가진 철학으로 웹2.0이 발전하기 시작하더니, 이를 외면한 웹1.0 시대에만 머문 기업들이 사라지기 시작하고, 2004년 페이스북, 2005년 유튜브, 2006년 트위터가 연이어 등장하면서 실시간 정보 공유와 소셜네트워킹(Social networking)이 시작된다. 여기에 불을 지핀 것은 2007년 출시된 아이폰이다. 이로 인해 모바일 인터넷이 대중화된다. 뉴스를 보고 댓글을 달거나 소셜네트워크서비스(Social network service; SNS)에 글을 올리고 공유, 주고받는 것이 가능해진 것이 웹2.0의 의미이다. 읽고 쓰는 것이 가능해진 것이다. 하지만, 이들은 아쉽게도 모두 중앙집중식이라 방대한 데이터를 중앙 서버에 저장하고 이를 활용해 빅데이터를 갖게 되면서 이를 광고 영업에도 활용하고 고객에게 개인화된 서비스를 제공하는 데에도 활용하게 된다. 문제로 제시되는 것은 중앙집중화의 단점이다. 이는 해킹되거나 고장 났을 때 엄청난 피해가 발생하게 한다.

2009년 비트코인(Bitcoin)이 출시되면서 블록체인 기술이 처음 상용화되었고, **웹3.0**이 웹2.0의 한계점을 보완해 줄 것으로 기대되기 시작한다. 그 이후 4년이 지난 2014년, 이더리움(Ethereum)이 설립되었고 2015년 인공지능이 재부상하고, 2017년 탈중앙화 금융인 DeFi와 대체불가토큰인 NFT가 부상하면서 디지털자산의 소유와 거래가 일어나기 시작한다. 특히 메타버스가 재부상하면서 NFT가 활성화되는 등 웹3.0과 메타버스 간의 융합이 일어나기 시작한다. 아직은 기술 기업과 일부 스타트업 중심으로만 웹3.0 기술 투자를 조심스럽게 확대하고 있지만, 탈중앙화된 데이터 관리 및 프라이버시 강화 등 다양한 혁신이 진행되기 시작한다.

웹3.0을 구성하는 5대 특성

아래 [표 2]는 웹3.0이 갖는 세 가지 기본 특성과 두 가지 구현 특성을 구분하고 있다. 먼저, 세 가지 기본 특성은 웹2.0 플랫폼의 한계점과 연결해서 생각해 볼 수 있다. 첫 번째 특성은 "탈중앙화(Decentralization)"이다. 이는 웹 2.0 플랫폼 기업의 데이터 통제와 운영의 중앙화에 대한 대응으로, 데이터 통제와 네트워크 및 플랫폼 운영의 탈중앙화를 통해 웹3.0은 데이터의 안전성 확보는 물론이고, 플랫폼 기업에 중앙 집중된 데이터 권력을 사용자들에게 되돌려줄 수 있을 것이다. 그렇게 되면, 플랫폼 기업은 사용자 데이터를 독점할 수 없게 될 것이고, 분산 저장되므로 해킹도 어려워지기 때문에 데이터 유출로 인한 프라이버시 침해도 방지할 수 있게 된다. 즉, 중앙 서버 없이 각 개인 노드들이 자율적으로 연결되어 P2P(Peer-to-Peer) 방식으로 각 노드에 데이터를 분산 저장하는 기술인 블록체인을 활용하는 웹3.0은 데이터를 암호화하여 중앙의 통제를 받지 않을 수 있게 할 것이다.

콘텐츠나 서비스 운영 방식도 중앙집중적 운영 방식이 아닌 탈중앙화 자율조직(DAO)의 설립을 통해 사용자가 중심이 된 투명한 거버넌스를 만들 수 있다. 서비스 운영 정책 입안, 결정, 집행 과정 등을 기록하므로, 투명하고 민주적인 의사결정이 가능해진다. DAO는 컴퓨터 프로그래밍에 의해 구성되고 조직 구성원들에 의해 투명하게 통제를 받고 운영되는 조직을 말한다. 2013년 9월, 비트쉐어즈(BitShares), 스팀(Steem), EOS의 창업자인 댄 라리머(Dan Larimer)가 아버지와 대화하면서 최초로 분산 자율 기업(Decentralized Autonomous Company) 용어를 사용한 이후, 2014년 탈중앙화 거래소인 비트쉐어즈가 출시되었다. 이후 관련 논의가 지속되다가 이더리움의 대표 인물인 비탈릭 부테린(Vitalik Buterin)이 2015년 스마트계약(Smart contract)을 통해 관리하는 조직을 구현하겠다면서 DAO를 사용하기 시작하였다.

[표 2] 웹3.0의 기본 특성과 구현 특성

특성		내용	제공가치와 의미
기본 특성	탈중앙화	• 중앙 통제기관(중개자) 없는 거래환경 제공 • 자율적·민주적 운영규칙 결정 • (주요 기술) 블록체인, DAO, 암호화폐 등	• 데이터 독과점 극복 • 운영 투명성 및 사용자 권한 강화
	데이터 소유권	• 중앙 통제기관이 소유하던 데이터를 사용자가 소유 • (주요 기술) NFT, 암호화폐, DApp 등	• 데이터 소유권 증명 • 수익 실현
	높은 보안성	• 중앙 서버가 필요 없는 데이터 분산저장 • 프로토콜 기반 무보증·무허가 참여 • (주요 기술) Dapp, 스마트 컨트랙트, 엣지컴퓨팅 등	• 보안성, 신뢰성 향상 • 참여 가능 대상 확대
구현 특성	지능화 서비스	• 사용자에게 맞춤화된 지능형 서비스 제공 • (주요 기술) 초거대 AI, 시멘틱 웹 등	• 편의성, 생산성, 효율성 증대
	확장된 미디어 인터페이스	• 현실세계와 가상세계가 융합된 공간 제공 • (주요기술) 메타버스(AR/VR/XR), 라이프로깅 기술 등	• 높은 몰입감 • 새로운 사용자 경험

출처: TTA(박정렬, 최새솔 글), 2022.5.

　　DAO는 블록체인 기반의 디지털 원장 시스템을 통해 조직 구성원들을 등록하고, 구성원들은 투표 같은 행위를 통해 조직의 결정들을 관리한다. 조직 구성원은 투표권을 얻기 위해 토큰을 구매한다. DAO의 모든 작업은 참여하는 조직의 구성원들 누구나 볼 수 있어 투명하다. 소셜 커뮤니티, 투자, 암호화폐 등의 프로토콜 관리 지원 등 구성하는 조직 목적과 철학이 다양해 DAO 종류는 다양하게 분류되는데, 대표적으로 프로토콜 DAO(Protocol DAO), 투자 DAO(Investment DAO), 소셜 DAO(Social DAO) 등이 있다.

　　두 번째 특성은 콘텐츠를 포함한 **"데이터 소유권"**이다. 이는 웹3.0 철학인 '소유'와 직결된다. 데이터 소유권에는 콘텐츠 소유권도 포함된다. 즉, 콘텐츠 창작자는 자신의 권리를 온전히 보장받을 수 있고 불법 사용에 대한 책임도 명확하다. 데이터 소유권은 개빈 우드가 2018년 자신의 블로그에서 "스노든 이후(Post Snowden)"라는 표현을 쓰면서 이를 웹3과 동일시했듯이, 개인정보 보호 이슈와도 연결된다. 이용자는 자신이 제작한 콘텐츠에 NFT를 적용해 소유권을 부여할 수 있다. NFT는 데이터 등의 디지털자산 소유를 인증할 수 있다. 같은 파일이어도 NFT에 기록된 원본을 증명할 데이터가 그 안에 숨겨져 있기 때문이다. 즉, 이용자는 디지털자산 생태계에 참여하여 코인 내지 토큰 같은 보상을 받을 수 있으며, NFT를 사용해 소유한 콘텐츠에 대한 소유권을 인정받고 희소성을 부여할 수 있기 때문에, 소유한 콘텐츠를 NFT 마켓플레이스에서 거래하는 방식으로 수익을 창출할 수 있게 된다.

세 번째 특성은 "**높은 신뢰성(보안성)**"이다. 이 또한 위의 데이터 소유권과 연계되며, 아울러 프라이버시 회복을 의미한다. 웹3.0에서는 스마트계약(Smart Contract)을 통해 사용자 간 미리 약속한 계약조건인 프로토콜이 충족되어야만 거래가 가능해진다. 또한, 적어도 개념상으로는 계약상의 거래 조건이 프로토콜화되어 분산 저장되고, 해당 계약을 이행하는 과정에서 계약 충족 조건을 컴퓨터가 실행하기 때문에 별도의 제3자 인증기관이 필요 없게 된다. 이러한 개념상의 특성으로 인해 개인 간에 신뢰할 수 있는 거래가 가능해지게 된다. 플랫폼 기업의 데이터 통제에서 벗어나기 위해 블록체인 기반의 분산형 애플리케이션(Decentralized application; DApp)이 등장한다. 이를 이용하면 거래 기록 등 데이터를 분산 저장하기 때문에 중개자가 이 데이터를 통제하는 상황을 해결할 수 있다.

다음은 웹3.0 구현 특성으로 먼저 '**지능화 서비스**'가 있다. 지능화란 컴퓨터가 웹 페이지에 담긴 내용을 이해하고 사용자에게 맞춤형 서비스를 제공하는 지능화 웹을 의미하므로 버너스-리의 웹3.0 철학에 연계된다. 인터넷에 인공지능(Artificial Intelligence; AI) 기술이 접목되어 사용자들은 더 똑똑한 웹 세상을 누릴 수 있다. 이 특성은 웹2.0의 연장선에서 AI와 시멘틱 웹 등을 통해 더욱 사용자의 맥락에 맞는 맞춤화 서비스 제공을 가능하게 한다. 웹3.0에서는 개인 AI 비서를 통해 음성으로 대략의 여행 일정과 선호만 말해주면, 그간 맞춤 학습한 이용자의 성향과 맥락에 기반해 일정과 예약을 진행하는 식이다.

다른 구현 특성은 '**확장된 미디어 인터페이스**'이다. 이미 웹2.0 환경에서 현실 세계와 가상세계가 융합되는 메타버스가 재부상하였는데, 웹3.0에서는 사용자의 3D 경험과 상호작용을 강조하는 가상현실 융합 도메인과 결합해 새로운 형태의 서비스와 콘텐츠 및 디지털자산을 창출하고 관리할 수 있는 분산형 인터넷 버전으로의 확장이 가능하다. 사용자들이 웹3.0 메타버스에서 증강현실(Augmented Reality; AR)/가상현실(Virtual Reality; VR)/혼합현실(XR: AR, VR을 포함한 몰입형 기술을 총칭하는 용어), 라이프로깅 및 초실감 기술 등을 통해 웹2.0 환경보다 더욱 높은 몰입감을 체험할 수 있을 것으로 기대하기 시작하면서, 웹3.0과 결합된 메타버스는 투명하고 안전한 경제 활동을 가능하게 할 것으로 기대된다.

웹3.0 정책 중심, 디지털자산

아래 **[표 3]**은 2023년 주요국들의 웹3.0 정책들을 한눈에 보여준다. 암호자산을 포괄하는 디지털자산(Digital asset), 분산신원확인(Decentralized identity; DID), 인공지능(AI), 블록체인 등이 눈에 들어온다. 먼저, 미국은 웹2.0 패권을 쥔 국가이지만, 2022년 3월 '디지털자산의 책임 있는 개발을 위한 행정명령'을 통해 디지털자산 제도 정비에 착수했다.

[표 3] 2023년 기준 주요국들의 웹3.0 정책 동향

국가	주요 특징
한국	• 관계부처 합동으로 새로운 웹3.0 시대에서 블록체인 산업 육성을 통한 디지털 신뢰 생태계 조성을 목표로 하는 '블록체인 산업 진흥 전략' 발표(2022.11.) • 데이터, 네트워크, 인공지능 기반의 'DNA + BIG3: 도미노 확산 전략(2022)'을 수립하여 5년간 10.9조원 규모의 재정투자 및 D.N.A 생태계 조성을 위한 전략 및 정책 수립 • 과학기술정보통신부는 초연결·비대면 신뢰 사회를 위한 블록체인 확산전략(2020) 발표
미국	• 바이든 대통령은 '디지털자산의 책임 있는 발전을 보장하기 위한 행정명령(2022)'을 통해 암호자산의 안전성 보장, 금융시장과의 조화 등을 추진 • 통화주도권을 디지털 금융체제에서도 유지하기 위해 '디지털자산 개발 전략에 관한 행정명령(2022.3.)'을 통한 디지털자산 정책 발굴, CBDC 연구 등 추진 • 연방 차원에서 블록체인 경쟁력 확보를 위한 '블록체인혁신법(2021.6.)', 캘리포니아주 '디지털금융자산법(2022.6.)', 뉴욕주 '스테이블코인 사업자 지침(2022.6.)' 등 발표 • '혁신 및 경쟁법(2021)', '미국경쟁법(2022)'을 추진하여 AI 등 ICT 신기술에 집중 지원 및 사이버 대응 지원 강화 등의 내용을 포함하여 경쟁력 강화를 목표로 함
일본	• '디지털 사회 실현을 위한 중점계획(2022)'을 기본 전략으로 국가 차원에서 웹3.0을 추진 중 • 총무성 '기술 활용 연구회(2022.8.)', 디지털청 '웹3.0 연구회(2022.10.)' 등을 운영하며 웹3.0 사회를 위한 법제 정비, DAO 사례 검토, DID 실증 사업 등 다양한 현황 조사 및 과제 추진 중 • 각 부처에 분산되어 있는 웹3.0 관련 담당 부서와 업무를 총괄하여 일관성 있는 정책 추진을 위해 경제 산업성에 '웹3.0 정책 추진실' 발족(2022.7.) • 금융청(FSA)은 기존 자금결제법의 규정 하에 있던 가상통화 관련 법안을 금융상품거래법과 연계 적용하는 방안에 대한 검토 시작(2018)
중국	• 국가 주도의 글로벌 블록체인 인프라(BSN)를 기반으로 공공-민간 연계 확장성 확보를 위한 전 세계 119개 노드 확보(2022.7.) 후 40여 개의 공공서비스 적용 • 부동산 등기, 농산물 이력 추적, 조달 입찰, 저작권 보호, 전자계약, 의료·건강 등 사회 전반으로 블록체인 활용 분야를 확대 중(2022.7.) • 코로나19로부터의 경제적 회복과 경쟁력 강화를 위해 '14차 5개년 계획(2021)'을 발표하여 7대 ICT 기술로 블록체인을 지정하는 등 디지털 중국의 건설 방향을 제시
EU	• 유럽 디지털 신원 지갑 제도를 신설한 '전자신원확인체계(eIDAS 2.0, 2021.6.)'와 '디지털자산에 대한 규제 프레임워크(MICA, 2022.6.)' 발표 • 국경 간 문서 공증, 졸업증명서 인증, 신원인증, 데이터 공유 등 공공 중심으로 블록체인 활용 도입 및 확산 중(2022.5.) • 범 유럽 디지털 인프라 핵심 표준 확보 및 블록체인 기반 공공서비스 제공을 위한 '공공주도 유럽 블록체인 인프라(EBSI)' 확보 및 유럽 전역에 38개 노드 구축 및 운영(2021.12.)

출처: 인터넷진흥원, 2023.

일본 경제산업성(METI)은 2023년에 웹3.0 정책실(Web3 Policy Office)을 개설해 웹3.0 비즈니스 발전을 위한 프레임워크를 수립하고, 암호자산 및 NFT 기반 가치를 창출하고 블록체인을 활용해 데이터를 관리하는 웹3.0 확산을 위한 '웹3.0 백서'를 발행했다. 이 백서는 NFT, DAO 규제 제안을 목표로, 관련 세제 개선, 콘텐츠 홀더(Content holder) 보호, NFT 관련 소비자 보호 등 암호자산 산업 로드맵을 제공하고 있다. 중국도 2020년 출범한 '국가 주도 블록체인 서비스 네트워크(Blockchain Service Network; BSN)'를 중심으로 인프라를 확장 중이며, 민간의 탈중앙화 암호자산 거래는 전면 금지하면서도 정부 중앙은행 디지털화폐(Central Bank Digital Currency; CBDC) 개발에는 속도를 낸다. 그 배경에는 국가 주도로 웹3.0 생태계를 구축하겠다는 의도가 담겼다.

유럽연합(European Union; EU)은 2023년 11월 블록체인 인프라에 투자하는 'EU의 디지털 10년 정책프로그램' 승인을 통해 2018년 설립된 '유럽 블록체인 서비스 인프라(EBSI)'에 대한 지원을 확대할 계획과 함께, 2023년 4월 유럽의회를 통해 세계 최초로 '암호자산 시장 규정(Markets in Crypto Assets Regulation; MiCA)'을 의결, 2025년 1월부터 전면 시행된다. MiCA는 자금 세탁 방지를 위한 고객 신분 확인을 요구하는 '자금이체규정(Transfer Of Funds Regulation; TFR)'으로 알려진 '자금 및 특정 암호화폐 송금에 관한 정보 규정안'도 함께 통과시켰다. 이로써 암호자산 지갑 제공업체들과 거래소들은 EU에서 사업할 때 허가를 받아야 하고, 스테이블코인 발행사들도 충분한 준비금을 유지해야 한다.

아래 **[표 4]**에서 보면, MiCA는 자산준거토큰(Asset-Referenced Tokens; ART), 전자화폐토큰(E-Money-Token; EMT; 이머니토큰), 기타 암호자산(Other

Crypto-Assets: 유틸리티 토큰 의미)으로 구분한다. ART와 EMT 발행자는 충분한 유동성 준비 자산을 보유해야 하는데, 이는 소비자와 투자자 보호를 위해 발행자의 재무건전성 등 진입 규제와 공시, 리스크 관리, 내부 통제 등 자본시장 규제를 적용한 것이다.

[표 4] MiCA 규정에서 분류한 암호자산

자산준거토큰(ART)	전자화폐토큰(EMT)	기타 암호자산
다양한 법적 화폐, 디지털자산, 암호화 상품 또는 이들의 조합에 의해 가치가 유지되는 디지털자산	교환 수단 활용을 위해 특정 법정화폐에 고정되어 안정적 가치 유지를 목적으로 하는 디지털자산	분산원장에 사용할 수 있는 상품 또는 서비스 접근을 위해 사용되는 디지털자산
알고리즘 디지털자산 및 알고리즘 스테이블코인	주요 토큰 및 스테이블코인	비트코인, 유틸리티 토큰

출처: PWC, 스트라베이스(2023), 재인용.

MiCA는 암호자산서비스제공자(Crypto-Asset Service Providers; CASP)와 암호자산발행인(Crypto-Asset Issuers; CAI)에 대해 엄격한 승인 및 운영 조건을 규정한다. CASP는 EU 회원국 정부로부터 사전 승인을 받아야 하며, 어느 한 EU 회원국에서 승인받으면 타 국가나 기관 승인 절차를 면제받는다. CAI는 특성, 권리, 의무 및 기술에 대한 핵심 정보가 포함된 백서를 발행해야 한다. 또한, 유럽증권시장청(European Securities and Markets Authority; ESMA)은 이들이 투자자를 제대로 보호하지 못하거나 시장 무결성 및 금융 안정성을 위협하는 것으로 판단하면 즉시 개입한다. 이러한 MiCA는 DeFi와 암호화폐 대출 및 스테이킹(Staking: 자신이 보유하고 있는 암호화폐 중 일정지분량을 고정하는 것), NFT 등에 대한 내용을 담고 있지 않다.

한편, '자금 및 특정 암호화폐 송금에 관한 정보 규정안'이 MiCA와 함께 적용된다. 이는 자금 세탁 방지를 위해 금융 회사가 송금인과 수취인 모두에 대한 정보를 선별, 기록 및 전달하도록 요구하는 전신송금규제(Wire Transfer Regulation)의 자금이체규칙(Transfer of Funds Rule; TFR) 적용 대상을 CASP 로 확대한 것이다. 국내·외 상관없이 암호자산의 모든 송금에 송금인과 수취인 정보가 포함되어야 하며, 거래소와 개인이 소유한 '셀프 호스팅 지갑(Self-hosting wallet)' 간 송금 전송 금액이 1,000유로를 초과할 경우에는 신고해야 한다.

MiCA의 발행인 제한에 따라 DAO에 의한 발행이 금지되므로 DeFi 는 자연스레 불가능해진다. 미국과 비교해보면 이를 이해하는 데 도움을 준다. EU 자본시장 법령인 제2차 금융상품시장지침(Markets in Financial Instruments Directive II; MiFID II) 및 금융상품시장규정(Markets in Financial Instruments Regulation; MiFIR)은 금융상품(Financial Instrument; FI)을 미국 대비 협의로 정의하고 있다. 미국의 증권 정의는 하위(Howey) 판례 투자계약(investment contract)에 따르고, 증권거래위원회(Securities Exchange Commission; SEC)는 2017년 DAO 보고서를 계기로 증권형 토큰을 증권법에 따라 규제하기 시작했다. 하위 테스트에 의하면, 플랫폼을 통해 판매하는 DAO 토큰이 이윤을 기대한 자금 조달 수단으로 증권법의 증권 정의에 부합한다. 성문법과 같은 위상을 갖는 판례법(Case law)인 하위 판례에 따라 투자계약은 성문법상 권리와 같은 투자자의 계약상의 권리를 선언한 것이다.

MiCA에 의한 금융 규제 대상은 투자성 및 결제성 토큰이며, 쟁점이 되는 것은 투자성 토큰이다. 이 중에서 금융상품에는 EU의 MiFID II와 MiFIR 이 적용될 수 있으나 투자성 토큰 중 금융상품에 해당하지 않는 것들에 대해서는 규제 공백이 발생할 수 있다. 이러한 배경에서 MiCA는 법인이라는 중앙화 접근방법을 채택한 것이다. 이처럼 발행인 제한으로 인해 DAO에 의한 발행이 금지되므로 DeFi는 MiCA하에서는 사실상 불가능하다. 이와는 대조적으로, 미국의 와이오밍(Wyoming) 주에서는 DAO를 유한책임회사(Limited Liability Company; LLC)로 보아, 법인격을 인정하는 법령을 제정한 바 있다.

한편, MiCA와 함께 제시된 '자금 및 특정 암호화폐 송금에 관한 정보 규정안'은 일반정보보호 규정(General Data Protection Regulation; GDPR) 취지에 어긋날 수도 있다. 아래 **[그림 1]**에서 보면, MiCA는 한 CASP에서 다른 CASP로 1천 유로 이상 암호자산 전송 시에 송신인과 수취인 성명, 지갑 주소 등을 파악하고 기록하는 의무를 둔다.

[그림 1] MiCA 도입 전과 후의 신원 인증 정보

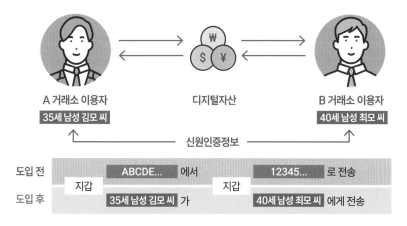

출처: 업비트투자자보호센터, 2023.5.23.

CASP가 이용자의 개인정보를 열람하므로, MiCA가 EU 국민들의 프라이버시를 침해할 수 있다. CASP는 원본 이름, 계좌 번호, 주소, 개인 문서 번호, 식별 번호/일자 및 생년 월일뿐만 아니라 수취인 이름과 계좌 번호를 포함해 호스팅되지 않은 지갑으로의 모든 이체에 대해 사용자에 대한 개인 식별 정보(Personally Identifiable Information; PII)를 수집하고 확인해야 하며, 1,000유로 이상의 모든 이체에 대해 추가로 당국에 제출해야 한다. 이 때문에 불필요한 데이터 허니팟(Honeypots: 비정상적 접근을 탐지하기 위해 의도적으로 설치해 둔 시스템)이 대량으로 악용될 수 있으며, 암호자산 사용자 정보를 상당히 훼손하고 사생활에 큰 침해를 줄 것으로 우려되고 있다. 또한, 중앙화된 데이터베이스에서 지갑 소유자의 개인정보를 수집하는 것도 악용될 수 있고, 사용자 거주지와 계정정보(이용된 공개 주소 및 온체인에서 공개적 사용 가능)는 정당하지 않은 물리적 및 디지털 위협 증가로 이어질 수 있다.

미국과 EU 중 어느 정책 방향이 맞다고 결론 내리기 어렵지만 국내 상황에서 미국 방식을 따르기에는 무리가 있다. 미국 SEC 등은 광범위한 재량권을 가져 DAO가 발행했다고 주장되는 코인에 대해서도 자금세탁방지기구(Financial Action Task Force; FATF) 같은 책임추궁방식(centralized approach)으로 책임을 부담할 자를 특정하기 때문에 와이오밍 주에서 DAO의 법인 자격을 인정할 수 있었고, DAO를 발행자로 한 초기 코인 공개(Initial Coin Offering; ICO)가 이루어져도 책임 추궁에 문제가 없다. 하지만, 국내의 경우에 형사, 행정 책임을 전제로 한 규제 체제를 마련한다고 할 때 DAO 같은 주체를 발행인으로 하는 ICO에서의 책임 추궁은 미국과 달리 어려울 수 있다. DAO의 법적 성격을 무엇으로 보든 간에 책임이 극히 분산될 경우 누구도 책임을 지지 않는 결과에 이를 수 있기 때문이다.

[표 5] 한국의 '가상자산이용자보호법' 내용

대주제	주요내용
가상자산 제외 대상	• 전자채권과 모바일 상품권을 가상자산 범위에서 제외 • 한국은행이 관리하는 CBDC 네트워크에서 발행되는 예금 토큰 제외 • 고유성을 가지고 있어 상호간에 대체될 수 없는 NFT 제외
이용자 예치금 관리기관 및 운용방법	• 이용자 예치금을 공신력 있는 관리기관(은행)에 예치 또는 신탁하여 관리 • 관리기관은 예치금을 안전 자산에만 운용, 예치금 이용료를 이용자에게 지급 • 이용자 예치금에 대한 상계, 압류 등을 금지하고, 사업자 신고 말소 및 파산 선고 시 관리기관이 예치금을 이용자에게 우선 지급
이용자가상자산 콜드월렛 보관기준	• 콜드월렛은 인터넷과 분리하여 가상자산을 보관하여 상대적으로 안전 • 이용자 가상자산의 경제적 가치*를 기준으로 80% 이상 보관(현행 70%보다 강화) *가상자산 종류별로 총수량에 최근 1년간 1일 평균 원화환산액을 곱한 금액의 종합
이용자 보호 규정	• 준비금 적립액은 핫월렛에 보관 중인 가상자산 경제적 가치의 5% 이상을 보상하는 도로 보험에 가입하거나 준비금으로 적립 • 다만 일정금액 이하인 경우 보상한도 또는 적립액의 최고 기준 마련(원마켓 거래소 최고 30억원, 코인 마켓 거래소, 지갑, 보관업자 등은 최소 5억원 이상)
미공개 중요정보공개, 내부자 거래 기능 시점	• 미공개 중요정보이용금지 조항은 중요정보가 공개되고 일정시간이 경과하면 내부자 거래 허용 • 가상자산시장 정보공개여부 기준(가상자산거래소에 공개 후 6시간 경과 시, 백서를 공개한 인터넷 홈페이지 등일 경우 1일 경과 시)
이용자가상자산 입출금 차단	• 이용자 예치금과 가상자산에 대한 입출금을 정당한 사유 없이 차단하지 않도록 금지하고, 위반한 경우 이용자에게 손해 배상 • 허용사유: 전산장애, 법원/수사기관/국세청/금융당국 등에서 관련 법령에 따라 요청, 해킹 발생 혹은 발생한 것이 명백히 예상되어 이용자 보호
이상거래 감시의무 및 불공정거래 행위 처벌	• 가상자산의 가격이나 거래량에 뚜렷한 변동이 있는 경우, 가상자산의 가격 등에 영향을 미칠 수 있는 풍문 또는 보도 등이 있는 경우를 이상거래로 정의 • 가상자산사업자는 이상거래를 상시 감시하고, 불공정거래행위에 해당한다고 의심되는 경우에는 금융당국에 즉시 통보

출처: 고혜수, 2024.10.10.

아직 국내는 디지털자산 규제 공백 상황에서 가상자산이라 부르는 암호자산 투자자 보호에만 초점을 맞추고 있다. 위 [표 5]에서 보듯이, 2023년 7월 '가상자산이용자보호법'을 제정하였고, 법 제정 1년 만인 2024년 7월 19

일부터 본격 시행되었다.

가상자산이용자보호법은 가상자산 이용자 자산의 보호와 불공정거래 행위 규제 등에 관한 사항을 정해 가상자산 이용자의 권익을 보호하고 가상자산시장의 투명하고 건전한 거래질서를 확립하기 위해 제정되었다. 가상자산 시장에서의 불공정거래 행위를 적발하기 위해 서울남부지방검찰청에는 가상자산범죄 합동수사단이 발족했다.

웹3.0 기술로 본 비즈니스 지형

2023년 ITU-T의 웹 애드혹(Web Ad-Hoc) 그룹에서 보여준 웹3.0 기술 계층 구조는 아래 [그림 2]와 같다. 3개로 구분된 웹1.0, 4개로 구분된 웹2.0과 달리, 웹3.0 계층은 5개로 나뉜다. 접속(Connectivity), 인터넷 워킹(Internetworking), 블록체인 레이어(Blockchain Layer), 서비스 레이어(Services Layer), 인터페이스 레이어(Interface Layer)이다. 웹1.0의 웹 애플리케이션 계층이 웹2.0에서 웹 계층과 애플리케이션 플랫폼 계층으로 나뉘고, 웹3.0에서 블록체인 계층, 서비스 계층, 인터페이스 계층으로 나뉘고 있다.

계층구조의 변화로 보아 웹3.0과 블록체인이 함께 주목받지만, 블록체인의 기술 성숙도는 아직 부족하다. 기술의 태생적 문제점을 극복해야 하는데, 보안 위협이 주요 이슈이다. 블록체인 보안 위협은 코드 및 스마트계약의 취약점 등 시스템과 키 유출, 전자지갑 이슈 등 이용자 대상 서비스 이용 부문의 위협 등이다. 블록체인은 네트워크 참여자가 공유한 정보 및 가치를 제3자 신뢰 기관 없이 분산형 네트워크를 통해 기록·검증·보관·실행하는 자율 인프라, 시스템, 서비스 기술을 의미한다. 즉, 모든 참여자(노드)가 거래 내역이 기록된 원장 전체를 각각 보관하고, 공동으로 거래 정보를 검증하고, 해시

함수(Hash function: 임의의 길이를 갖는 임의의 데이터를 고정된 길이로 매핑하는 단
방향 함수) 기반으로 블록 처리하여 기록·보관·갱신하며, 일정 주기로 데이터
가 담긴 블록(block)을 생성한 후 이전 블록들을 체인(chain)처럼 연결하는 구
조로 블록체인은 개념화된다.

[그림 2] 웹1.0~웹3.0의 기술적 계층 구조 비교

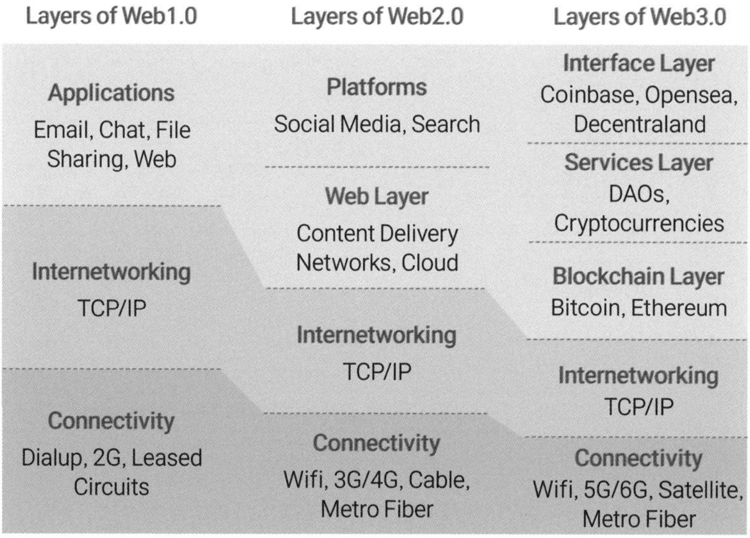

Layers of Web1.0	Layers of Web2.0	Layers of Web3.0
		Interface Layer Coinbase, Opensea, Decentraland
Applications Email, Chat, File Sharing, Web	**Platforms** Social Media, Search	**Services Layer** DAOs, Cryptocurrencies
	Web Layer Content Delivery Networks, Cloud	**Blockchain Layer** Bitcoin, Ethereum
Internetworking TCP/IP	**Internetworking** TCP/IP	**Internetworking** TCP/IP
Connectivity Dialup, 2G, Leased Circuits	**Connectivity** Wifi, 3G/4G, Cable, Metro Fiber	**Connectivity** Wifi, 5G/6G, Satellite, Metro Fiber

출처: 최준균, 2023.6.

아래 **[그림 3]**에서 보면, **블록체인 기반 웹3.0 구조**는 브라우저와 프론트엔
드는 웹2.0과 유사하나, 중앙화 데이터베이스와 백엔드 역할이 블록체인으
로 대체된다. 웹2.0은 데이터베이스(정보 저장), 백엔드(비즈니스 로직 정의), 프
론트엔드(이용자 인터페이스 로직 정의)로 구성되는데, 블록체인 기반 웹3.0에
서는 블록체인에 정보가 저장되고, 개별 노드로 운영되는 탈중앙화 상태머신
(State machine) 내의 스마트계약이 비즈니스 로직을 정의한다.

[그림 3] 웹2.0과 비교되는 블록체인 기반 웹3.0 구조

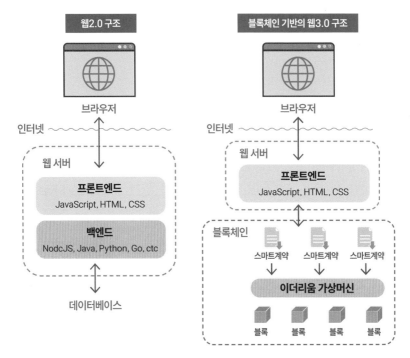

출처: Preethi Kasireddy, 2021. 9.; 인터넷진흥원, 2023. 재구성.

아래 **[그림 4]**에서 보면, **블록체인 기반의 웹3.0 아키텍처**는 이더리움 블록
체인, 이더리움 가상머신(Ethereum virtual machine; EVM), 스마트계약, 프
론트엔드로 구성된다. 이더리움 블록체인은 전 세계 어디서든 접근 가능하
고, 노드 간 합의와 P2P 네트워크를 통한 결정론적 상태머신(Deterministic
state machine: 예측한 대로 동작하는 알고리즘을 가지는 상태기계)으로 작동한다.
EVM은 스마트계약 실행 및 블록체인 상태를 변경하는 상태머신으로 프로
그래밍 언어를 해석할 수 없기 때문에 바이트 코드(Bytecode)로의 컴파일링
(Compiling: 어떤 언어의 코드 전체를 다른 언어로 바꿔주는 과정)을 필요로 한다.

스마트계약은 이더리움 블록체인 프로그램으로 상태를 변경하는 비즈니스 로직을 정의하고 솔리디티(Solidity), 바이퍼(Vyper) 등의 프로그래밍 언어로 기술한다. 프론트엔드는 이용자 인터페이스(User Interface) 로직을 정의하고 스마트계약과 통신한다.

[그림 4] 블록체인 기반 웹3.0 아키텍처

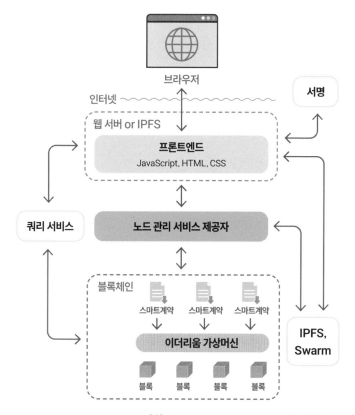

출처: Preethi Kasireddy, 2021. 9.; 인터넷진흥원, 2023. 재구성.

이용자가 웹3.0에서 활동하기 위해서는 노드 관리, 서명, 저장, 쿼리 (Query: 데이터베이스 등에서 원하는 정보를 검색하기 위해 요청하는 것), 확장 관련 솔루션이 필요하다. 먼저 **노드 관리**의 경우, 이용자로 하여금 정보에 접근하기 위해 프론트엔드와 스마트계약 간 통신이 이루어지도록 노드 관리를 대행하는 인퓨라(Infura), 알체미(Alchemy), 퀵노드(Quicknode) 등의 서비스 제공자들이 등장한다. 이용자가 직접 노드를 운영할 수 있지만, 비용과 저장 공간 문제로 솔루션을 활용하는데, 이는 여전히 중앙화 서비스로서 완전한 웹3.0 인프라 서비스라 보기 어렵다.

서명의 경우, 이용자는 정보를 쓰기 위해 새로운 거래를 블록체인에 전송하기 전 개인 키로 서명하고 키 관리를 하는 메타마스크(Metamask) 등의 지갑 솔루션을 활용한다. 지갑은 이용자의 개인키를 브라우저 등에 저장하고, 트랜잭션(Transation: 거래)에 서명할 때 프론트엔드가 지갑을 호출한다. 지갑은 이용자의 데이터 주권을 실현하는 주요 도구로도 활용되는데, 유럽연합(EU)은 2023년 2월, '디지털 신원 지갑 프레임워크(The European Digital Identity Wallet Architecture and Reference Framework)'를 발표하였고, 같은 해 3월에 이더리움도 지갑의 UI/UX 개선을 위한 ERC-4337 표준을 발표한 바 있다.

저장 공간의 경우, 이용자는 정보를 '저장'할 때 높은 비용 발생을 막기 위해 IPFS(Inter Planetary File System)이나 스웜(Swarm) 등의 탈중앙화된 오프체인 저장 공간(Offchain storage) 솔루션을 활용한다. IPFS는 분산 파일 시스템으로 정보를 P2P 네트워크상의 노드에 분산 저장하는 기능을 제공하는데, 파일코인(Filecoin)이 이를 토대로 전 세계 노드들에게 보상을 제공하고 저장 공간을 확보하는 비즈니스모델을 가지고 있다. 스웜도 IPFS처럼 탈중앙화된 저장 공간 네트워크이며, 차이점이라면 보상 시스템이 별도의 시스템이 아니라 내장되어 있다는 점이다.

쿼리의 경우, 이용자는 정보를 읽기 위해 스마트계약에 정보를 요청하는 더그래프(The Graph) 같은 오프체인 인덱싱(Offchain indexing) 솔루션을 활용한다. 이용자 인터페이스(User Interface; UI) 로직이 복잡하기 때문에 오프체인 솔루션을 활용하게 되는데, 더그래프는 그래프큐엘(GraphQL)이라는 쿼리 언어를 통해 블록체인 내의 정보를 인덱싱하여 이용자가 쉽고 빠르게 온체인(Onchain) 정보를 요청하도록 도와준다.

마지막으로 **확장**의 경우, 이용자가 DApp을 이용할 때 속도·비용 이슈를 해결하기 위해 폴리곤(Polygon) 같은 확장 솔루션을 통한 사이드체인(Sidechain)을 활용한다. 이는 정보를 분산 처리하고, 거래 처리 속도를 향상시키기 위해 메인 블록체인에 연결된 체인이다. 폴리곤은 거래를 오프체인에서 처리하고 주기적으로 거래 정보만 온체인에 저장하기 위해 사이드체인을 메인 체인에 연결해 주므로 여전히 중앙화되어 있다.

아래 [그림 5]는 일곱 가지의 웹3.0 시각별로 비즈니스 기회들을 보여주고 있다. 첫째는 **탈중앙화(Decentralization) 시각**이다. 스마트계약 기반의 회계 감사와 검증 서비스(Verification services) 외에 DeFi에서 시작해 탈중앙화 과학(DeSci), 탈중앙화 업무(DeWork), 탈중앙화 정부(DeGov), 등 De-X로 명명되며, 각 산업으로 확장된다.

[그림 5] 웹3.0 시각별로 본 비즈니스 기회들

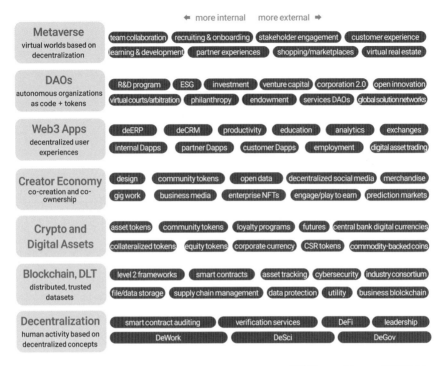

출처: Shawn Johnson, 2022.6.17.

　　DeFi가 게임 산업에 접목된 게임파이(GameFi)는 프로젝트별 정도 차이는 있지만 NFT, 자체 토큰, 암호화폐 지갑, 거래소 요소와 결합하는 형태로 발전한다. 투자 난이도가 높지만 한 때 위메이드(Wemade) 성공 사례가 알려지면서 제2의 위메이드를 찾아 고위험을 감수하는 투자자가 증대하였고, 사행성 이슈가 제기되기 시작한다. 국내에서는 이러한 우려 때문에 P2E(Play to Earn) 게임을 '사행성 게임물'로 보고 있다. 즉, 국내 게임위원회는 우연적 방법으로 획득한 토큰을 현금화할 수 있다고 보아 게임법 제28조 제3호에서 규정하는 '경품 등을 제공해 사행성을 조장하지 아니할 것'에 위배된다고 판단했다. 게임파이 투자에 위험이 따른다는 지적이 우세한데, 이는 게임성보다 도박성이 강하기 때문이다.

게임에서 돈 버는 방법은 토큰(거버넌스+인게임 코인) 가격이 상승하거나, 게임파이(스테이킹 통한 일드 파밍, 대출), 디지털자산(NFT) 매매 등인데, 게임파이는 DeFi와 인플레이션 발생 경로에 유사성을 가져 선순환 구조를 기대하기가 쉽지 않다. 게임파이가 게임의 본원적 가치인 재미보다는 돈 버는 것에 중점을 두게 되면, 폭발적인 이용자 증가 구간에서는 수익이 극대화되나, 점차 매도 압력(곡괭이 던지기)으로 파국에 이를 수 있다. 이에 P2E 기업들의 보안 조치가 강화되고 있다. 예로 위메이드는 제3자 감사를 두고, 더샌드박스(The Sandbox)는 렛저(Ledger)와 파트너십을 맺는 등 해킹에 대비하기 시작했다. 게임파이라도 DAO로 발전한다면 비즈니스의 지속 가능성이 기대될 수 있을 것이다.

둘째는 **블록체인과 분산원장(Blockchain and Distributed Ledger) 시각**이다. 이미 수년 동안 업계는 공급망 추적을 위해 블록체인을 사용하고 있다. 위조품 탐지, 데이터 저장, 사이버 보안 위협 퇴치 등 다양한 작업을 수행할 수 있기 때문이다. 이러한 사례들은 성숙 단계에 진입했고, 보다 효과적이고 안정적인 산업별 블록체인 컨소시엄도 다수 등장했다. 주로 데이터와 연관되는데, 파일 및 데이터 스토리지(File/Data storage), 데이터 보호(Data protection), 사이버 보안(Cybersecurity), 스마트계약(Smart contracts) 등이 있다. 블록체인 기반 데이터 분산 저장 시스템 구축 시 장점은 사용성이 향상된다는 점이다. 기업은 적절한 보호 및 격리에 대한 걱정 없이 데이터 활용에 집중하고, 사용자는 제3자 회사가 어떤 종류의 데이터를 수집하고 사용하는지 확인할 수 있다. 의료 데이터같이 높은 수준의 데이터 보호 및 보안이 필요한 분야에서는 안전한 데이터 교환 서비스를 제공할 수 있다. 데이터 소유자가 자신의 데이터를 제어하고 특정 개인이나 기관에만 접근 권한을 제공함으로써 보안과 개인정보 보호가 모두 보장된다. 이러한 접근 권한 부여 행위는 스마트계약을 통해 공개적으로 실행되므로 사용자는 시스템을 신뢰할 수 있고 새로운 사용자를 초대할 수 있다.

또한, 블록체인 기반 데이터 관리 시스템은 투명하고 신뢰할 만한 데이터 거래 가능성을 보여준다. 적어도 이론상 블록체인은 불변성을 통해 모든 거래의 변조 불가능한 이력을 저장하므로 데이터 소유권 검증이 용이하다. 개인정보 보호를 위해 데이터가 분산형 스토리지에 저장되고, 데이터 공급자는 스마트계약을 통해 결제, 전송, 개인정보 보호 요구사항에 따른 접근 제한 등을 결정할 수 있다. 데이터 사용자도 스마트계약을 통해 데이터 공급자의 스마트계약에 거래 메시지를 보냄으로써 보다 투명하고 안전한 거래를 구현한다. 즉, 데이터 공급자는 신뢰할 데이터를 필요한 곳에 합의 방식으로 제공하며, 데이터 사용자는 데이터에 대한 추가 검증 없이 무결성을 신뢰하므로 데이터 활용에 집중하게 된다.

셋째는 **암호 및 디지털자산(Crypto and digital assets) 시각**이다. 이 시각은 비즈니스가 가치를 창출하는 데에만 그치지 않고 가치 획득인 수익화까지 가는 것에 더 초점을 둔다. 이에 세부 항목들에 화폐나 코인, 토큰이라는 단어가 따라붙는다. 토큰 관점에서, 암호화된 디지털자산인 로열티 프로그램(Loyalty programs)은 디지털 통화(Digital currencies)로 전환되고, 기업의 사회적 책임을 위한 토큰(CSR tokens)으로도 발행되며, 자산 기반 토큰(Equity tokens, Asset tokens)이나 상품 기반 코인(Commodity-backed coins) 생성 등 다양한 기회들이 제공된다. 또한, 암호화폐(Crypto currency)를 결제용으로 받아들이는 방식은 처음에는 전략적이지는 않다고 하더라도 디지털자산 채택을 위해 점점 더 유용해지는 경로 중 하나가 될 수 있다.

넷째는 **웹3.0을 위한 창작경제(Creator economy for Web3.0) 시각**이다. 이 시각에서는 미디어 콘텐츠의 창작, 거래와 예술, 음악, 게임 NFT 등의 디지털자산을 창작해 거래가 가능하도록 하는 것 등이다. 이 비즈니스에 종사하는 많은 기업들은 아이템 같은 상품 판매(Merchandise), P2E, 창작 툴을 제공하는 비즈니스 미디어(Business media)나 디자인, 탈중앙화된 소셜미디어(Decentalized social media), 커뮤니티 토큰(Community token)으로 활용할 수 있는 디지털자산을 보유하고 있다.

특히, 소셜미디어의 DeFi 접목인 소셜파이(SocialFi=Social+Finance)는 소셜미디어 참여자를 직접적 수혜자로 만들어 그들의 노력이나 시간에 상응하는 인센티브를 받도록 하는 소셜토큰 비즈니스로 발전하고 있으며, 퍼스널 토큰, 커뮤니티 토큰, 소셜토큰 플랫폼으로 구분하는 양상이 지배적이다. 퍼스널 토큰은 유튜버, 작가, 예술가, 연예인 등의 셀러브리티(Celebrity: 셀럽)와 스포츠 선수 중심으로 한 팬덤 기반 토큰으로, 토큰을 보유한 팬에게 멤버십을 제공하고, 멤버만을 위한 이벤트나 NFT 드랍 기회를 주거나 셀럽이나 스포츠 스타와의 온, 오프라인 미팅을 제공하고 멤버 활동에 대해 보상한다. 셀럽의 인기 상승에 따른 토큰 투자에 대한 잠재적 이익도 기대된다. 커뮤니티 토큰은 창작 활동을 하는 커뮤니티를 활성화하며 성장에 따른 보상을 하는 토큰으로 자산 가치 상승에 기여할 수 있으며, 토큰 가치 상승과 투자 수익도 기대될 수 있다. 소셜토큰 플랫폼에서는 소셜네트워크 플랫폼 참여와 기여에 대한 보상이 가능해, 여기서도 토큰 투자에 대한 잠재적 이익이 기대될 수 있다.

다섯째는 **웹3.0 앱(Web3.0 App) 시각**이다. 이는 DApp으로서 웹3.0 구조에서 탈중앙화된, 유용한 앱을 구축할 수 있음을 의미하는데, 기업용으로 분산형 데이터 기반으로 운영되는 기업 내부의 비즈니스 앱, 거래에 관여하거나 데이터 서비스를 제공하는 고객 대면 앱, 그리고 산업별 공급망을 위한 에너지 렛저(Energy Ledger) 같은 분산형의 전사적자원관리(Enterprise Resource Planning; ERP) 및 고객관계관리(Customer Relationship Management; CRM) 시스템 등이 포함된다.

여섯째는 **탈중앙화된 자율 조직(DAO) 시각**이다. DAO는 모두 볼 수 있도록 게시된 규칙과 함께 스마트계약으로 구체화된다. 토큰이 발행되고, 이해관계자들은 명확한 의사결정 프로세스를 가진다. 새로운 유형의 디지털 기업 거버넌스가 되는 DAO는 개방형 혁신과 투자에서부터 지적재산권(Intellectual Property; IP) 기반 전문 서비스나 산업 규모의 컨소시엄에 이르기까지 모든 작업을 위한 기업 환경에서 사용될 수 있다.

마지막인 일곱째는 **메타버스(Metaverse) 시각**이다. 이미 가상 현실 내지 혼합 현실 기반의 가상 세계에 대한 많은 고민과 투자가 이루어졌다. 가장 가치 있는 기업 내부 비즈니스 사례들인 팀 협업, 온보딩(Onboarding), 학습과 개발뿐 아니라 외부 사례들로 쇼핑, 마켓플레이스, 고객 경험들이 메타버스 구조를 활용하면서 실현된다. 메타버스는 이미 수년 전부터 존재해 온 가상 세계에서부터 디센트럴랜드(Decentraland)나 복셀(Voxels)같이 보다 진보된 유사 웹3.0 서비스에 이르기까지 매우 다양해졌다.

참고문헌

고혜수, "디지털혁신과 Web3.0: 글로벌 정책 변화 트렌드," 2024 웹3.0 심포지엄 발표문, 2024. 10. 10.

글라이프(GLEIF) 블로그, "EU의 획기적인 MiCA 프레임워크, 암호화폐 자산 규정에서 LEI의 가치 긍정," https://www.gleif.org/ko/newsroom/blog/number-11-in-the-lei-lightbulb-blog-series-eu-s-landmark-mica-framework-affirms-value-of-lei-in-crypto-asset-regulation/, LEI Lightbulb 블로그 시리즈 #11, 2023. 7. 6.

금융위원회, "조각투자 등 신종증권 사업 관련 가이드라인," 2022. 4. 2.

뉴스투데이, "웹3.0, 디지털경제의 새로운 화두로 부상하다," https://www.news2day.co.kr/article/20230208500169, 2023. 2. 9.

데일리뉴스, [정민호칼럼] 챗GTP 기술을 활용한 'DAO-웹3.0-메타버스' 융합," https://www.idailynews.co.kr/news/articleView.html?idxno=100285, 2023. 8. 9.

박종대, "Convergence of AI, IoT and decentralized technology for Web3.0," 2024 웹3.0 심포지엄 발표문, 2024. 10. 10.

박창헌, 송민정, 정보컨텐트산업의 이해, 커뮤니케이션북스, 1999.

보안뉴스, "'가상자산 이용자 보호 등에 관한 법률' 본격 시행, 주요 내용과 업계 대응은?" https://m.boannews.com/html/detail.html?idx=131600, 2024. 7. 29.

보안뉴스, "바이든 행정부, 인공지능 개발과 활용에 관한 행정명령 발표," https://m.boannews.com/html/detail.html?idx=123234, 2023. 10. 31.

블록미디어, "EU 의회, 암호화폐 규제법안 MiCA와 송금 규제법안 승인 ⋯ 내년 발효," https://www.blockmedia.co.kr/archives/312145, 2023. 4. 20.

송민정, 디지털미디어와 콘텐츠의 이해, 진한도서, 2003. 2.

송민정, 모바일컨버전스, 한스미디어, 2011.

송민정, 빅데이터가 만드는 비즈니스 미래지도, 한스미디어, 2012.

송민정, "웹3.0 시장과 비즈니스 모델," 웹3.0포럼 창립총회 발표문, 2023. 4. 12.

송민정, 인터넷 콘텐츠 산업론, 진한도서, 2001.

스트라베이스, "유럽의회의 가상자산 포괄규제법안(MiCA) 통과가 가지는 의미와 논란 대두의 배경," 2023.

업비트투자자보호센터, "유럽연합의 '미카(MiCA)' 법안 통과에도 남은 의문점들," https://m.upbitcare.com/academy/advice/547, 2023.5.23.

업비트투자자보호센터, "유럽연합(EU의 암호 자산시장에 관한 법률; MiCA)," 번역본 [Regulation (EU) 2023/1114 of the European Parliament and of the Council of 31 May 2023 on markets in crypto-assets, and amending Regulations (EU) No 1093/2010 and (EU) No 1095/2010 and Directives 2013/36/EU and (EU) 2019/1937, 2023년 6월 9일 유럽 공식관보 공포 (OJ L 150, 2023.9.6., pp.40-205)]

여성경제신문, "소셜토큰, 새로운 크리에이터 이코노미 만들 수 있을까," https://www.womaneconomy.co.kr/news/articleView.html?idxno=207506, 2021.10.4.

이정수, "탈중앙화금융(DeFi)에 대한 금융규제 연구," 증권법연구, 제23권 제2호, 2022.

이지스 벤처스(AEGIS VENTURES), "Web 3.0과 Web3의 개념," https://www.aegis.ventures/_files/ugd/0f5fad_0ad694cbe213459fafe8922eda56ec0b.pdf, 2023.9.27.

인터넷진흥원, "Web 3.0 시대 핵심 기술, 블록체인 보안 위협 전망 및 분석," KISA Insight, Vol.2, 2023.

임태범, 김동화, 변성우, "메타버스에서의 탈중앙화 자율 조직과 Web 3.0 동향 및 미래 가능성에 대한 고찰," 방송과 미디어, 27(3), pp.11-24, 2022.

자본시장연구원, "EU의 가상자산시장(MiCA) 법안의 주요 내용," 자본시장포커스, 2022.9.5.

자본시장연구원(KCMI), "일본의 Web3.0 백서 승인과 NFT 규제 동향," 자본시장포커스, 2023-11호, 2023.5.29.

정보통신산업진흥원(NIPA), "2023년 주목해야 할 Web3 트렌드 4가지," 글로벌 ICT 주간 동향리포트, 2023.1.

최준균, "Web3.0 생태계 전략," KRNET 발표문, 2023.6.27.

한국경제, "유럽연합 'MiCA'로 미리보는 韓 가상자산업권법," 블록체인 Web 3.0 리포트, https://plus.hankyung.com/apps/newsinside.view?aid=202305089180g&catego

ry=&sns=y, 2023. 5. 9.

한국금융연구원(김자봉 글), "가상자산 증권성 판단의 의미와 투자자 보호," 금융브리프 포커스, 32권 15호, 2023. 7. 22.

한국전자통신연구원(박정렬, 최새솔 글), "웹 3.0의 재 부상: 이슈 및 전망," https://ettrends.etri.re.kr/ettrends/195/0905195008/, 2022.

한국정보통신기술협회(TTA, 박정렬, 최새솔 글), "Web3.0의 정의와 주요 기술요소," 2022. 5.

Catapult, "The metaverse meets Web3: the state of convergence in the UK," Catapult report, 2023. 7.

Coindesk, "EU Parliament Approves Crypto Licensing, Funds Transfer Rules," 2023. 4. 20.

CNBC, "EU lawmakers approve world's first comprehensive framework for crypto regulation," 2023. 4. 20.

Cointelegraph, "3 takeaways from the European Union's MiCA regulations," 2023. 5. 11.

Cointelegraph, "The limitations of the EU's new cryptocurrency regulations," 2023. 2. 25.

Danny Busch et al., "Regulation of the EU Financial Markets: MiFID II and MiFIR," Oxford, 2017.

EUR-Lex (Official Journal of the European Union), Directive 2014/65/EU of the European Parliament and of the Council of 15 May 2014 on markets in financial instruments and amending Directive 2002/92/EC and Directive 2011/61/EU, Text with EEA relevance, https://eur-lex.europa.eu/legal-content/ EN/TXT/?uri=celex%3A32014L0065.

EUR-Lex (Official Journal of the European Union), Regulation (EU) No 600/2014 of the European Parliament and of the Council of 15 May 2014 on markets in financial instruments and amending Regulation (EU) No 648/2012

(Text with EEA relevance), https://eur-lex.europa.eu/legal-content/EN/TXT/?uri=celex:32014R0600.

EUR-Lex (Official Journal of the European Union), Regulation (EU) No 596/2014 of the European Parliament and of the Council of 16 April 2014 on market abuse (market abuse regulation) and repealing Directive 2003/6/EC of the European Parliament and of the Council and Commission Directives 2003/124/EC, 2003/125/EC and 2004/72/EC (Text with EEA relevance), https://eur-lex.europa.eu/legal-content/EN/TXT/?uri=CELEX%3A32014R0596.

Forbes, "What Is A DAO? A Beginner's Guide To Joining A DAO," https://www.forbes.com/sites/digital-assets/2023/08/03/what-is-a-dao-a-beginners-guide-to-joining-a-dao/?sh=4ba5b1b12c47, 2023.8.3.

JDSupra, "EU Travel Rule for Crypto-Assets Set to Apply from January 2025,"2023.5.2.

Medium, "EU's TFR regulation poses a significant risk to data privacy and Web3," https://medium.com/finoa-banking/eus-tfr-regulation-poses-a-significant-risk-to-data-privacy-and-web3-993a095f4068, 2022.4.22.

Phillip Hacker and Chris Thomale, "The Crypto-Security: Initial Coin Offering and EU Securities Regulation," in: Hacker et al., *Regulating Blockchain*, Oxford, pp.229-248, 2019.

Preethi Kasireddy, "The Architecture of a Web 3.0 Application," 2021.9.

Shawn Johnson, "How decentralization and Web3 will impact the enterprise," https://biz.crast.net/how-decentralization-and-web3-will-impact-the-enterprise/, 2022.6.17.

Yahoo Finance, "Wyoming's New DAO Bill Gives Crypto a Boost to Sweep Out Internet Incumbents," https://finance.yahoo.com/news/wyomings-dao-bill-gives-crypto-203102359.html, 2024.3.9.

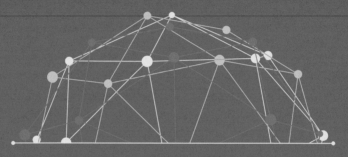

WEB3.0 MEDIA BUSINESS

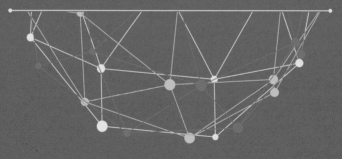

PART
2

탈중앙화
비즈니스 기회

탈중앙화 비즈니스 기회

이용자 권한의 회복, 탈중앙화

탈중앙화는 중앙 기관이 없는 상태에서 의사활동을 전개하는 체제이다. 즉, 의사결정의 탈중앙화가 개인의 권리를 지켜주는 방향으로 전개된다고 보는 것이다. 탈중앙화에 대한 관심이 가장 먼저 고조된 영역은 금융 업계이다. 금융 위기를 경험하면서 기존 금융 질서에 대한 불만이 커지는 와중에 블록체인 기반 암호화폐 기술인 '비트코인(Bitcoin)'이 등장했고, 탈중앙화에 대한 관심이 더 커지게 된다. 중앙화 기술은 효율성, 경제성 측면의 장점을 가지지만 보안, 정보 및 이익 독점 등에 따른 문제점을 가져 탈중앙화 기술에 대한 관심이 증가하게 된 것이다. 금융당국 및 대형 금융기관 주도 중앙집중형 경제 질서에 대한 불만이 고조되며 탈중앙화 금융시스템에 대한 실험이 시작된다. 금융 위기를 초래한 책임이 있는 주요 금융기관들에 대한 구제 금융이 실시되었고, 기존 주류 금융시스템에 대한 불만이 커지면서 신뢰할 수 있다고 여겨지는 개인 간 금융 거래에 관심이 쏠리게 되고, 인플레이션으로 가치가 훼손되지 않는 비트코인이 힘을 받게 된다. 게다가, 개인 간 금융 거래를 보다 용이하게 하는 모바일 환경도 한 몫을 하게 된다.

탈중앙화 기술의 첫 번째 사례라 보는 비트코인은 기존 금융 시스템에 대한 도전이다. 이후 민간 중심으로 암호화폐에 관한 관심이 증가해 2017년 부터 주식공개(IPO)와 유사한 초기 코인 공개(ICO) 또는 암호화폐 공개 열풍 이 일기 시작한다. 크라우드 펀딩을 경험한 개인들이 이와 유사하게 자본을 조달하는 ICO 펀딩 프로젝트에 참여하고, 비트코인의 단점을 해결하기 위해 다양한 알트코인들(Alternative coins)도 등장한다. 그런데 문제는 봇물터지듯 등장한 많은 암호화폐 프로젝트가 탈중앙화 모델을 지향한다지만, 대부분이 아직은 탈중앙화와는 거리가 멀다. 2022년 많은 사태를 겪으면서 전 세계가 탈중앙화가 아님을 공감하게 된다. 즉, 특정 주체가 자의적으로 암호화폐 프로젝트를 좌지우지할 수 있고 특정인의 이익을 위하고 있었기 때문이다.

2017년, 이더리움의 창립자인 비탈릭 부테린(Vitalik Buterin)은 이러한 탈중앙화를 추상적 단어로 보아 누가 정의하느냐에 따라 세부 사항이 달라 질 수 있다고 판단하게 된다. 비탈릭은 아래의 **[그림 1]**과 같이, **중앙화 및 탈중 앙화 유형**과 각각의 측정 기준을 제시하기에 이른다. 그는 중앙화 및 탈중앙 화를 아키텍처적(구조적), 정치적, 논리적 (탈)중앙화로 구분하였고, 그 기준을 명료하게 제시했다. **아키텍처상의 (탈)중앙화(Architectual (de)centralization)** 는 한 개 시스템이 얼마나 많은 물리적 컴퓨터들로 구성되는지, 한 번에 몇 대의 컴퓨터가 고장 났을 때 그 한 개 시스템이 견딜 수 있는지에 대한 것이 다. **정치적 (탈)중앙화(Political (de)centralization)**는 얼마나 많은 개인이나 조 직이 그 시스템을 구성하는 컴퓨터들을 궁극적으로 통제하고 있는지에 대한 것이다. 또한, **논리적 (탈)중앙화(Logical (de)centralization)**는 그 시스템이 제시하고 유지·관리하는 인터페이스와 데이터 구조가 통일성 있는 단일 개체인지, 공급자와 사용자를 모두 포함해 그 시스템을 절반으로 나누어도 둘 다 독립적 장치로 계속 운영되는지에 대한 것이다.

[그림 1] 세 가지의 중앙화 및 탈중앙화 유형

	Logically centralized		Logically decentralized		
	politically centralized	politically decentralized	politically centralized	politically decentralized	
Architecturally centralized	Traditional corporations	Direct democracy	?	?	Architecturally centralized
	Civil law				
Architecturally decentralized	?	Blockchains, Common law	Traditional CDs, Esperanto (initially)	BitTorrent, English language	Architecturally decentralized

출처: Medium, 2017.2.6.

먼저, [그림 1]의 좌측을 보면, 논리적, 정치적, 아키텍처상 모두 중앙화된 전통 기업들의 경우, 기업을 반으로 쪼갤 수 없으며(논리적 중앙화), 한 명의 대표인 CEO가 모든 결정을 내리고(정치적 중앙화), CEO가 머무는 본사까지도 하나이다(아키텍처상의 중앙화). 한편, 블록체인(Blockchain)과 불문법(Common Law)은 아무도 통제하지 않으므로(no one controls them) 정치적으로 탈중앙화되어 있고, 핵심이 되는 장애 지점이 없으므로(no infrastructural central point of failure) 아키텍처상으로 탈중앙화되어 있으나, 공통적으로 합의된 단일 상태가 있고 시스템은 단일 컴퓨터처럼 작동하므로(there is one commonly agreed state and the system behaves like a single computer) 논리적으로는 중앙화되어 있다.

한편, [그림 1]의 우측을 보면, 세 가지 모두 탈중앙화한 경우는 피어투피어(Peer to peer; P2P) 식의 파일 공유 플랫폼인 비트토렌트(BitTorrent)와 글로벌 대표 언어로 자리잡은 영어이다. 이들은 논리적으로 탈중앙화(Logically decentralized)되어 있다. 영어를 보면, A와 B 사이에 사용되는 영어와 C와 D 사이에 사용되는 영어는 동의할 필요가 전혀 없다. 언어가 존재하는 데 필요한 중앙화된 인프라는 없으며, 영어 문법 규칙은 어느 한 사람에 의해서 만들어지거나 통제되지 않는다.

따라서, 비탈릭이 구분한 (탈)중앙화 유형을 볼 때, 논리적으로는 아직 중앙화된 블록체인은 완벽하지 않은 탈중앙화 기술이라 하겠다. 게다가 중앙화 시스템에 비해서도 단점이 많아 느린 데다가, '가스비(Gas fee)'라는 거래 수수료도 내야 하는 불편함이 있다. 가스비는 블록체인상에서 트랜잭션(Transaction)을 처리하는 데 필요한 비용이다. 가스비는 트랜잭션 처리 과정에서 필요한 작업량과 연산 비용에 따라 결정되는데, 네트워크 수요가 높을 때 상승하며 수요가 낮을 때 하락한다. 이러한 가스비는 네트워크에서 사용되는 암호화폐를 보호하고, 블록체인의 안정성과 보안을 유지하는 데 기여하며, 경쟁력 있는 트랜잭션 처리 속도를 유지하는 데 도움이 된다.

한계점에도 불구하고 블록체인 기술이 주목받게 된 주된 이유는 지속적으로 탈중앙화라는 가치를 추구하고 있기 때문이다. 이에 비트코인 이후 생겨난 암호화폐 프로젝트들에게 탈중앙화 철학은 더욱 더 중요한 기준으로 자리 잡게 된다. 즉, 아무리 확장성이 높은 메인넷(Mainnet)이 나온다고 하고, 아무리 높은 연간 수익률(Annual percentage yield; APY)을 주는 DeFi가 나온다고 해도 물어야 할 질문은 바로 비탈릭이 제시한 이 세 가지 유형별 기준이다. 즉, 처음부터 탈중앙화가 완전히 이루어진 프로젝트가 아니라 할지라도 그 프로젝트가 얼마나 탈중앙화에 관해서 진지하게 고민하고 있는지, 그 고민을 얼마나 실행으로 옮기려 노력하고 옮기는지에 대해 확인해야 할 것이다.

비탈릭이 우려하는 바는 블록체인들이 전 세계 다수 노드와 검증인을 확보하면서 아키텍처상의 탈중앙화를 추구하고 있음에도 불구하고, 앞에서 언급한 도식 속에서만 본 '정치적' 탈중앙화는 사실상 아직도 숙제로 남아 있다는 점이다. 그 이유는 아직 블록체인에 대한 의사결정이 대다수 개발사들에 의해 내려지고 있기 때문이다. 따라서, 비탈릭은 완벽한 공산주의도, 완벽한 자본주의도 없는 것처럼 수정된 탈중앙화 기반에서 비즈니스 기회가 열릴 것으로 본 것이다. 그 예로 블록체인 네트워크에서 거래 속도를 높이고 비용과 복잡성을 줄이기 위해 설계된 확장 솔루션인 폴리곤(Polygon)이 있다. 어차피 처음부터 완벽한 탈중앙화가 아니라면 웹3.0의 가치를 극대화할 수 있는 방향의 기술적 수정이 필요하다. 폴리곤에 대해 1장에서 잠깐 언급했는데, 좀 더 설명해 보고자 한다.

비트코인에 이어 등장한 이더리움이 갖는 블록체인 기술의 트릴레마(Trilemma)가 있다. 탈중앙화(Decentralization), 보안성(Security), 확장성(Scalability)이 서로 상충되는 속성을 가져, 이를 한 번에 해결하는 블록체인이 존재하기 어렵다는 것을 트릴레마로 표현하고 있다. 이러한 한계를 잘 알고 있는 부테린이 2021년에 제안한 방법 중 하나가 레이어2(Layer2) 블록체인이다. 레이어1(Layer1)은 블록에서 거래를 기록하고 승인하며 처리하는 시스템으로 독자 네트워크를 보유한 블록체인으로서, 비트코인, 이더리움, 솔라나 등이 대표적이다. 레이어1의 블록체인은 세 가지 특성 중 탈중앙화와 보안성은 어느 정도 보장하려 하지만, 이에 따른 부작용으로 확장성에 제약이 생기게 된다. 이 확장성 문제를 해결하고자 하여 탄생한 레이어2 블록체인은 레이어1과 상호작용하며 보안 및 탈중앙화를 유지하면서 동시에 확장성을 개선하는 방안이 된다. 트랜잭션을 빠르게 기록할 수 있는 별도 블록체인을 두고 해당 블록체인에서 처리된 트랜잭션들을 일정 단위로 묶어 요약한 정보만 다시 레이어1에 기록해 신뢰성을 보장하면서 레이어1의 부담을 줄이는 것이다.

처음부터 완벽한 탈중앙화가 기대될 수 없다는 전제하에 레이어1 블록체인의 보안성과 탈중앙화 특성을 그대로 유지하면서 속도와 확장성을 개선하기 위해 레이어2 블록체인이 등장하게 된 것이다. 이는 레이어1 블록체인의 합의 메커니즘과 보안에 의존하면서 레이어2에서 트랜잭션을 처리함으로써 레이어1 블록체인의 트랜잭션 처리 부담을 줄이는 방식으로 확장성을 개선한다. 기존 체인의 바깥에서 거래를 처리하기 때문에 레이어2를 '오프체인(off-chain)' 솔루션이라고도 부른다.

이처럼 중앙화된 레이어2 내지 오프체인에서 비싼 연산을 처리하고, 레이어1 이더리움 블록체인에 기록이나 중요한 연산만 기록하는 기술을 선보인 폴리곤의 경우에 빠른 의사결정이 가능하고, 특정 지역에 노드들이 몰려 있는 아키텍처상의 중앙화와 네트워크 의사결정이 소수 집단에 의해 진행되는 정치적 중앙화가 이루어지게 된다. 폴리곤에서는 아직 불완전하지만 중앙화할지라도 좀 더 효율적인 기술을 채택하는 '**수정 탈중앙화**'가 이루어진 것이다. 기술적으로 폴리곤은 이더리움 체인을 통해 운영되는 지분증명(Proof of Share; PoS) 체크 포인트에 구축된 플라즈마 네트워크의 맞춤형 버전을 사용하며, 폴리곤의 각 사이드체인은 블록당 65,536회 트랜잭션까지 달성할 수 있다. 폴리곤의 사이드체인은 이더리움 생태계에서 다양한 DeFi를 지원하도록 구조적으로 설계되었다.

탈중앙화 자율조직(DAO)의 특성

이상에서 언급한 비탈릭의 주장대로 완벽한 탈중앙화를 기대할 수는 없다. 이러한 전제하에서 DAO의 유형과 특성을 살펴보고자 한다. DAO도 웹2.0 산업 생태계와 마찬가지로 특정 미션과 공통 문제 해결에 의해 주도되므로, 산업 생태계가 발전하면서 생기는 새로운 혁신 전략의 일환이다. 즉, 이는 기존 웹2.0 중심 조직의 운영을 보완하고 향상시킬 수 있는 기회를 제공할 것으로 기대된다. DAO 개념이 최초로 등장한 시기는 2013년이다. 초기에는 탈중앙화된 자율 기업(Decentralized autonomous corporations; DAC)이라 칭했다. 비탈릭을 포함한 초기 비트코인 지지자들에 의해 참조되었고, 점차 암호화폐 커뮤니티 내에서 발전하면서 이윤 추구에 대한 동기 유무와 무관하게 확장해 현재의 DAO 개념으로 일반화되었다.

아래 [그림 2]는 2021년 시장에서 관찰된 **DAO들을 유형화**한 것으로, 프로토콜(Protocol) DAO, 인프라스트럭처(Infrastructure) DAO, 투자(Investment) DAO, 그랜트(Grants) DAO, 콜렉터(Collector) DAO, 소셜(Social) DAO, 크리에이터(Creator) DAO, 길드(Guild) DAO, 미디어(Media) DAO 등 매우 다양함을 보게 된다. 이들 중에서 시작은 **프로토콜 DAO**이다. 이는 뒤에서 바로 논의할 DeFi의 2세대(DeFi 2.0)로 불린다. 그 주된 배경은 DeFi 1세대(DeFi 1.0) 경우를 보면 알 수 있다. DeFi 1.0 프로젝트에서는 토큰을 예치한 후 높은 이자율을 제공해 참여를 유도하고 전체 예치금을 늘렸지만, 높은 이자율로 사람들이 몰려 토큰 인플레이션이 발생했다. 이로 인해,

뱅크런(Bank run: 은행에서 단기간에 예금에 대한 대량의 인출 요구가 일어나는 상태)
이 유발되었고, 프로젝트가 침체되는 시기를 겪게 되었다. 이러한 DeFi 1.0
이 2.0으로 수정·보완되면서 프로토콜 DAO라는 이름으로 새롭게 부르기
시작한 것이다.

[그림 2] 2021년 시장에서 본 DAO의 유형화

출처: Galaxy Digital Research, 2021.11.24.

프로토콜 DAO의 역할은 DeFi 운영에 대한 의사결정 역할을 수행하
는 것이다. 프로토콜 DAO는 거버넌스 메커니즘으로 공정하고 탈중앙화
된 플랫폼을 제공하기 위해 최적화된 프로그램을 제공한다. 대표적인 프
로토콜 DAO로 유니스왑(Uniswap), 메이커 DAO(Maker DAO), 올림푸스
DAO(Olympus DAO) 등을 꼽는다. **유니스왑**은 탈중앙화 거래소(Decentralized
Exchange; DEX)를 운영하며 이용자들의 유동성 제공에 대한 보상으로 이자
개념인 토큰을 제공하고, 토큰 보유 구성원들은 사업상의 의사결정에 대해
투표를 통해 참여한다. 올림푸스 DAO는 DeFi2.0의 시초로서 높은 유동성이

토큰 가격 폭락으로 이어지는 것을 해소하고자 토큰을 발행해 준비금을 비축해 프로젝트에 의해 안정적으로 유동성을 공급한다는 비즈니스 모델을 가지고 있다. 메이커 DAO 등에 대해서는 뒤의 DeFi에서 설명하겠다.

투자 DAO(Investment DAOs)는 기존의 투자 펀드와 유사하다. 하지만, 투자 종목, 수익 분배 등의 의사결정을 구성원들의 투표에 의해 결정한다. 누구나 자금 운영 방식, 투자 전략, 투자 대상에 대해 제안할 수 있고, 높은 비용과 까다로운 법적 요건을 가진 기존 벤처캐피탈 펀드에 비해 보다 신속하고 편리하게 자본 형성 수단 생성이 가능하다는 장점이 있다. 대표적인 투자 DAO로 메타카르텔 벤처(MetaCartel Ventures), 더라오(The LAO) 등이 있다. **메타카르텔 벤처**는 암호자산, 주식, 암호화 부동산 등 토큰 자산에 투자해 기존의 벤처캐피탈보다 높은 유연성을 가지며, **더라오**는 미국 벤처캐피탈의 일반적 설립 형태를 준수한 델라웨어 유한책임회사(LLC)로 사원주도형 벤처캐피탈 펀드로서 스타트업들을 육성한다.

콜렉터 DAO(Collector DAOs)도 투자 DAO와 비슷한데, NFT 등 비(非)금융자산의 수집과 수집품의 가치 증대를 위한 활동을 지원한다. 대표 사례로 래러블(Rarible)과 핑거프린트 DAO(Fingerprints DAO)가 있다. **래러블**은 커뮤니티 소유 NFT 마켓플레이스를 운영하는 자율조직으로 구성원들은 래리(Rari) 토큰으로 시스템 의결권을 가지며 플랫폼 관리, 콘텐츠 큐레이팅에 참여한다. **핑거프린트 DAO**는 '블록체인 예술'에서 영향력 있는 작품들을 수집하는 커뮤니티로 예술작품 수집뿐 아니라 수집한 예술작품의 가치를 증대시키기 위한 활동도 병행하게 된다. 블록체인 예술이란 블록체인상에서 생성되고, 인증되는 완전 온체인(Onchain: 블록체인 네트워크에 트랜잭션이 기록되는 것) 작품을 의미하며, 2022년 대표 시리즈로 오토글립스(Autoglyphs), 데프비프

(DEAFBEEF) 컬렉션, 뮤턴트 가든 시더즈(Mutant Garden Seeders) 등이 있다.

중앙집중적 금융시장의 파괴적 혁신을 주도한 웹3.0 탈중앙화가 투자, 인프라, 콜렉션, 미디어 분야로 확장되는 것을 보게 된다. 특히 개방화된 오픈 소스 방식이 전통 산업의 변화를 이끌 수 있다. 즉, 탈중앙화란 중앙 집권이 아닌 분산화된 시스템으로 정보가 평등해지는 것을 목표로 하는 웹3.0의 특성으로 탈중앙화는 금융을 넘어 타 산업의 비즈니스 확장을 유도할 것이다. 최근에는 탈중앙화 과학(DeSci)도 등장하는데, 의료 데이터 및 프라이버시 관리가 매우 중요한 의료 산업에서 쓰이기 시작한 것이다. 과학계의 지나친 중앙집중화와 관료화 문제에 대해 탈중앙화 의료는 기존 시스템을 크게 개선할 것이며, 의료 산업의 특성상 정확하고 시의적절한 데이터가 중요하기 때문에 탈중앙화 의료가 적합하게 된다. DeFi 비즈니스의 확장에 대해서는 뒤에서 좀 더 언급하겠다.

DAO의 유형들 중에서 아래 [그림 3]은 **투자 DAO**가 어떻게 **작동하는지** 그 **특성**을 예로 보여주고 있다. 커뮤니티 참여자들은 DAO 스마트계약(Smart contracts)에 이더리움 암호화폐인 이더(ETH)를 예치하고, 그 대가로 거버넌스 토큰(Governance token)을 지급받는다. 그 후에 커뮤니티 참여자들은 지급받은 거버넌스 토큰을 사용해 DAO 커뮤니티에서 제안된 프로젝트의 투자 아이디어에 투표할 수 있게 된다. 커뮤니티 투표에서 선정된 제안이 DAO 스마트계약에서 발동하면 DAO 트레저리(DAO Treasury)에서 프로젝트의 주소로 ETH가 송금되게 하여 해당 프로젝트에 투자하기에 이른다. 그 이후에 DAO의 투자 성과가 누적되면 거버넌스 토큰의 가격이 상승하고, 이를 통해 토큰 보유자들에게 투자 성과가 재분배된다.

[그림 3] 프로젝트에 투자하는 투자 DAO의 작동 특성

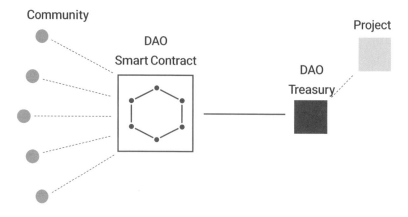

출처: Galaxy Digital Research, 2021.11.24.

이러한 투자 DAO의 초기 사례라 할 수 있는 '더다오(The DAO)'가 있는데, '더다오 사건'이라는 꼬리표가 붙으면서 부정적 인식의 단초가 되었다. 2016년 4월 독일 스타트업이 설립해 1억 5,000만 달러 이더리움을 투자금으로 모았다가 한 달 만에 3분의 1상당의 이더리움이 해킹에 의해 탈취당한 사건이 발생했고, 그 당시에는 법적 책임이 스마트계약의 설계자, DAO 구성원, 금융시스템 참여자들 중 누구에게 있는지에 대한 답을 내릴 수 없었다. 결국 이러한 실패의 원인은 이더리움의 공용 풀을 관리하는 이더리움 스마트계약 코드의 보안 코드 취약성에서 비롯되었고, 점차 기술적 문제는 해결되기 시작한다.

좀 더 자세히 설명하면, 더다오의 구성원은 개발자, 계약자, 중재자, 토큰 보유자이다. 개발자는 스마트계약을 구현하는 자, 계약자는 프로젝트를 제안하거나 직접 수행하는 자, 중재자는 계약자의 개발 과정을 감독하거나 스마트계약을 검증하는 자, 마지막으로 토큰 보유자는 참여자로 운영 과정과 관련된 사안들을 투표로 결정하거나 프로젝트 진행 여부에 따라 계약자를 해고하는 자이다. 이러한 프로젝트가 DAO 토큰을 이더리움으로 판매하는 시스템 결함에 따른 해킹 공격을 받게 된다. 이로 인해 총 360만 개 이더리움이 해커의 계좌에 보관되었고, 이를 해결하기 위하여 개발자들은 새로운 블록체인을 형성하고 해킹 이전의 상태로 복구하는 방법을 취함으로써 탈취된 이더와 기존의 자금조달로 모였던 이더를 모두 상환하는 것으로 더다오는 종료된다.

하지만, 이어서 DAO의 법적 문제가 남아있다. 미국 증권거래위원회(U.S. Securities and Exchange Commission; SEC)가 2017년 DAO에 대한 조사 보고서를 처음 발표했다. 더다오 해킹 사건으로 인해 DAO 메커니즘에 대한 법적 해석의 필요성이 제기된 것이다. SEC가 더다오 사건을 통해 토큰에 적용한 하위 테스트(Howey Test)는 1946년 미국 대법원이 정립한 기준으로, 현재 미국에서 암호자산(암호화폐)의 증권성 판단 기준으로 사용하고 있다. 아래 [표 1]에서 보듯이, SEC는 하위테스트의 금전 투자, 공동 사업, 타인 노력에의 의존, 투자 수익의 합리적 기대라는 기준을 토대로 DAO를 증권으로 판단했다.

더다오 설립자와 그가 선발한 큐레이터들이 더다오 내 제안 중 투표에 부칠 것들을 상정할 수 있는 절대 권한을 갖고 있어서 더다오 성공 여부가 이들에게 달렸으며, '큐레이터 존재의 제거 제안'까지도 투표를 위해서는 큐레이터의 승인을 받아야 하므로, 이들이 더다오의 통제권을 쥐고 있는 셈이다. 이로 인해, 토큰 보유자는 더다오 운영에 있어 별다른 선택의 여지가 없게 된다. 결국, 더다오의 토큰은 하위테스트의 네 가지 조건을 충족해 연방증권법에 따라 유가증권 자격을 갖추었다고 판단하게 된다. 더다오는 약 1,200만 ETH 예치에 대한 교환으로 11억 5천만 개 토큰을 발행해 미등록 증권 공모에 해당한다고 정리된다.

[표 1] 미 SEC의 하위테스트 기준을 적용한 DAO의 증권성 판단

요건	내용	DAO 토큰의 증권성 판단
금전의 투자	'금전'은 현금뿐만 아니라 대가 지불이 가능한 금전적 가치가 있는 것을 포함	The DAO 프로젝트에 다수의 투자자들이 이더리움을 조달하였고, 암호자산은 금전적 가치가 있음
공동사업	다수의 투자자들이 특정한 목적을 이루기 위하여 자산을 모집하는 행위에 해당 여부	-
타인의 노력에 의존	적극적 참가자의 노력에 의존하는 것을 기대할 수 있는지 여부와 적극적 참가자의 노력이 사업의 성패에 영향을 줄 수 있는지 여부를 판단	투자자 의결권은 큐레이터가 먼저 결정한 사안에 대하여 형식적으로 진행하였다는 점에서 투자자들은 큐레이터의 경영상 노력에 의존하였음. 이러한 점에서 '타인의 노력에 의존' 요건에 부합
투자 수익의 합리적 기대	자산평가 이익, 투자자금을 활용한 결과 발생하는 이익 등에 투자자의 합리적 기대가 있는지 여부	투자자들은 투자계약에 의해 발생하는 잠재적 수익을 공유하는 방식으로 투자 수익에 대한 합리적 기대가 있었다고 추정

출처: 자본시장연구원, 키움증권, 2023.6.28. 재인용.

이렇게 DAO 관련 규제 필요성이 제기된 이후, 미국 테네시 주 등 세 개주(州)에서 DAO 관련 법률을 제정하기 시작한다. 미국의 DAO 입법은 LLC 설립과 비슷한 절차에 따라 DAO를 설립할 수 있게 DAO에 법인격을 부여했고, 구성원들에게 유한 책임을 지웠다. 또한, 미국의 연방상품거래법(Federal Statute: Commodity Exchange Act of 1936; CEA)에 따라 DAO는 비(非)법인 협회(Unincorporated association)로 볼 수 있어서 불법이나 과실에 대해 개인이나 법인처럼 책임을 져야 한다는 연방법원 판결도 나왔다.

2021년 초, 미국 와이오밍 주는 DAO가 LLC로 조직된 경우에 DAO에게 법적 회사 지위를 부여하는 "와이오밍 탈중앙화 자율조직 보칙(Wyoming Decentralized Autonomous Organization Supplement)"을 통과시켰다. 이는 일반 기업 및 LLC의 주주에게 제공되었던 유한 책임의 보호를 DAO의 구성원들도 누릴 수 있게 확장하고자 했던 암호화폐 업계의 규제 논의에서 촉발되었다. 그 이후 와이오밍 주에서는 DAO가 법적으로 LLC 지위를 부여하는 법안이 통과되어 공식적으로 법적 주체가 된 DAO들이 구성원을 보호하고 실물자산과의 연계가 가능하게 되었다.

이렇게 미국 와이오밍 주에서 DAO에게 법적 지위를 부여하는 법안이 제정된 이후 2024년 3월 9일, 와이오밍 주지사인 마크 고든(Mark Gordon)이 '와이오밍 탈중앙화 비법인 비영리 협회법(Decentralized Unincorporated Nonprofit Association; 이하 DUNA)'에 서명하기에 이른다. 해당 법에 따라 와이오밍 주법으로 DAO는 법인격을 부여받게 되었다. 이에 따라 와이오밍 주에서는 DAO에 법적 지위를 부여하였고 DAO가 제3자와 계약하고 은행 계좌를 개설하는 것은 물론이고 법정 출두 및 세금 납부도 가능하게 되었다.

이러한 미국과 달리, EU는 1장에서 언급한 MiCA 하에서 법인으로 보자는 의견 제시만 된 상태이고, DAO에 대한 언급이 MiCA 규정에는 아직 명문화되어 있지 않다. 국내에서도 DAO에 관한 법률이나 판결례를 찾아보기 어렵다. 2024년 7월부터 '가상자산 이용자 보호 등에 관한 법률'이 시행되나 DAO는 포함되지 않았다. 국내에서는 현재 DAO를 상법상 회사로 인정할 수 없고, 실제 문제가 발생할 경우 민법상 조합의 법리로 해석할 수밖에 없는 상황이다. 따라서, 대규모 투자가 이루어지는 조직 형태가 나오면 대형 사기 사건이 발생할 우려가 있다. 이에, EU나 국내 모두 입법의 쟁점은 DAO에 법인격을 부여할지의 여부이다. 해킹 공격과 코딩 에러 등의 DAO 자체의 내재적 리스크와 법률적으로 불명확한 법적 지위로 인한 규제 리스크가 있는 가운데 연이어 설명할 DeFi 시장 성장과 함께 DAO에 대한 관심은 사라지지 않고 있다.

DAO의 시작, 탈중앙화 금융(DeFi)

블록체인 기반 시스템과 알고리즘을 통해 금융서비스 이용을 가능하게 하는 DeFi의 핵심은 이더리움을 통한 스마트계약 기능이다. 스마트계약을 통해 누구나 손쉽게 금융서비스를 이용할 수 있으며, 기존 금융서비스와 달리 약정 기간도, 복잡한 본인 인증 과정도 필요하지 않다. 아래 [표 2]는 핀테크(FinTech)와 중앙화 금융(Centralized finance; CeFi), 그리고 탈중앙화 금융인 DeFi를 비교한 것이다.

블록체인 기술을 활용하지만 중앙집중화된 시스템 내에서 법정화폐 기반으로 운영되는 핀테크와 달리, CeFi는 암호자산(국내에서는 가상자산이라 부름) 기반 금융이지만 암호자산거래소 중심으로 이루어진다. 한편, 이러한 CeFi와 DeFi를 구분하는 주요 요소는 규제, 관리 주체, 데이터 접근, 투명성 등이다. DeFi에서는 본인 인증 과정이 없어 모든 사람이 네트워크를 통해 데이터 접근이 가능하다. 해당 거래의 유효성 확인을 위해 관리 주체의 허가가 필요하지 않으며, 한 거래 주체가 특정한 거래 기록을 무효로 만들 수 없다.

[표 2] 핀테크, 중앙화 금융(CeFi), 탈중앙화 금융(DeFi) 비교

구분	핀테크	시파이(CeFi)	디파이(DeFi)
거래수단	법정화폐	암호자산	암호자산
규제	전자금융거래법	특정금융정보거래법	-
관리 주체	중앙화	서비스 제공자	탈중앙화
거래장부	단일	단일/분산	분산
데이터 접근	허가받은 사용자	등록 사용자	모든 참여자
데이터 저장	중앙화	중앙화	노드 참여자
익명성	실명거래	익명거래	익명거래
투명성*	불투명	불투명	투명

*투명성은 모든 거래가 블록체인에 기록되며 평등하게 공개되는지 여부를 나타내는 의미임.

출처: 한국4차산업혁명정책센터, 2020; 자본시장연구원(홍지연), 2021.6. 재인용.

2021년 3월 12일, 디파이펄스(Defi Pulse)가 조사한 예치금액 기준으로 본 DeFi 순위는 대출(Lending)이 47%로 가장 높았고 탈중앙화 거래소인 DEX가 36%이며, 점차 파생상품(Derivatives) 등으로 그 영역이 확장되는 모습을 보였다. 이 세 가지 유형에 대해 각각의 비즈니스 가능성을 살펴보자. 먼저, 고객 신원 확인 절차를 거친 후 대출 조건이 충족되면 암호화폐 담보를 통해 서비스 이용이 가능한 **DeFi 대출 서비스**는 아래 **[그림 4]**와 같이 두 가지 **모델**로 나뉜다. 수직축의 **캐피탈 풀(Capital Pool) 모델**에서는 서비스 관리 주체가 담보를 받고 대출해 주는 데 비해, 수평축의 **P2P 모델**은 관리 주체 없이 대출받는 사람과 대출해 주는 사람을 연결해 준다. 메이커 DAO(Maker DAO), 컴파운드(Compound), 에이브(Aave)가 대표적이다.

[그림 4] DeFi 대출 서비스 모델

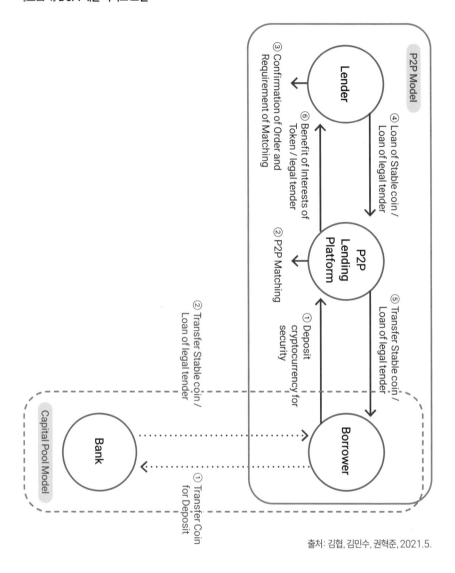

출처: 김협, 김민수, 권혁준, 2021.5.

P2P 모델의 예로, 메이커 DAO는 2017년 개설된 최초 DeFi 플랫폼으로서 이더리움 등 암호자산을 담보로 하는 스테이블코인(Stablecoin: 달러화 등 기존 화폐에 고정가치로 발행되는 암호화폐)을 발행하고 이를 활용해 예치, 대

출 서비스를 제공한다. 대출 신청인은 보유 중인 암호자산을 매도 없이 담보로 제공하고, 스테이블코인 형태의 안정적 유동성을 확보한다. 아래 **[그림 5]**는 **메이커 DAO의 대출 프로세스**를 도식화한 것이다.

[그림 5] 메이커 DAO의 대출 프로세스

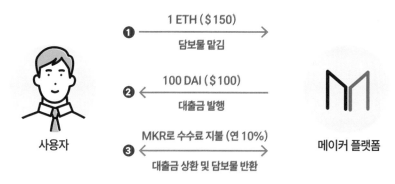

① 1 ETH ($150)
담보물 맡김

② 100 DAI ($100)
대출금 발행

③ MKR로 수수료 지불 (연 10%)
대출금 상환 및 담보물 반환

사용자   메이커 플랫폼

출처: 하나금융연구소, 우리금융연구소, 2022.6.23. 재인용.

대출 서비스 플랫폼은 스마트계약을 통해 이루어진다. 암호자산 내지 암호화폐는 가격변동이 높으므로 담보를 설정할 때 초과 담보 및 담보물 청산이 존재한다. 대출을 받으려면 담보를 일부 입금해야 하고, 빌려주는 사람은 플랫폼 내의 풀에 자금을 예치하고 예치금에 대한 이득을 얻는다. 빌려주는 사람에게 인센티브(이자 포함 토큰, 법정 화폐)를 제공하는 과정에서 신용이 만들어진다. 담보물이 증가하면 추가 대출이 가능하고, 담보물이 감소하면 스마트계약에서 규정한 담보 상환 비율 기준으로 청산 절차가 진행된다. 대출 실행, 상환, 담보 청산 등의 과정은 프로그램화되어 프로그램과 사용자 간 모든 프로세스가 결정된다. 이러한 DeFi 대출 서비스 플랫폼의 한계는 빌리는 사람의 신용 점수를 확인하기 어렵고 실제 자산을 담보로 설정할 가능성 때문에 대부분 담보 대출만을 허용한다는 점이다. 즉, 유동성이 높은 코인만 담보물로 허용한다는 한계를 갖는다. 대출 비율은 보통 평균 50%인데, 빌린 자금을 암호화폐, 현금 모두 받게 해 대출받을 때 따로 코인을 매각할 필요는 없다.

다음은 **DEX** 경우를 보자. 여기서는 암호자산 교환과 거래 기능이 제공되며, 자동화된 프로세스를 통해 개인 간 거래가 이루어진다. 기존의 중앙화 거래소(CEX)에서는 상장 수수료, 자의적 입출금 통제, 거래소 해킹 등의 문제점이 존재한다. 하지만, DEX는 거래소 인터페이스만 제공하고, 그 외는 블록체인 네트워크를 활용하므로, 본인이 개인 키를 직접 관리해 관리가 잘 이루어진다는 전제하에 자산을 안전하게 보호할 수 있다. 하지만, DEX는 CEX보다 거래 속도가 느리며 높은 수수료와 키 분실 가능성이 존재한다는 한계를 가진다. 아래 **[그림 6]**은 **DEX 서비스 모델**을 도식화한 것이다. 대표적 DEX로 **유니스왑(Uniswap)**과 **커브파이낸스(Curve Finance)** 등이 있다. 유니스왑은 이더리움과 ERC-20 토큰 간 자동 교환 거래가 가능한 DEX로 유동성을 공급하는 자들에게 별도의 보상을 지급하는 방식으로 유동성 공급 문제를 해결하였다.

한편, 2024년 4월, 미국 SEC가 유니스왑 운영사에 웰스 노티스(Wells Notice)를 발송했다. 이 경고장은 SEC가 불법 금융거래 등에 개입했다는 혐의가 있는 기업이나 개인을 상대로 소송을 제기하기에 앞서 해명 기회를 제공하는 문서를 말한다. SEC가 소송을 준비하고 있다는 소식으로 인해 유니스왑 토큰은 미국 암호화폐 거래소인 바이낸스(Binance) 기준으로 약 20% 하락했으며, 암호자산 업계에서는 유니스왑이 '미등록 증권 서비스 제공 업체'로 간주되어 웰스 노티스를 받은 것으로 추정하게 된다. 미국 금융 당국이 DeFi를 규제하겠다는 신호를 보낸 것이다.

[그림 6] DEX 서비스 모델

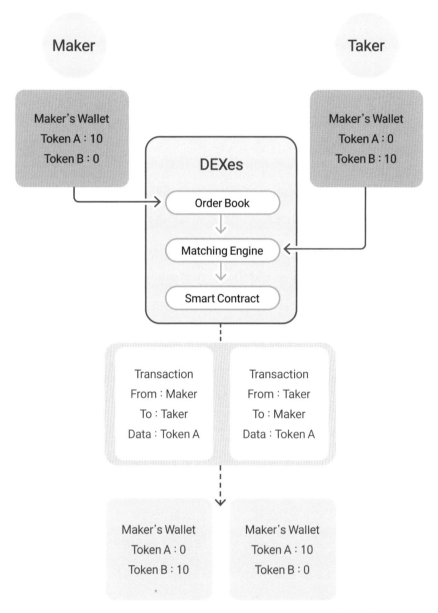

출처: 김협, 김민수, 권혁준, 2021.5.

마지막으로 **파생상품**의 경우를 간단히 소개한다. 2021년 미국 SEC가 인터컨티넨탈거래소(Intercontinental Exchange; ICE)의 선물거래소인 백트(Bakkt)의 비트코인 선물 거래를 승인하면서 암호자산 활용에 대한 기대가 높아지기 시작한다. 파생상품 거래 대부분을 차지하는 마진 거래는 암호자산 공매수, 공매도 계약을 통한 마진 거래에 차입을 통해 수익을 극대화하는 투자 수단이다. 예측 시장은 현물 시장 추세를 예측해 증거금을 계약하는 것으로, 현물 시장의 파생상품과 유사하다고 보면 된다. 이 서비스들이 거래 처리 및 검증 과정에 도입한 스마트계약은 주체 간 계약 시에 특정 조건이 만족되면 자동 이행시킴으로써 주관적 요소를 배제한다. 그런데 아래 [그림 7]에서 보면, **DeFi 파생상품 서비스 모델**에서 오라클(Oracle)이 외부에서 입력된 정보를 스마트계약에 제공하기 위해 사용되고 있음을 보게 된다. 이는 스마트계약이 독자적으로 데이터에 접근할 수 없기 때문이며, 이에 활용되는 오라클은 블록체인 네트워크와 외부 네트워크 간 교량 역할을 수행하게 된다.

오라클에 대해서는 인프라를 다룰 13장에서 데이터 소유권과 관련하여 다시 설명할 것인데, 여기서 간단히 소개한다. 블록체인과 실제 세계를 연결하는 인터페이스로 이해되는 오라클은 현실 세계에서 데이터를 가져올 수 없는 블록체인을 보완하는 역할을 한다. DeFi 서비스는 환율 데이터에 대한 액세스 없이 작동할 수 없고, 보험이나 예측 시장에서는 실제 사건에 대한 정보를 제공하는 피드가 필요한데, 오라클은 현실 세계의 데이터를 스마트계약에 기록할 수 있도록 가교 역할을 한다. 또한, DeFi 외부에서는 예측 시장에서 당첨된 베팅에 보상금을 지불하거나, 보험에서 분쟁을 해결하는 데 실시간 데이터가 필요하다. 현재 다양한 종류의 오라클 프로토콜이 있는데, 체인링크(Chainlink)가 대표적이며, 이는 13장에서 논의하겠다.

[그림 7] DeFi 파생상품 서비스 모델

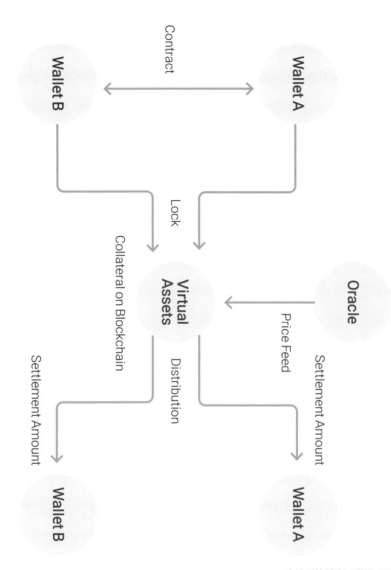

출처: 김협, 김민수, 권혁준, 2021.5.

탈중앙화 금융(DeFi) 비즈니스 확장

비탈릭이 구분한 논리적, 정치적, 아키텍처상의 세 가지 탈중앙화 유형이 완벽하지 못한 현재 DeFi 생태계의 침체기 속에서 성장하기 시작한 시장이 **실물자산(Real-World Asset; RWA)** 시장이다. 탈중앙화 관점에서 이 시장을 설명하면, 앞서 언급했듯이 블록체인에서 DeFi 거래 데이터를 기록하는 방식이 온체인(On-Chain)과 오프체인(Off-Chain)으로 구분된다. 온체인은 블록체인에서 발생하는 모든 거래 내역을 블록체인상에 기록하는 방식으로 비트코인이나 이더리움 등 자체 메인 블록체인 네트워크(메인넷)를 구성하고 있는 블록체인 내부에서 발생한 모든 데이터를 블록체인에 기록하는 방식이다. 반면, 오프체인은 블록체인 외부에 거래 내역을 기록하는 방식이다. 블록체인에서 중요한 거래 데이터 검증을 온체인에서 처리하지만, 데이터 처리 등 시간과 용량을 많이 소모하는 계산은 오프체인인 폴리곤 같은 네트워크에서 처리한다. 개념상 RWA는 블록체인 외부인 오프체인에 존재하는 모든 자산을 토큰화(Tokenized)하여 온체인으로 가져와 DeFi 시장 내에서 거래할 수 있는 암호자산이 된다.

미국에서 확장 추세에 있는 토큰화된 RWA는 유동성 증가, 부분 소유권 확보, 투명성 향상, 거래비용 절감 등의 다양한 이점을 제공한다. 자산 소유자는 비(非) 유동적인 자산에 대한 유동성을 확보할 수 있다. 부분 소유권도 가능해져, 투자자들은 이전에 높은 자본 요건으로 인해 접근하기 어려웠던 고가의 자산 일부를 거래할 수 있어 유동성이 향상되는 것이다. 적어도 이론상, 블록체인의 RWA를 사용하면 소유권 기록과 거래 내역이 온체인 내에서 관리되고, 스마트계약을 활용해 중간 비용을 줄일 수 있다. 이에 미국에서는 특히 토큰화된 미국 국채 규모가 급증했다. 2023년 초 RWA에서 토큰 채권 발행 규모가 1억 달러 수준이었으나, 2024년 초 기준 8억 6,200만 달러로 약 8배 성장했다. 대표적인 미국 토큰 국채의 발행자로 프랭클린 템플턴(Franklin Templeton), 마운틴프로토콜(Mountain Protocol), 온두(Ondo) 등이 있다. 2023년 말 유럽투자은행(European Investment Bank)도 약 1억 유로의 토큰 채권을 발행하였다.

지난 몇 년간 암호자산 시장 내 여러 사건으로 인해 DeFi 생태계는 침체기에 있었다. 2022년 5월 루나-테라와 2022년 11월 FTX(Futures Exchange) 사태 등 여러 이슈가 연달아 발생하면서 DeFi 총예치액(Total Value Locked; TVL)이 상당한 감소 추세를 보여, 2021년 1,800억 달러에서 2024년 초 기준 약 500억 달러 수준으로 떨어졌다. 한편, 유동성 스테이킹(Liquid staking)과 대출(Lending)의 총예치액(TVL)은 2024년 초 기준, 각각 317억 5,600만 달러와 226억 3,700만 달러 수준으로 그나마 DeFi 거래를 이끌었다. 하지만, 스테이킹은 정해진 일정 기간 출금이 불가하고 원금 보장이 어렵다는 점과 대출의 경우 담보자산 가치의 변동과 상환 위험성이 있다는 점에서 제약이 따른다. 이러한 제약들과 미국 금리 상승이 맞물리면서 안전자산에 대한 투자자의 수요가 높아지면서 2022년 이후부터 미국의 국채 발행이 증가하였다. 미국의 국채 발행은 2020년 1,877억 달러에서 2021년 1,284억 달러로 감소하였다가 2022년과 2023년에 각각 1,405억 달러에서 1,544억 달러로 다시 증가하는 추이를 보이게 된 것이다.

결론적으로, DeFi 비즈니스 확장을 견인하기 시작한 RWA 시장에서는 점차 전통적 금융자산, 금이나 부동산 같은 유형자산뿐만 아니라 탄소배출권, 지적재산권 같은 무형자산도 토큰화하여 DeFi 내에서 거래할 수 있게 된다. 이러한 유, 무형 자산에 대한 토큰화는 결국 DeFi 생태계 내에서 다양한 자산군에 대한 거래 접근성뿐만 아니라 비(非) 유동 자산에 대한 거래 접근성을 높일 수 있을 것이다. 2022년, 보스턴 컨설팅 그룹(Boston Consulting Group; BCG)에 따르면, 토큰화된 RWA 시장은 2030년까지 16조 달러에 이를 것으로 예상한 바 있다.

참고문헌

김협, 김민수, 권혁준, "디파이(De-Fi), "탈중앙화 금융의 가능성과 한계점," The Journal of Society for e-Business Studies, Vol. 26, No. 2, pp. 143-155, 2021. 5.

네이트 뉴스, "美 코인 시장도 '증권성 논란'…국내 금융당국, 참고할 '기준'이 없다," https://news.nate.com/view/20230420n03235, 2023. 4. 20.

맹주희, "RWA(Real-World Assets) 시장의 현황 및 시사점,"자본시장포커스, 자본시장연구원 보고서, 2024. 2.

미디엄(이보라 글), "레이어2-기초," https://violetboralee.medium.com/%EB%A0%88%EC%9D%B4%EC%96%B42-1-10bdc94b56ac, 2023. 11. 29.

브레이브 홈페이지, "DApp이란 무엇이고 어디에 사용되나요?" https://brave.com/ko/web3/what-are-dapps/, 2022. 7. 29.

비인크립토 코리아(황상호 글), "블록체인 오라클의 모든 것 [2024년]," https://kr.beincrypto.com/learn-kr/blockchain-oracle/, 2024. 8. 30.

비티씨씨(BTCC), "디앱(DApp)이란 무엇입니까? 이해 및 소개," https://www.btcc.com/ko-KR/academy/crypto-basics/what-is-dapp, 2022. 5. 24.

BTCC, "디파이 코인(Defi)이란? 디파이코인 종류, 서비스 및 향후 전망," https://www.btcc.com/ko-KR/academy/crypto-basics/what-is-defi-coin, 2024. 1. 29.

스마투스 비즈니스 리뷰, "탈중앙화자율투자 유한책임회사 The LAO에 관한 고찰," 2022. 3. 14.

아세안익스프레스, "美 와이오밍 주, DAO에 금융 권한 사용하는 주법 통과," https://www.aseanexpress.co.kr/news/article.html?no=9709, 2024. 3. 10.

안수현, "탈중앙화 금융(De-Fi)의 기업·금융 규제 법제 연구 -탈중앙화 자율조직(DAO)의 조직구조와 참여자 보호," 2022. 8. 31.

엔크류, "폴리곤이란?" https://ncrew.net/playtoearnft/tutorials/44, 2023. 9. 6.

우리금융경영연구소, "탈중앙화금융(DeFi)의 현황과 시사점," 2022. 6. 23.

이코노미스트, "블록체인 기반 'DAO'가 미래의 대안 조직이 될 수 있을까 [김기동의 이슈&로]," https://economist.co.kr/article/view/ecn202308290021, 2023. 8. 29.

임태범, 김동화, 변성우, "메타버스에서의 탈중앙화 자율 조직과 Web 3.0 동향 및 미래 가능성에 대한 고찰," 방송과 미디어, 제27권 3호, 2022. 7. 15.

자본시장연구원, "탈중앙화 자율조직 DAO의 현황과 이슈," 자본시장포커스, 2022-07호 (2022. 3. 22~4. 4) 2022. 4. 4.

자본시장연구원(홍지연 글), "디파이(DeFi) 시장의 성장과 시사점," 자본시장포커스, Vol. 6, 2021. 6.

쟁글, "[쟁글 아카데미] 온체인이란? 오프체인이란? 온체인 뜻과 오프체인 뜻을 알아가자," 2022. 10. 7.

조선비즈, "[주간코인시황] 비트코인, 홍콩 ETF 승인 전망에 반등," https://biz. chosun.com/stock/finance/2024/04/13/KJO5M4E47JDAXCFBGPJ3WRAJGY/, 2024. 4. 13.

코스콤 뉴스룸, "웹 3.0, 무엇을 바꿀 것인가?" 코스콤 리포트, 2022. 9.

키움증권, "가상자산 이해하기," 2023. 6. 28.

테크엠, "[UDC 2024] 금융 넘어 인프라·과학까지…확장하는 '탈중앙 생태계' 들여다보니," https://www.techm.kr/news/articleView.html?idxno=132272, 2024. 11. 14.

TTA(김근형 글), "웹 3.0과 콘텐츠 유통의 탈중앙화," 기술표준이슈, ICT Standard Weekly 제1113호, 2022.

한국4차산업혁명정책센터(KPC4IR), "핀테크와 빅테크를 넘어서는 탈중앙화 금융(Defi): 블록체인 기반 금융서비스의 미래," 2020.

한국지능정보사회진흥원(NIA), "데이터 기반 탈중앙화 기술의 사회적 함의 분석," IT & Future Strategy, 제6호, 2021. 7. 2.

BCG, "Relevance of on-chain asset tokenization in 'crypto winter'," 2022.

CoinDesk, "Tokenize everything: Institutions bets that crypto's future lies in the real world," 2023. 7. 18.

Fortune, "Wyoming wants to become the Delaware of DAOs with new crypto law for decentralized autonomous organizations," https://fortune.com/ crypto/2024/03/08/wyoming-dao-a16z-crypto-crypto-blockchain-ooki/,

2024. 3. 8.

Galaxy Digital Research, "DAOs: The Future of Organizing Communities Online," 2021. 11. 24.

IDC, "How Important Is Web3 and Decentralization to Industry Ecosystems?" https://blogs.idc.com/2023/04/12/how-important-is-web3-and-decentralization-to-industry-ecosystems/, 2023. 4. 12.

Ippon, "Beginning Decentralized Identity Applications with Solid," https://blog.ippon.tech/beginning-decentralized-identity-applications-with-solid, 2021. 9. 13.

Klaytn, "From traditional to digital: Exploring the potential and power of RWA tokenization," 2023. 11. 3.

Medium (by Vitalik Buterin), "The Meaning of Decentralization," https://medium.com/@VitalikButerin/the-meaning-of-decentralization-a0c92b76a274, 2017. 2. 6.

S. Johnson, "How decentralization and Web3 will impact the enterprise," https://biz.crast.net/how-decentralization-and-web3-will-impact-the-enterprise/, 2022. 6. 17.

Yahoo Finance, "DAOs should embrace regulation not fear it," https://finance.yahoo.com/news/daos-embrace-regulation-not-fear-144449872.html?guccounter=1&guce_referrer=aHR0cHM6Ly93d3cuZ29vZ2xlLmNvbS88&guce_referrer_sig=AQAAAIeZcV9tcJg86CxgFR51p1GmAyG0Y7DW4WgV9WmtX-IamFq62edeqK1EuWCNP9NwPET_jPGQxGR_NY-2lgXKP_6qiyEvv6qKQA29iIWOx09LYLwawGgeZ2XveJm3uE8vXHczgjf8VOkwdOCH-kxv8wk4vMbakh9kTanQcJ3qoII1, 2022. 3. 15.

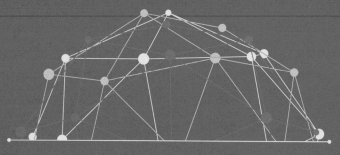

WEB3.0 MEDIA BUSINESS

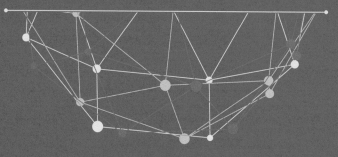

디지털자산
비즈니스 기회

디지털자산 비즈니스 기회

소유권의 회복, 디지털자산

디지털자산(Digital asset) 관점에서 웹3.0은 데이터 소유권에 대해 확실한 보장을 원하는 인터넷 이용자들에 의해 성장하고 있다. 디지털자산은 현금이나 부동산, 상품, 물리적 예술품 등 실물자산(Physical asset)과 대비되는 용어로서, 그동안 다양한 용어들과 혼재되어 사용되어 왔다. [그림 1]의 좌측에서 2013~2019년 동안 조사된 암호자산 감독기관들이 쓰는 용어 변화를 보면 디지털자산이라는 용어가 2017년부터 그 존재감을 드러내기 시작한다. 또한, [그림 1]의 우측에서 보면, 가상자산(Virtual asset)이라는 용어를 쓰는 국가가 가장 많았지만, 유럽에서는 독일과 영국이 가상자산 대신 **암호자산(Crypto asset)**이라 부르고, 프랑스와 태국은 디지털자산이라는 용어를, 러시아는 암호화폐라는 용어를 쓰고 있음을 보게 된다.

[그림 1] 각국의 용어 사용 추이(좌) 및 가상자산 관련 용어 변화(우)

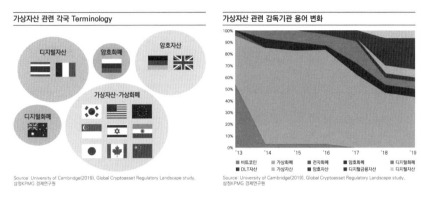

출처: University of Cambridge, 2019; 삼정KPMG경제연구원, 2022.8. 재인용.

2022년, 프라이스워터하우스쿠퍼스(PricewaterhouseCoopers; PwC)는 디지털 경제 시스템에서 가장 핵심이 되는 디지털자산을 "모든 형식과 관련 값으로 디지털 저장된 콘텐츠(Content that is stored digitally in any format and their associated value)"로 정의한 바 있다. 또한, 이듬해인 2023년, 해시넷 위키(Hashnet wiki)에서 정의된 디지털자산은 본질적으로는 이진 형식(Binary format)으로 존재하며 사용할 권리가 있는 것을 말해 데이터 중심으로 정의되고 있다. 즉, 사용할 권한이 없는 데이터는 디지털자산이 아니다. 여기에는 디지털 문서, 들을 수 있는 콘텐츠, 영화 및 현재 유통되고 있거나 디지털 기기에 저장될 기타 관련 디지털 데이터가 모두 포함된다. 디지털자산이 있는 물리적 장치 내지 자산의 소유권이라 할지라도 별개 권리가 있을 수 있으며, 그 의미는 더욱 확장될 수 있다. 디지털자산이 가상 머신(Virtual machine)이나 서버, 앱, 데이터 등 가상의 수집물을 가리키는 용어로 시작하였지만, 그 의미가 점차 확장되면서 글로벌 경제를 선도하고 있는 국가들 중심으로 암호자산과 디지털자산을 동일시하기 시작했다.

디지털자산 토큰화와 그 특성

앞서 언급한 프라이스워터하우스쿠퍼스(PwC)와 해시넷 위키가 정의한 디지털자산을 비즈니스 모델 관점에서 재해석해 보면, 디지털자산은 데이터의 가치화(Data valuation)를 의미하고, 디지털자산이 토큰화된 암호자산은 데이터의 수익화(Data monetization)를 의미한다고 본다. 즉, 거래를 통해 수익화를 가능하게 하는 디지털자산이 토큰화(Tokenization)된 것이다. **토큰화된 디지털자산**은 블록체인 기술로 중요한 데이터를 보안 훼손 없이 보존하는 고유한 기호를 사용해 중개인 없이 관리할 수 있는 디지털 단위이다.

디지털자산의 토큰화를 가장 먼저 시도한 국가는 스위스이다. 아래 [그림 2]에서 보듯이, 스위스금융당국(Swiss Financial Market Supervisory Authority; FINMA)은 토큰을 세 가지로 분류하였다. 먼저 **지불형 토큰(Payment token)**은 특정 재화나 서비스를 구입할 때 지급결제 수단으로 쓰이는 토큰으로 송금 등 가치 이전에 사용된다.

[그림 2] **스위스금융당국(FINMA)이 구분한 세 가지 토큰**

지불형 토큰 (Payment token)	증권형 토큰 (Asset token)	유틸리티 토큰 (Utility token)
• 특정 재화나 서비스를 구입할 때 지급결제 수단으로 쓰임 • 송금 또는 가치 이전을 위해 사용되며 대표적으로 비트코인, 이더리움 등이 있음	• 향후 이익과 미래 현금흐름에 따라 배당을 받는 등 주식의 성격을 갖는 토큰 • 금, 상품, 부동산 등 실물자산을 담보로 하는 자산형 토큰 • 주식의 성격을 갖는 증권형 토큰의 경우 증권법(자본시장법) 규제 대상	• 블록체인을 기반으로 만들어진 애플리케이션(이하 앱)이나 서비스를 이용할 때 사용 • 대체로 규제 대상이 아님 • 발행 시점에 투자 성격을 가지고 있다면 증권법을 적용받는 자산형 토큰으로 볼 수 있음

출처: 해시넷, Steemit, 언론보도; 삼정KPMG경제연구원, 2022.8. 재구성.

자산형 토큰(Asset token)은 증권형 토큰으로도 번역되었는데, 그 이유는 향후 이익과 미래 현금흐름에 따라 배당을 받는 등 주식 성격을 갖는 토큰으로 금, 상품, 부동산 등 실물자산을 담보로 하는 토큰이기 때문이다. 이에 대해서는 2장에서도 설명하였다. 마지막으로 유틸리티 토큰(Utility token)은 탈중앙화된 분산형 앱(DApp)을 이용할 경우에 사용하며 대체로 규제 대상이 아니다. 하지만, 만약 발행 시점에 투자 성격을 가지게 되면 증권법을 적용받는 증권형 토큰으로 간주할 수도 있다.

아래 [표 1]은 2019년 시장에서 관찰된 디지털자산의 토큰화에 따라 분류된 토큰들을 나열한 것이다. 이는 스위스금융당국의 3대 유형에서 크게 벗어나지 않는다. 지불형, 유틸리티형, 플랫폼형, 증권 또는 자산형으로 나뉘고 있다. 먼저, 지불형 토큰은 화폐나 코인으로 불리며, 상품 및 서비스 지급 수단으로 P2P 간 교환 및 거래 수단이 되는 비트코인 등 암호화폐와 중앙은행에 의해 발행되고 관리되는 덴마크의 DNB, 중국의 e-크로네 같은 스테이블코인으로 나뉜다. 후자는 법정 화폐로 표시한, 코인의 가격이 안정된 암호화폐로 보면 된다.

유틸리티 토큰은 블록체인 기반의 응용 서비스를 활용하거나 DApp 서비스에 접근하기 위한 수단으로 사용되는 토큰을 의미한다. 이는 점차 좀 더 세분화되어 메인넷 없이 서비스 사용 시 지불에 사용되는 골렘(Golem), 스토리지(Storj) 등 토큰을 유틸리티형 토큰으로, 메인넷을 구현한 이더리움, 스팀잇 등 토큰을 플랫폼형 토큰으로 다시 구분하기도 한다. 증권 또는 자산형 토큰은 물리적 자산의 소유, 지분, 부채 등에 대한 권리를 나타내는 토큰으로 디지털화된 증권, 채권과 유사한 가치 상승에 따른 차익과 배당 등 투자 수익이 지급되는 더다오(The DAO) 같은 증권형 토큰, 금, 석유, 탄소 등 상품 자산에 대한 소유를 증명해 주는 실물자산형 토큰, 그리고 대체 불가능하며 개별적 디지털자산 단위로 거래되는 크립토키티(Crypto Kitty) 같은 대체불가토큰인 NFT로 다시 세분화되고 있다.

[표 1] 2019년 기준, 시장에서 관찰하는 디지털자산의 토큰화와 그 유형들

구분		개념 및 특징	사례
지불형	Cryptocurrencies	• P2P 간의 교환 및 거래의 수단	비트코인 등
	Crypto-fiat currencies & Stablecoins	• 중앙은행에 의해 발행되고 관리 (Central Bank Digital Currency; CBDC)	DNB(덴마크), e-크로네(중국)
유틸리티형	Utility token	• 특정 서비스 또는 솔루션이나 프로그램 사용 시 지불에 사용	Golem, Storj
플랫폼형	Platform token	• Dapp 혹은 미들웨어(메인넷)을 구현하기 위한 토큰	이더리움, EOS, 스팀잇
증권 또는 자산형	Security token	• 디지털화된 증권, 채권과 유사하게 가치상승을 하는 토큰 • 가치상승에 따른 차익과 배당 등 투자수익 지급	The DAO, Tzero
	Natural Asset token	• 금, 석유, 탄소 등 유틸리티 상품자산에 대한 소유를 증명	Royal Mint Gold(금1그램 =1RMG) Petro(석유1배럴=1페트로)
	Crypto-collectibles	• 고유한 디지털자산으로 대체불가능하며 개별 자산단위로 거래	Crypto Kitty

출처: FINMA, 소프트웨어정책연구소; 하나금융경영연구소, 2019.10.15. 재구성.

시장에서 지불형 토큰이 되는 화폐는 교환 수단, 가치 저장, 회계 단위로서의 역할 등 전제 조건들을 가지며, 이는 다시 암호화폐와 중앙은행 디지털화폐(CBDC)로 구분된다. 암호화폐는 높은 가치변동성 등으로 인해 전제조건들을 완벽하게 충족하지 못하고 있어서 시장에서는 암호화폐를 실질적 거래보다는 자산적 성격의 투자 내지 투기 대상으로 인식하는 경향이 더크다. 이러한 시장 상황을 반영한 영국의 금융행위감독청(Financial Conduct Authority; FCA)은 2019년 7월에 비트코인 등 암호화폐의 내재 가치가 없음을 공식 성명을 통해 발표한 바 있고, 같은 해 9월에는 국제회계기준위원회가 암호화폐를 현금이나 금융상품(유가증권이나 권리증서)이 아닌 무형 또는 재고자산 등으로 정의한 바 있다. 이처럼 암호화폐는 그 사용처가 확대되고 가치가 안정되며 화폐로서의 특성을 갖춰 나가지 않는 한 상품성 권리 증서(상품화폐)도 아닌 상품, 무형자산으로 인식될 수 있다.

한편, [그림 3]은 가장 최근인 2023년, 국제결제은행(Bank for International Settlements; BIS)이 분류한 **암호자산(Crypto-assets)의 기능**을 도식화한 것이다. 크게 교환 수단(Means of exchange), 투자(Investment), 유틸리티(Utility)로 대별되고 있다. 교환 수단 토큰은 다시 가치 안정성(Stability of exchange) 확보 여부에 따라 스테이블코인과 넌(Non) 스테이블코인으로 구분된다. 투자형 토큰은 금융상품을 토큰화한 토큰증권(ST)을 말하며, 유틸리티 토큰은 네트워크에서 거래 비용을 지불하는 데 사용된다.

[그림 3] BIS가 분류한 암호자산(Crypto-assets) 기능

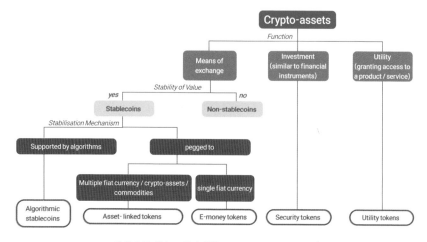

출처: BIS, 해시드오픈리서치(Hashed Open Research) 세미나, 2023.11.3. 재인용.

교환 수단 중에서 스테이블코인은 가치를 유지시키는 안정화 방식 (Stabilization mechanism)에 따라 '알고리즘으로 지원되는(Supported by algorithms) 스테이블코인'과 '가치가 고정된(Pegged to) 스테이블코인'으로 다시 나뉜다. 대표적 알고리즘 스테이블코인으로 테라, 루나가 있다. '가치가 고정된 스테이블코인'은 다수(Multiple)의 법정 통화(Fiat currency)나 비트코인 등의 암호자산, 그리고 상품(Commodities) 가치에 연동된 스테이블코인과 단일 법정 통화(Single fiat currency)에 연동된 스테이블코인 등으로 나뉜다.

MiCA 규정에 따라, 문제를 일으킨 테라나 루나 같은 '알고리즘 스테이블코인'은 EU 시장에서는 퇴출될 가능성이 높은데, 그 이유는 MiCA가 혁신 및 공정 경쟁 지원, 소비자 및 투자자 보호, 시장 건전성 확보를 목표로 한 규정이기 때문이다. 소비자 및 투자자 보호 필요 수준 등에 따라 디지털자산 유형별로 차등 규제가 적용된다. MiCA 규정은 안전 자산으로 100% 뒷받침되는 암호자산만을 '스테이블코인'으로 보며 알고리즘에 기반한 테라 등에 대

해서는 미래 가치 시그널을 주는 행위 자체를 금지한다. 또한, 비트코인처럼 발행자가 특정되지 않는 디지털자산에는 암호자산서비스사업자가 투자자 보호 규제를 받는다. EU는 비트코인의 채굴 방식이 막대한 전력을 소모하는 점을 감안해 2025년까지 암호자산 채굴 활동을 EU의 녹색분류체계 적용 대상에 포함시킬 것도 의무화했다.

MiCA 규정상 2024년 6월 30일 이후 라이선스를 가지지 않은 사업자가 발행한 스테이블코인은 EU 권역 내 거래소에서는 거래될 수 없다. MiCA 규정은 스테이블코인을 발행하기 위한 준비금, 백서 등 다양한 조건을 요구하며, 스테이블코인을 주식, 채권, 상품 기반 자산준거토큰(ART)과 법정화폐 기반의 전자화폐토큰(EMT)으로 구별했다. EMT의 경우 자금의 30% 이상이 안정한 계좌에 보관되어 있을 때만 나머지 자금을 저(低) 위험 자산에 투자할 수 있다. 스테이블코인 발행 40일 전까지 규제 당국에 백서를 통보하고, 홈페이지에도 이를 게재해야 한다. 백서에는 발행인 정보, 토큰 정보, 토큰과 관련된 권리와 의무, 활용한 분산원장 기술(Distributed Ledger Technology; DLT: 분산된 P2P망 내 참여자들이 모든 거래 목록을 지속적으로 갱신하는 디지털원장 기술)에 대한 정보 등 구체적으로 담아야 하는 정보까지 정하게 되어 있다.

한편, 부동산 같은 실물자산(RWA) 토큰이 실제 자산을 나타내는 데 사용되기 시작한 이유는 먼저 비(非) 유동자산에 유동성을 부여하는 데 용이하고 비용 혁신이 가능하다는 점 때문이다. 한 예로 부동산은 현금이나 주식과 달리 자산 매입과 판매가 쉽지 않은데, 이들을 토큰화하면 플랫폼을 통해 거래가 활발해지고 거래 내역을 투명하게 기록하고 소유권 이전을 빠르게 진행할 수 있게 된다. 거래가 용이해지면 거래 비용도 줄어들게 된다. 1:N 토큰화도 가능하다. 가치가 높은 자산 경우에 1:100, 1:1000 비율로 쪼개 판매할 수 있다. 커피 값으로 아마존 주식에 투자하는 식인데, 1:N의 토큰화는 더욱 많은 사람들이 가치가 높은 자산들에 투자할 기회를 제공하고 신규 자산의 편입이 가능하다. 법정화폐 연동의 결제형 스테이블코인의 수익 구조는 비교적 단순하다.

아래 [그림 4]는 미국 달러와 연동되는 **테더(Tether USDT)의 수익구조를** 도식화한 것이다. 첫 번째는 **담보 자산 투자 수익**이다. 스테이블코인 발행사는 고객이 담보한 예치금을 운용해 투자 수익을 얻는다. USDT는 국채, 기업어음, 암호자산을 담보로 가지고 있으며, 이에 대한 투자 수익을 얻는다. 법정화폐 기반이라 현금성 자산을 가지고 있어야 한다. 고객이 1달러를 맡기면, USDT 금고에 1달러 현금 자산이 들어오고 고객에게 1USDT가 제공된다. 또한, 고객이 1USDT를 가져오면 보관하던 고객의 현금 1달러를 돌려줘야 한다. 고객 돈을 돌려주기 위해 현금을 보관하고 있어야 하며, 이것이 담보자산 투자 수익이다. 고객이 USDT를 바꿔가기 위해 예치한 달러를 현금으로만 두는 것이 아니라 단기 국채 등 현금성 자산을 사거나 금이나 비트코인을 사기도 한다. 안전자산으로 분류되는 것들을 보유하고 있어야 고객이 달러를 인출할 때 바로 환급해 줄 수 있고, 안전자산 보유라는 신뢰가 뱅크런을 막을 수 있기 때문이다.

[그림 4] 미국 달러 연동 테더(Tether USDT)의 수익구조

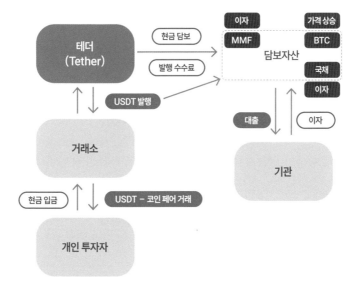

출처: 쟁글, 2024.3.15.

두 번째는 **수수료 수익**이다. 수수료는 입출금 수수료와 계정 인증 수수료로 나뉜다. USDT를 사기 위해 계정 인증 수수료로 150달러를 내야 한다. 입출금 수수료로는 최소 10만 달러 이상 테더에서 직접 인출할 수 있으며 0.1% 수수료가 부과된다. 대부분 USDT 유동성을 공급하려는 거래소나 기관이 USDT를 직접 발행하고 수수료를 낸다. 사실상 개인이 테더에서 직접 USDT를 구입하기는 불가능하므로 거래소를 통해 USDT를 확보할 수 있다. 거래소에서 다른 거래소로 USDT를 보낼 때 1USDT 정도 수수료를 내며, 이는 USDT 거래 수수료가 아니라 거래 비용인 '거래 가스비'이다. 테더는 계좌 간 거래에 수수료를 부과하지 않는다.

세 번째는 **대출 서비스 수익**이다. 테더는 기관 대출 서비스를 제공하고 있는데, 대출 리스크가 항상 존재한다. 2021년 10월 테더는 크립토 투자사인

셀시우스(Celsius)에 10억 달러를 대출했다. 이 대출의 이율은 연 5~6%로 알려졌다. 하지만 이후 셀시우스가 FTX 사태를 촉발하며 파산해 버렸다. 여기에 더해 테더는 지불 능력이 의심되는 중국 기업에도 수십억 달러를 대출해 비난을 받았다.

토큰화의 시작, 유틸리티 토큰

디지털자산의 토큰화로 토큰의 한 유형으로 관찰된 유틸리티 토큰은 웹3.0 플랫폼에서 특정 서비스나 기능에 대한 접근 권한을 부여하는 토큰으로서, 1장에서 언급한 유럽연합의 MiCA 규정에서 기타 토큰으로 분류된 것이다. 유틸리티 토큰은 특정 서비스나 상품을 플랫폼 내에서 사용할 수 있도록 효용성을 제공할 목적으로 발행되는 보상 토큰으로서 상품이나 서비스 활용 권한을 나타내기 때문에 웹3.0 비즈니스를 주도할 토큰화의 시작으로 봐도 좋을 것 같다. 유틸리티 토큰은 그 자체로는 지분이나 배당 기능이 없다. 즉, 사용자가 웹3.0 생태계에 참여할 수 있는 방법을 제공하는 유틸리티 토큰은 투자용으로 설계되지 않았기 때문에 배당금 같은 금전적 혜택을 제공하지 않으며, 특정 제품이나 서비스에 대한 액세스만을 제공한다.

이러한 유틸리티 토큰은 투자용이나 결제용은 아니지만 가치를 제공할 수 있다. 플랫폼처럼 더 많은 사람들이 특정 네트워크를 사용함에 따라 유틸리티 토큰에 대한 수요가 증가하여 가격이 상승할 수 있기 때문이다. 또한, 유틸리티 토큰은 투자용은 아니나 거래소에서 거래될 수도 있다. 사용자는 다른 암호화폐와 마찬가지로 유틸리티 토큰을 사고팔 수 있으며, 그 가치는 수요와 공급에 따라 변동될 수 있게 설계할 수 있다. 유틸리티 토큰은 결제용 토큰과 다르다. 비트코인 같은 결제용 토큰은 통화 형태로 사용되도록 설계되었지만, 유틸리티 토큰은 사용자에게 DApp내의 제품이나 서비스에 대한 액세스를 제공하도록 설계되었다.

　　이러한 **유틸리티 토큰의 장점**을 보면, 첫 번째는 **제품 및 서비스에 대한 접근** 제공이다. 예로 회사가 분산형 스토리지 플랫폼을 개발하는 경우 스토리지 공간을 구매하는 데 사용할 수 있는 유틸리티 토큰을 발행할 수 있고, 이 토큰은 탈중앙화 거래소(DEX)에서 거래되거나 플랫폼 내에서 서비스에 액세스하는 데 사용될 수 있다. 두 번째는 **할인 및 보상 제공**이다. 토큰 보유자는 회사가 제공하는 제품 및 서비스에 대해 할인과 보상을 누린다. 예로, 유틸리티 토큰으로 결제하면 회사가 자사 제품에 대해 할인을 제공할 수 있다. 이는 보유자가 토큰을 사용하도록 장려하고 토큰 수요를 창출하는 데 도움이 된다. 세 번째는 **유동성 제공**이다. 유틸리티 토큰은 다양한 암호화폐 거래소에서 거래될 수도 있어서 투자 옵션이 되며, 편의에 따라서는 토큰을 사고팔 수도 있다. 네 번째는 **가치 평가 제공**이다. 프로젝트 성공 시에는 토큰 가치가 향상된다. 예로 회사가 유틸리티 토큰을 0.5달러에 발행하고 프로젝트가 완료된 후 토큰 가격이 5달러까지 오르면 보유자는 그만큼 이익을 얻을 수 있다. 마지막은 탈중앙화된 **분산형의 제공**이다. 시스템을 제어하는 중앙 기관이 없어서 시스템의 보안과 투명성이 향상되고 사기 및 조작 위험도 줄어들게 된다.

　　이상의 다섯 가지 장점으로 보아 유틸리티 토큰은 '사용자에게 보상을 제공하는 것'에서 시작된다. 유틸리티 토큰의 대상은 사실상 고객과 투자자 모두이다. 고객 유치를 위한 유틸리티 토큰 사례로, 광고 시청에 대해 보상하는 광고 차단 브라우저인 브레이브(Brave)의 사용자는 베이직 어텐션 토큰(Basic Attention Token; BAT)이라는 유틸리티 토큰을 사용해 좋아하는 콘텐츠 창작자를 지원하거나 암호화폐 거래소에서 거래할 수 있다.

한편, 투자옵션이 될 수도 있는 유틸리티 토큰의 경우를 보면, 유틸리티 토큰을 발행하는 기업의 잠재력을 믿고 비즈니스 모델을 지원하려는 조기 채택자에게 미래 가치가 판매되는 방식이 가능하다. 유틸리티 토큰 발행으로 제품 시장의 적합성을 입증하고, 비즈니스 모델을 검증해 가면서 운영과 성장을 지속할 수 있는 수익원을 창출할 수 있다. 초기 코인 공개(ICO)에서 유틸리티 토큰을 판매한 사례로, 분산 저장 인프라인 파일코인(Filecoin)이 있다. 파일코인은 저장 공간을 임대하거나 제공하는 데 사용할 수 있는 유틸리티 토큰을 판매해 ICO에서 2억 달러 이상을 모금한 바 있다.

유틸리티 토큰 비즈니스 확장

혁신을 꾀하려는 웹3.0 비즈니스에 도움을 주는 토큰화의 시작이 되는 유틸리티 토큰은 회사 소유권이나 지분을 나타내는 자산 담보 토큰이나 투자형 토큰과는 분명히 다르기 때문에, 이들과 동일한 규제 적용을 받지 않으며 다양한 거래소에서 자유롭게 거래될 수 있다. 하지만, 여전히 제기되는 이슈는 유틸리티 토큰과 증권형 토큰 간의 구별이 여전히 모호할 수 있다는 점이다. 따라서, 유틸리티 토큰 비즈니스들이 더욱 확장되려면 이 둘 간의 차이점을 명확히 하는 것이 전제되어야 한다.

앞의 유형화에서도 구분했듯이, 유틸리티 토큰과 증권형 토큰 간의 차이점은 명료하다. 먼저, 추구하는 가치 측면에서 유틸리티 토큰은 액세스를 제공하는 제품이나 서비스에 대한 수요에서 가치를 얻는 데 비해, 증권형 토큰은 기본 자산이나 회사에서 가치를 얻는다. 유동성 측면에서는 증권형 토큰 시장이 유틸리티 토큰 시장보다 더 작고 제한적일 수 있기 때문에, 증권형 토큰 시장의 유동성이 유틸리티 토큰 시장의 유동성보다 더 낮을 수 있다. 규제 정책 측면에서도 증권형 토큰이 유틸리티 토큰보다 더 엄격한 규제를 받게 되므로 거래 방식과 참여하는 투자자 유형에도 큰 영향을 미칠 수 있다.

한편, 2020년 미국 SEC는 리플(Ripple)의 유틸리티 토큰인 XRP를 증권형 토큰으로 판단한 바 있다. 리플은 전 세계 은행 간 실시간 송금 서비스이다. SEC는 증권 신고서를 제출하지 않고 총 13억 달러의 XRP를 유통시킨 발행사인 리플랩스(Ripple Labs)에 대해 소송을 제기하게 된다. 그 주된 법적인 배경은 앞장에서도 언급한 미국 SEC의 하위테스트(Howey test)이다. 자금을 투자했는지, 공동사업에 투자했는지, 투자 이익을 기대할 수 있는지, 타인의 노력으로 이익이 발생하는지 등 네 가지 항목을 모두 충족했기 때문에 증권으로 분류된 것이다.

미국 SEC가 보는 **유틸리티 토큰과 증권형 토큰의 차이점**을 항목별로 구분해 보면 아래 [표 2]와 같다. 유틸리티 토큰은 블록체인 네트워크 내에서 특정 서비스 및 제품을 사용할 수 있도록 발행되는, 주로 메인넷을 가지지 않는 디지털자산(또는 가상자산)인 데 비해, 증권형 토큰은 주식, 채권, 부동산 등 실물자산을 블록체인 기반에서 가치가 페깅된(Pegged) 디지털자산을 의미한다. 예컨대, 스테이블코인은 보통 달러 같은 법정화폐와 일대일 가격을 유지시키려고 하고, 이러한 현상을 못을 박아 놓은 듯 움직인다고 하여 페깅(Pegging)이라고 부른다. 페깅된 스테이블코인 사례로 앞에서 USDT의 수익구조를 설명하였다. 또한, 주식, 채권, 부동산 등의 현실세계 자산을 암호화폐에 페깅한 디지털자산을 증권형 토큰이라 부른다.

[표 2] 미국 SEC가 보는 유틸리티 토큰과 증권형 토큰의 차이점

유틸리티 토큰 (Utility token)	구분	증권형 토큰 (Security token)
프로젝트 개발팀	모집주체	프로젝트 개발팀
블록체인 네트워크 내에서 특정 서비스·제품을 사용할 수 있도록 발행되는 암호자산(주로 메인넷을 두지 않음)	정의	주식, 채권, 부동산 등 실물자산을 블록체인 기반의 가상자산에 페깅(고정)한 디지털자산을 의미
자금조달	목적	자산 유동화
낮음	조달 비용	높음
불특정 다수	투자자	증권법 준수 투자자
유틸리티 토큰	취득자산	증권형 토큰
초기 디지털자산 공개(ICO)	자금모집방법	초기 증권형 토큰 공개(STO)
유틸리티 토큰은 본질적으로 가치에 대해 평가하기 어려우며, 프로젝트가 성공해도 투자자들은 주식처럼 이익의 일부를 배분받을 권리가 없음	본질적 가치	증권형 토큰은 토큰 발행 주체의 사업에서 발생하는 수익 일부를 배분·배당받는 등의 권리를 부여받음
해당사항 없음	규제	증권의 발행·판매 등에 대해 기존 자본시장 규제(증권법)를 적용. 따라서 STO를 진행하려면 자본시장 규제에 따른 발행인 요건을 갖추어 증권 신고서 및 투자설명회를 제출한 후 심사를 받아야 하며, 투자자 보호 규정도 적용

출처: 삼정KPMG경제연구원, 2022.8.

증권형 토큰과 구분되는 **유틸리티형 토큰 비즈니스**를 확장해 나가려면, 비즈니스 가치의 핵심이 되는 **인센티브 구조(Incentive structure)**를 잘 설계하는 것이 매우 중요해진다. 첫번째는 사용자의 플랫폼 참여를 자극하기 위한 **게임화(Gamification) 인센티브**를 설계할 필요가 있다. 한 예로 앞서 언급한 블록체인 기반의 브라우저인 브레이브(Brave)가 있다. 이는 웹2.0 앱으로 이용 가능하며, 암호화폐 지갑을 브라우저에 내장해 보안, 신뢰, 성능을 개선했다. 브라우저 내장 지갑은 브라우저 확장 프로그램인 플러그인(예로 메타마스크)의

위험성을 해소해, 피싱(Fishing)이나 실행 기기 CPU 및 메모리 점유율이 줄며, 프라이버시를 우선시하는 브레이브 브라우저와 결합해 데이터 유출 위험도 줄어들게 설계되었다.

2018년 블록체인폰인 HTC 브라우저로 채택된 브레이브는 리워드(Reward)와 광고(Ads)로 나누어 보상을 제안하는데, 여기에 게임화된 인센티브가 제시된다. 브레이브 리워드(Brave Reward)에서는 광고 거부가 가능하며, 광고를 볼 경우에는 보상인 BAT(Basic Attention Token)가 주어진다. 즉, 브레이브 광고(Brave Ads)에서 광고를 볼 경우에 광고수익의 70%가 토큰으로 주어지고, 이는 창작자에게 기부할 수도 있다. BAT는 창작자와 광고주 모두에게 보상을 제공하게 하고 다양한 프리미엄 서비스에 접근하게 하는 유틸리티 토큰이다.

두 번째는 유틸리티 토큰 사용자가 생태계에 참여해 생태계의 성장과 발전에 기여하도록 장려하는 **긍정적 피드백(Positive feedback)** 구조를 만들어야 한다. 즉, 이해 상충을 일으키거나 플랫폼에 해로운 행동에 대해 사용자에게 보상하는 토큰구조는 피해야 한다. 예를 들어 스팀(Steem) 블록체인 기반의 탈중앙화 소셜미디어 플랫폼인 스팀잇(Steemit)이 제공하는 스팀(STEEM)이라는 토큰은 블록체인상에서 고품질 콘텐츠를 생성하고 관리하는 사용자에게 보상을 제공하는 동시에 해당 플랫폼의 거버넌스 및 방향에 대한 투표권과 영향력을 제공하는 토큰으로도 기능한다. 이러한 인센티브 방식에서 이용자들은 콘텐츠를 큐레이션하고 생성함으로써 보상을 받는다. 또한, 이용자들은 참여에 따라 스팀 토큰을 얻을 수 있으므로, 고품질의 콘텐츠를 만들고 커뮤니티와 상호작용하는 데 있어서 동기를 부여받는다. 스팀잇의 전략은 콘텐츠 창작자 생태계를 육성하고 그들에게 직접적으로 지불함으로써 기존의 소셜미디어 모델을 파괴적 혁신하고 있다.

　마지막으로 고객 충성도를 장기적으로 유지하기 위해서는 **스테이킹 (Staking) 인센티브 설계**가 아울러 필요하다. 대표적인 예로 2장에서 논의한 메이커 다오(Maker DAO)가 있다. 메이커(Maker) 토큰이라 불리는 MKR은 메이커 DAO를 관리하는 유틸리티 토큰이며, 이 토큰을 통해 이용자는 또 다른 토큰인 다이(DAI)라는 네이티브 스테이블코인을 생성하고 관리할 수 있다. 즉, 메이커 DAO를 통해 이용자는 다른 암호화폐를 담보로 하여 암호화폐 대출을 받을 수 있는데, 대출은 초과 담보가 설정된 DAI의 형태로 지급된다. 이때 MKR은 DAI의 수요와 안정성에 따라 조정되는 동적 공급량을 가지며, 프로토콜이 수익을 창출할 때 MKR의 공급량을 줄이는 토큰 소각 메커니즘도 갖추고 있다.

　이처럼 DeFi 대출 프로토콜인 메이커 DAO는 DAI와 MKR 토큰의 조합을 통해 운영되고 있음을 보게 된다. 먼저, DAI 스테이블코인은 법정화폐를 기반으로 하며, 미국 달러의 가치를 1:1로 추적하며, 미국 달러에 연동되어 페깅되어(Pegging) 있으며 메이커 볼트(Vault)에 잠겨 있는 담보에 의해 뒷받침된다. DAI 스테이블코인을 사용하면 미 실현 이익에 대한 과세를 유발하지 않고 대출을 받을 수 있고, 더 안정적이며, DAI 예치 보상 스마트계약을 통해 최대 8%의 수익률을 얻을 수 있다는 이점이 있다. 한편, MKR 토큰은 DAI의 주요 지지 역할을 한다. 즉, MKR은 네트워크 제안에 대한 투표와 DeFi 프로토콜이 나아갈 일반적 방향을 결정하는 데 사용된다. 정리하면, DAI는 주로 대출 자산으로 사용되며, MKR 토큰은 DAI의 가치가 1달러에 고정되도록 지원하는 시스템, 네트워크를 안전하게 유지하기 위한 스테이킹 자산, 그리고 암호화폐 대출 플랫폼이 나아갈 방향을 결정하는 거버넌스 토큰 역할을 담당한다.

특히 '초과 담보'라는 개념이 메이커 DAO 운영의 핵심이다. 초과 담보는 사용자가 대출 가치를 초과하는 상당한 양의 담보를 확보하는 것을 의미한다. 2023년 10월 기준, 메이커 DAO에서 볼트의 최소 담보 비율은 150%였으며, 볼트는 투자자로부터 담보를 받고, 그 대가가 스테이블코인인 다이(DAI)를 생성하는 스마트계약이다. 예를 들면, 이용자가 10만 달러의 DAI 스테이블코인 대출을 받으려면 15만 달러 상당의 암호화폐(예로 ETH 등)를 담보로 예치해야 한다. 대출이 만료되면 사용자는 담보물에 접근하기 위해 DAI와 스테이블코인 수수료를 상환해야 한다. 여러 면에서 안정화 수수료는 은행에서 대출을 받을 때 지불하는 이자와 비슷하지만, 자동 청산을 방지하기 위해 사용자는 담보 비율의 150% 이상을 예치하는 것이 좋다. 자동 청산이란 이용자가 대출금을 제때 갚지 못하거나 예치된 자산의 가치가 크게 하락하는 경우에 이용자의 담보가 부채를 청산하는 데 사용되는 것을 의미한다.

결론적으로, 유틸리티 토큰 비즈니스가 확장되기 위해서는 이상에서 언급한 게임화나 선순환적인 보상 시스템, 그리고 장기적으로는 스테이킹 인센티브 설계 등이 필요해진다. 특히 2장에서도 논의한 메이커 DAO는 지난 몇 년간의 어려운 외부 환경을 뚫고 최고의 암호화폐 담보 대출 서비스로 자리매김했다. 다른 이더리움 기반 프로토콜과의 경쟁이 치열해짐에도 불구하고 시장 입지를 유지해 오고 있는 메이커 DAO는 이더리움 네트워크의 한계인 느린 거래 속도 문제에도 불구하고 가장 견고하고 안정적인 DeFi 대출 서비스 중 하나로서 유틸리티 토큰 비즈니스의 확장 사례로 그 잠재력을 보여주고 있다.

참고문헌

경향신문, "EU 가상자산 법안 봤더니…테라·루나 등은 퇴출 가능성 높아진다," https://www.khan.co.kr/economy/economy-general/article/202208291515001, 2022.8.29.

동아비즈니스리뷰(DBR), "비즈니스 모델의 구성요소," 217호, Issue 2, 2017.1.

딜로이트 글로벌 (Deloitte Global), "토큰화(Tokenization): 미래 금융 생태계 비전 실현," 2024.5.

블록미디어, "EU 의회, 암호화폐 규제법안 MiCA와 송금 규제법안 승인 … 내년 발효," https://www.blockmedia.co.kr/archives/312145, 2023.4.20.

삼성증권, "대체투자 STO: 새로운 금융," 2024.3.13.

송민정, "Web3.0 비즈니스 모델," KRnet 2023 (The 31th Korea Internet Conference), 발표문, 2023.6.27.

스트라베이스, "유럽의회의 가상자산 포괄규제법안(MiCA) 통과가 가지는 의미와 논란 대두의 배경," 2023.

윤성관, "미래 통화시스템 구축을 위한 BOK의 CBDC 파일럿 테스트," 해시드오픈리서치(Hashed Open Research) 세미나(Exploring the Future of Stablecoins and CBDCs) 발표문, 2023.11.3.

이정두, "스테이블코인의 발행 및 유통 현황과 앞으로의 과제," 금융브리프 리서치 동향, 33권 3호, 한국금융연구원(KIF), 2024.1.27.

이코노미스트, "'이제는 게임하면서 돈도 번다'…웹3.0 게임이 바꿀 미래," https://economist.co.kr/article/view/ecn202403180032, 2024.3.23.

쟁글, "스테이블코인은 어떻게 돈을 버는가?" https://xangle.io/research/detail/1936, 2024.3.15.

전자신문, "[ICT시사용어]유틸리티 토큰(코인)," https://www.linuxdata.org/bbs/board.php?bo_table=news&wr_id=243&device=pc, 2021.12.14.

정주현, 김태주, 이동창, 한재연, 하진원, 정윤하, "블록체인 기술을 이용한 자산 토큰화," 랩타임즈, 2021.

케이비(KB)증권, "디지털자산의 빅픽처, 웹3.0," 2022.3.23.

코인텔레그라프, "꼭 알아두어야 할 5가지 블록체인 기반 소셜 미디어 플랫폼," https://kr.cointelegraph.com/news/5-blockchain-based-social-media-platforms-to-know, 2023.7.3.

키움증권, "높아진 자산 토큰화에 대한 관심," 2023.10.4.

키움증권, "자산 토큰화 사례②: 부동산," 2023.10.18.

키움증권, "STO 빌드업," 2024.2.28.

테코피디아, "메이커다오(MakerDAO)," https://www.techopedia.com/kr/definition/makerdao, 2024.10.25.

패스터 캐피탈, "유틸리티 토큰: 유틸리티 암호화 토큰의 기능 이해," 2024.3.5.

패스터 캐피탈, "토큰 기회: 유틸리티 토큰을 통한 스타트업 마케팅: 가이드," 2024.3.16.

한국경제, "실물 자산 토큰화의 미래: RWA의 중요성과 잠재적 영향 [프레스토랩스 리서치]," https://www.hankyung.com/article/2024020683540, 2024.2.6.

한국경제, "유럽연합 'MiCA'로 미리보는 韓 가상자산업권법, 블록체인 Web 3.0 리포트," https://www.hankyung.com/tag/20171103090743509?page=151, 2023.5.9.

A. Campbell (Columbia Business School), "Crypto Eurodollars," Hashed Open Research Seminar (Exploring the Future of Stablecoins and CBDCs), 2023.11.3.

Blockpit, "Tokenomics: What you need to know to make better investment decisions," https://www.blockpit.io/blog/tokenomics, 2024.1.26.

CNBC, "EU lawmakers approve world's first comprehensive framework for crypto regulation," 2023.4.20.

Coindesk (by Marcelo Prates), "[Opinion] How Tokenized Assets Can Replace Money," https://www.coindesk.com/consensus-magazine/2024/01/17/how-tokenized-assets-can-replace-money/, 2024.1.17.

Cointelegraph, "3 takeaways from the European Union's MiCA regulations," 2023.5.11.

Cointelegraph, "The limitations of the EU's new cryptocurrency regulations," 2023. 2. 25.

F. Carapella, G. Chuan, J. Gerszten, C. Hunter, and N. Swem, "Tokenization: Overview and Financial Stability Implications," Finance and Economics Discussion Series 2023-060, Washington: Board of Governors of the Federal Reserve System, https://doi. org/10. 17016/FEDS. 2023. 060, 2023.

Medium (by Vinay Gupta), "At the Turning Point — How Crypto Interacts with Real World Assets," https://medium. com/humanizing-the-singularity/at-the-turning-point-how-crypto-interacts-with-real-world-assets-b4bf3c4b217c, 2022. 12. 6.

Medium, "Unveiling the Dynamics: How Tokenomics Shapes the Future of Social Markets," https://edu3labs. medium. com/unveiling-the-dynamics-how-tokenomics-shapes-the-future-of-social-markets-91475539a233, 2023. 10. 23.

PWC, "Digital Assets - an emerging trend in capital markets," 2022.

Rocknblock, "Tokenomics decoded: Key Components Explained," https://rocknblock. io/blog/tokenomics-decoded-key-components-explained, 2024. 2. 17.

Y. K. Chan (VP of Circle), "Policy framework for a trusted stablecoin," Hashed Open Research Seminar (Exploring the Future of Stablecoins and CBDCs), 2023. 11. 3.

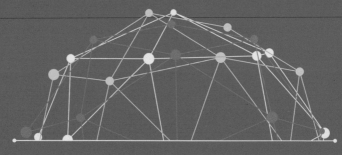

WEB3.0 MEDIA BUSINESS

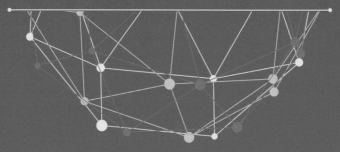

분산 저장 비즈니스 기회

분산 저장 비즈니스 기회

높은 신뢰성의 회복, 분산 저장

그동안 데이터를 잘 관리해 준다고 믿어 왔던 기존 금융업계나 페이스북(Facebook) 같은 소셜미디어 플랫폼들에 대해 신뢰가 하락하고 있다. 이들은 중앙화된 원장(Centralized ledger)을 이용하고 있는데, 알아서 잘 관리하고 처리해 줄 것이라는 신뢰가 뒷받침되어 있었기 때문에 일반인들은 금융기업과 소셜미디어 기업에게 신뢰에 대한 비용으로 수수료 등을 지불한다. 물론 이들은 서비스를 잘 제공하고 있으며, 데이터를 잘 보관하고 있다고 주장한다.

사람들은 아직 신뢰받고 있다고 판단되는 기업들에게 권한을 위임하면서 이들로부터 서비스를 받고 있으며, 웹2.0 비즈니스가 성장해 왔다. 하지만, **중앙화된 데이터베이스 관리 시스템의 문제점**들이 드러나면서 신뢰에 금이 가기 시작한다. 첫째는 **비용 문제**이다. 중앙화된 관리 시스템은 거래자들 간에 과도한 관리 수수료를 청구하며, 데이터베이스를 관리하기 위해 많은 보안 유지 비용을 지출해야 한다. 실제로 금융기관들은 매년 업그레이드를 통해 보안 인프라에 상당한 투자를 해야 하는 상황이다. 이 모든 비용은 모두 이용자의 부담이다.

둘째는 **시간 문제**이다. 은행들은 데이터베이스를 통해 거래를 확인하고 청산하기까지 중앙은행 및 금융결제원과 외환거래 경우에 더 많은 중간 단계를 거치며, 물류의 경우에는 트럭회사, 해운회사, 보험회사까지도 포함된다. 이렇게 많은 중개인들이 존재하면 그만큼 시간이 증가한다.

셋째는 **보안 문제**이다. 중앙화된 데이터베이스를 이용하면 해커들의 공격 대상은 매우 단순하다. 아무리 보안 유지에 힘을 쓴다고 하더라도 해커의 목표가 분산되어 있지 않고 중앙 하나만 공격한다면 중앙에 있는 모두의 데이터 보안이 위태롭게 되는 것이다.

그렇기 때문에 데이터 분산 저장이 주목받는다. 중앙서버나 중앙관리자의 제어 없이 분산형 네트워크의 각 노드(개인)들로 하여금 데이터베이스를 공유하고 계속 동기화하게 하는 분산원장 기술(DLT)에는 중앙 데이터 저장소가 없기 때문에 데이터를 네트워크 여러 곳에 분산 저장한다. 이러한 DLT는 블록체인과 동일시되는 경향이 있다. 엄밀히 말하면 모든 블록체인 기술이 DLT일 수 있지만 모든 DLT가 블록체인 기술은 아니다. 블록체인은 DLT 기반의 '합의를 통한 공유 분산 데이터 베이스' 기술 중의 하나일 뿐이다.

다시 말해 DLT는 기존 데이터베이스와 달리 기록된 정보를 주어진 시간에 여러 위치에 분산 저장하며, 분산되어 있으므로 더 나은 보안성과 투명성 및 신뢰성을 제공한다. 사용자는 P2P(Peer-to-Peer) 네트워크에서 통신하므로 중앙의 권한이 필요하지 않으며, 이를 위해 합의 알고리즘을 사용한다. 합의 알고리즘은 그룹을 위한 의사 결정 과정으로 그룹 의사 결정 문제를 해결하는 데 사용되는 방법이다. 중개인이 필요하지 않아 비용 문제 등의 비효율성이 제거되고, 제어를 독점하고 원장에 대한 접근을 제한하는 중앙 시스템보다 훨씬 더 개방된 서비스를 제공한다. DLT를 통해 개인과 회사는 제3자 기업에 의존하지 않고 자유로이 거래를 수행할 수 있으며, 이는 거래나 참여에 제한을 두지 않는 공개 DLT에 의해 더욱 강화된다.

DLT는 몇 가지 주요 기능을 갖는다. DLT에서 공유된 데이터는 변경할 수 없어서 보안성을 제공할 수 있고, 분산 저장 특성으로 인해 데이터가 저장되는 단일 위치가 없기 때문에 모든 피어(Peer)는 원장 사본을 가지고 있게 된다. 특히 DLT는 한 사람이나 단체의 소유가 아니라, 노드 간의 공유 시스템(네트워크를 지원하는 컴퓨터)이라, 다양한 노드에 저장된 데이터 일부는 원장의 전체 사본을 보유할 수 있고 다른 일부는 필요한 데이터만 보유할 수 있다.

합의 알고리즘 기술은 DLT의 중추 기술로서 분산 원장 네트워크 노드가 거래를 검증하는 방법을 제어한다. 대표적인 합의 알고리즘 기술에는 '작업 증명(Proof of Work; PoW)', '지분 증명(Proof of Stake; PoS)'이 있다. 블록체인에 대한 새로운 거래 블록을 생성하는 프로세스인 PoW에는 네트워크에서 설정한 계산을 푸는 것이 포함된다. 계산을 해결하면 사용자는 해당 블록을 블록체인에 추가하고 보상을 받을 수 있는데, 단점은 에너지 소모가 크다는 점이다. 이에 대한 대안인 PoS는 기존 지분이 있는 노드가 참여할 수 있게 한다. 지분증명 방식을 통해 암호자산 소유자는 토큰을 스테이킹(Staking)하여 블록체인에 새로운 거래 블록을 검토하고 추가할 수 있는 권한을 부여할 수 있다.

DLT는 거래 정보를 기록한 원장을 특정 중앙 서버가 아닌 P2P 네트워크에 분산해 참가자가 공동으로 기록하고 관리하게 하는 기술이다. 즉, 클라이언트나 서버의 개념 없이 동등한 참가자(Peer nodes)들이 클라이언트와 서버 역할을 동시에 수행하며 데이터나 주변 장치 등을 공유하는 방식으로 주로 음악, 영화 등의 파일을 공유하는 서비스 등에 활용되고 있다. 아래 [그림 1]에서 보듯이, DLT에는 모든 참여자가 거래 내역이 기록된 원장 전체를 각각 보관하고 새로운 거래를 반영하여 갱신(Update)하는 작업도 공동으로 수행한다.

[그림 1] 기존 중앙집중형시스템과 분산원장 기술(DLT) 비교

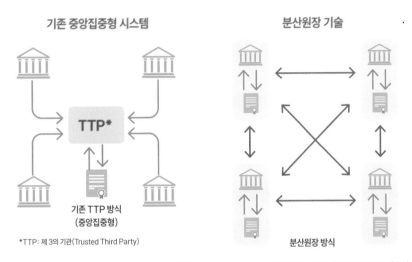

출처: Santander, et al., 2015.6.; 한국은행, 2016.10.5. 재구성.

이러한 DLT는 중앙집중형 시스템에 비해 효율성(Efficiency), 보안성 (Security), 시스템 안정성(Resilience), 투명성(Transparency) 측면에서 장점을 가지지만, 신뢰를 담보해 줄 외부 기관이 존재하지 않기 때문에 시스템 내 신뢰를 형성하는 메커니즘 설계가 필요하다. 현재 대표성을 띠는 DLT로 인식되는 블록체인은 각 블록에 거래 목록이 포함된 디지털 블록체인으로 구성되며, 블록은 암호화 해시(고유 ID)를 사용해 서로 연결된다. 암호자산에서는

거래를 포함하는 블록이 그렇게 하기로 결정한 사용자들에 의해 생성되고, 이들을 채굴자라고 부른다. 이론상으로는 적절한 장비나 충분한 자본을 가진 사람이라면 누구나 채굴자가 될 수 있다. 하지만, 실제로는 블록 생산이 소수 (2~5명)의 사용자에 의해 주도되는 경우가 많다.

또한, 모든 참가자 노드가 합의에 도달해야 한다. 즉, 네트워크 상태와 유효한 거래에 대해 동의해야 하는데, 블록체인에서 널리 사용되는 메커니즘이 앞서 언급한 PoW와 PoS이다. 전자는 복잡한 암호를 풀기 위해 많은 에너지를 필요로 해 친환경적이지 못하고, 후자는 에너지 소모 부분을 제거하지만 더 부유한 노드에 블록 생산력을 부여해 이를 대체하므로 불공정한 중앙화가 발생할 수 있다. 2023년 비트코인(BTC), 도지코인(DOGE), 모네로(XMR)는 PoW, 이더리움(ETH), BNB 체인(BNB), 카르다노(ADA) 등은 PoS로 분류되고 있다.

DLT는 거래가 안전하고 투명한 방식으로 기록되게 하는 분산형 데이터베이스를 제공한다. 하지만, 이러한 원장의 분산으로 인해 개인 데이터에 대한 접근을 제어하기가 어렵게 된다는 단점도 존재한다. 원장에 기록된 데이터를 네트워크의 모든 참여자가 볼 수 있으며, 데이터에 대한 접근을 규제할 수 있는 중앙 기관도 없다. 그렇기 때문에 자칫하면 개인정보가 무단 접근 위험에 노출되어 신원 도용 및 사기로 이어질 수도 있으며, 데이터가 원장에 기록되면 삭제하거나 변경할 수 없으므로 민감 정보 제거도 어렵게 된다.

개인정보 보호는 투명성과 책임성을 허용하면서 권한이 없는 당사자로부터 특정 정보를 기밀로 유지하는 기능이며, 승인된 당사자만 정보에 접근할 수 있도록 하는 암호화 기술을 통해 달성된다. 이러한 개인정보 보호는 개인과 조직이 데이터 통제권을 유지하고 사이버 위협으로부터 보호할 수 있도록 하므로 반드시 분산 원장의 주요 기능이어야 한다. **분산원장의 개인정보 보호 기능**은 거래 개인정보 보호, 데이터 개인정보 보호, 신원정보 보호 등이다. **거래 개인정보 보호**는 승인되지 않은 당사자로부터 거래 세부 정보를 기밀로 유지하는 기능으로 영지식 증명(Zero-Knowledge Proofs; ZKP: 자신이 알고 있는 지식이나 정보 등을 상대방에게 공개하지 않고도 자신이 그 내용을 알고 있다는 것을 증명할 수 있는 방법), 링 서명(Ring Signature) 기술 등을 사용해 달성된다.

ZKP를 통해 네트워크 참가자는 민감한 정보를 공개하지 않고도 거래의 유효성을 증명할 수 있다. 개인정보 보호를 개선할 수 있는 암호화 프로토콜인 ZKP를 통해 증명자라고 하는 한 당사자가 추가 정보를 공개하지 않고 다른 당사자인 검증자에게 진술이 사실임을 확신할 수 있다. 1980년대부터 존재한 ZKP는 쉐피 골드와서(Shafi Goldwasser), 실비오 미칼리(Silvio Micali), 찰스 랙오프(Charles Rackoff)에 의해 밝혀진 암호화 방법으로, 안전한 데이터 검증을 위한 실용적 솔루션으로 발전했다.

링 서명은 2001년 로널드 라이베스트(Ronald Lorin Rivest), 아디 샤미르(Adi Shamir), 야엘 토먼(Yael Tauman)에 의해 소개되었다. 서명 알고리즘 구조가 링 구조와 유사해 링 서명이라 명명되었다. 모든 그룹 멤버들이 동일한 위치에 있으며 중심이 되는 멤버가 따로 존재하지 않는다. 이 기술은 참가자가 신원을 공개하지 않고 거래에 서명할 수 있도록 한다.

한편, **데이터 개인정보 보호**는 승인되지 않은 당사자로부터 데이터를 기밀로 유지하는 기능으로 데이터를 암호화하고 승인된 당사자만 데이터에 접근하도록 허용함으로써 달성된다. 또한, **신원정보 보호**는 승인되지 않은 당사자로부터 개인 또는 조직의 신원을 기밀로 유지하는 기능으로, 가명, 동형 암호화 같은 기술을 사용하여 달성된다.

분산원장의 개인정보 보호 옵션들은 장·단점을 모두 가진다. ZKP는 정보 자체를 공개하지 않고 한 당사자가 특정 정보를 알고 있음을 다른 당사자에게 증명할 수 있는 암호화 프로토콜이라, 투명성이 중요한 상황에서 이상적 옵션이다. ZKP의 장점은 당사자가 해당 정보를 공개하지 않고도 정보에 대한 지식을 증명할 수 있도록 하여 높은 수준의 개인정보 보호를 제공하고 민감한 데이터는 비공개로 유지되면서 거래를 확인할 수 있다는 점이다. 하지만, ZKP의 단점은 계산 비용이 많이 들 수 있어 거래 처리 시간이 느려질 수 있고, ZKP를 효과적으로 구현하려면 높은 수준의 전문적인 기술 지식이 필요하다는 점이다.

한편, 링 서명은 어떤 사용자가 메시지에 서명했는지 공개하지 않고 사용자 그룹이 메시지에 서명할 수 있도록 하는 일종의 디지털 서명이라, 데이터의 신뢰성을 유지하면서 개인정보 보호를 제공하기 위해 장점이 된다. 즉, 어떤 사용자가 메시지에 서명했는지 공개하지 않고도 사용자 그룹이 메시지에 서명할 수 있도록 해 높은 수준의 개인정보 보호를 제공하고, 민감한 데이터는 비공개로 유지되는 동시에 거래를 확인할 수 있다는 점이 장점이다. 하지만, 단점은 계산 비용이 많이 들 수 있으므로 거래 처리 시간이 느려질 수 있다는 점이다. 링 서명을 효과적으로 구현하고 사용하려면 ZKP와 마찬가지로 전문적인 기술 지식이 필요하다.

분산 애플리케이션(DApp)의 특성

분산 애플리케이션(DApp)은 이더리움(Ethereum) 같은 플랫폼 위에서 작동하는 블록체인 기반 웹3.0 앱이다. DApp은 웹2.0 앱(Application; App)이 중앙 서버에 보관된 데이터를 이용해 사용자에게 서비스를 제공하는 아키텍처와 달리, 중앙 서버 없이 피어투피어(P2P) 형태로 작동하므로 분산 저장 기반이다. 복수형인 디앱스(DApps)나 댑스(dApps)라 명명되기도 하는데 여기서는 DApp으로 칭하고자 한다. 아래 **[그림 2]**는 중앙화 웹 앱과 분산형 웹 앱 환경을 구별해 보여준다. 중앙화 웹 앱 환경은 앱1을 페이스북(Facebook), 앱2를 링크드인(LinkedIn), 앱3을 두들(Doodle)의 경우로 예시하고 있다. 이는 앱과 데이터가 밀접하게 결합된 구조를 의미하며, 이용자는 여러 앱에 동일한 데이터를 등록해야 하고, 앱 개발자는 충분한 이용자 데이터를 수집해야 하는 다중 데이터 사일로(Multiple data silos)라는 문제점을 갖는다.

[그림 2] 중앙화 웹 앱과 분산형 웹 앱의 데이터 저장

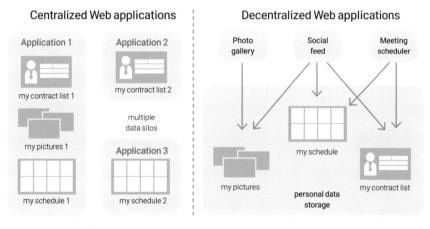

출처: Ippon, 2021.9.13; TTA, 김근형, 2022, 재구성.

한편, **[그림 2] 우측**의 분산형 웹 앱 환경에서는 포토나 소셜 피드, 미팅 스케줄 등의 디지털 콘텐츠가 블록체인으로 추적되고 그 출처가 명확하게 공개된다. 따라서, 그 데이터 소유권이 보장되고, 수집성과 희소성을 가져 한정판이나 오리지널을 중시하는 소비자의 구매 욕구를 자극해 이용자 데이터에

대한 자기 주권이 보장된다. 즉, 데이터와 앱 서비스가 분리되어, 이용자는 지정한 개인 데이터 저장소(Personal data storage)에 저장하고, 앱은 필요한 이용자 데이터를 사용하고 이용자에게 보상한다. 이처럼 이용자 데이터가 특정 앱에 귀속되지 않고 여러 앱에서 사용될 수 있는 분산형 웹 구조를 위해 이용자 데이터를 분산 저장할 수 있는 기술이 요구된다.

위의 비교 내용을 아래 **[그림 3]**으로 다시 살펴보자. 중앙화된 웹 앱은 프론트엔드(Front-end)와 백엔드(Back-end)에 의존하며 중앙화된 웹 서버에 상주하는 소프트웨어를 활용하므로 프론트엔드에 있는 피드를 회사의 백엔드나 웹 서버에 있는 데이터베이스에서 가져오게 된다. 하지만, 스마트계약을 사용하는 DApp은 프론트엔드에서 페이지를 렌더링하는 데는 전통 웹 앱과 동일한 기술을 활용하지만, 지갑을 통해 관련 블록체인 네트워크와 통신하므로 백엔드에서는 전통 웹 앱과는 다른 구조를 갖는다.

[그림 3] **중앙화 웹 앱과 분산형 디앱(DApp) 비교**

출처: 코스콤 뉴스룸, 2022.9.

DApp의 두 가지 중요한 **구성 요소**는 프론트엔드와 백엔드가 된다. **프론트엔드**는 사용자와 통신하는 데 도움이 되고, 백엔드 코드는 스마트계약이다.

프론트엔드는 앱 사용자 측에서 실행되는 코드로, 사용자와 응용 프로그램 간 통신을 위한 인터페이스 역할을 하며, 다양한 기능을 제공하는 지갑도 포함된다. 지갑은 인증을 위해 사용자의 개인 및 공개 키 기록을 유지하고, 블록체인 주소 및 암호화 키 관리를 위해 블록체인과 상호작용하는 데 도움이 되며, 백엔드 또는 스마트계약 실행을 트리거(Triger)하는 데에도 도움이 된다.

한편, DApp의 **백엔드**는 응용 프로그램의 서버 측에서 실행되는 스마트계약을 사용한다. 스마트계약은 주변 환경과 관계없이 특별히 정의된 기능을 수행한다. DApp을 지원하는 최초의 블록체인인 이더리움은 비트코인이 지닌 최소한의 프로그램 용량에 대한 반응으로 설계된 차세대 스마트계약 및 DApp의 운영체제(OS)로서 전통적인 컴퓨터처럼 스크립트를 구동하고 실행하는 터닝 프로토콜(Turning-complete protocol)이다.

이러한 DApp은 현재의 웹2.0 OS에서도 작동 가능해 사실상 웹2.0과 웹3.0의 가교 역할을 하게 된다. 현재 DApp은 구글 크롬(Google Chrome), 파이어폭스(Firefox) 등의 웹브라우저를 통해 이용 가능하며, 이와 동시에 스마트계약을 활용해 블록체인 네트워크와의 통신도 가능하다. 다시 말해, 프론트엔드에서는 웹2.0처럼 느껴져 친숙한 형태를 띠고, 백엔드에서는 탈중앙화 데이터베이스에 존재하는 DApp은 기존 앱에 비해 수적으로는 아직 빈약하다. 하지만, 지속적 혁신을 통해 다양한 DApp들이 등장할 것이다.

DApp은 웹2.0 앱과 유사하게 작동하지만, 프로토콜 계층에 따라 세 가지로 분류된다. 첫 번째 DApp은 웹2.0 맥(Mac)에 설치된 맥오에스(macOS)몬트레이(Monterey: 매킨토시 컴퓨터용 애플의 데스크톱 운영체제 macOS의 버전12로 2021년 10월 25일 출시) 운영체제와 유사해, 자체 블록체인 네트워크를 가지며, 비트코인이 최초의 DApp이다. 두 번째 DApp은 앞의 유형 1 DApp을 활용해 기능에 필요한 유틸리티 토큰을 통합한 형태로, 웹2.0 Mac에 설치된 브레이브(Brave) 브라우저 앱이 대표적이다. 마지막 세 번째 DApp은 앞의 유형 2 DApp 프로토콜을 활용해 기능한다. 예를 들어, SAFE(Secure Access for Everyone: 세계 최초의 자율 네트워크로, 모든 사람의 데이터를 보호하고 온라인 상태를 유지하는 것이 목적이기 때문에 검열에 강한 앱 제작 가능)는 분산형 데이터 스토리지이자 커뮤니케이션 네트워크로, 검열에 저항하는 웹사이트 및 앱 제작에 활용된다.

결론적으로, DApp은 웹2.0 시스템과 웹3.0을 연결하는 가교 역할을 하기 때문에 지속적 혁신을 바탕으로 생태계의 다양성이 확보되기 시작했으며 암호화폐 지갑 DApp, 탈중앙화거래소(DEX) DApp 등을 시작으로 특히 미디어 분야로 확장될 것으로 기대되고 있다. 암호화폐 지갑은 암호화폐를 구입하고 판매하고 거래하는 데 반드시 필요하다. DEX DApp도 웹브라우저를 통해 접근할 수 있다. DEX 웹 주소(URL)로 이동하면 암호화폐 지갑(Wallet)을 연결할 수 있는 인터페이스가 표시되고, 연결을 완료하면 유동성 풀, 복권, NFT 마켓플레이스 등 기능을 뒷받침하는 데 참여해 DEX DApp과 암호화폐 지갑 DApp 간에 상호작용할 수 있다. 그 외에도 스팀잇(Steemit) 같은 소셜미디어 DApp도 인스타그램(Instagram) 등의 플랫폼과 유사하게 이용자들을 온라인으로 연결한다.

DApp의 시작, 암호화폐 지갑

DApp들이 활성화되기 위해서는 지갑이 필요하다. 블록체인 지갑은 디지털자산인 암호화폐를 안전하게 보관하고 전송할 수 있게 해주는 소프트웨어 또는 하드웨어 도구로서, 마치 현금이나 신용카드를 지갑에 보관하듯이, 디지털자산을 블록체인 상의 지갑에 저장하는 것이다. 그런데, 블록체인 지갑은 디지털자산 자체를 보관하지 않고, 그 자산에 접근할 수 있는 키(Key)만을 보관한다. 따라서, 암호화폐 소유는 디지털자산에 접근 가능한 개인 키(Private Key)를 갖는 것을 의미한다. 개인 키는 자산 소유자로 하여금 해당 암호화폐를 사용하게 하는 권한을 부여한다. 암호화폐 접근을 가능하게 해주기 때문에, 가장 중요한 것은 소유자 스스로가 키를 잘 관리해야 한다는 점이다.

대중화된 웹3.0 지갑의 키는 공개 키(Public Key)와 개인 키(Private Key)로 구성된다. 공개 키와 개인 키는 각각 이메일 주소와 비밀번호에 비유하면 이해하기 편하다. 즉, 공개 키는 암호화폐 전송 시 사용하는 주소이고, 개인 키는 지갑 소유자만 알고 있는 일종의 비밀번호로, 지갑에 접근하고 암호화폐를 전송할 때 사용되는 키이다.

초기의 블록체인 지갑들은 디지털자산을 보관하거나 전송하는 기능 외에 별다른 역할을 하지 않았지만, 점차 블록체인 지갑 산업이 성숙해짐에 따라 형식, 사용 기기, 개인 키의 온·오프라인 관리 유무, 소유권에 따라 다양한 형태의 지갑이 탄생하게 된다. 먼저, 형식별로는 하드웨어 지갑, 소프트웨어 지갑, 페이퍼 지갑으로 구분된다. 하드웨어 지갑은 USB 드라이브와 유사한 물리적 장치로, 암호화폐 키를 오프라인에 저장하는데, 오프라인 상태라 온라인 해킹에 노출되지 않는다. 한편, 소프트웨어 지갑은 다운로드하여 설치할 수 있는 앱 내지 DApp 형태의 지갑으로, 데스크톱, 모바일, 온라인 지갑 등 다양한 형태가 있다. 이는 정기 거래와 편의성을 위해 사용하기는 좋지만, 보안에 대한 주의가 필요하다. 페이퍼 지갑은 인쇄된 개인 및 공개 키가 있는 물리적 문서로, 온라인에서 생성하지만 오프라인에 인쇄하고 보관한다. 오프라인이라 디지털 위협에는 안전하나 물리적 손상이나 분실 위험이 있다.

사용 기기별로는 데스크탑, 모바일, 웹, 기타 하드웨어로 구분된다. 데스크톱인 개인 컴퓨터에 설치되면 기기가 손상되지 않는 한 강력한 보안 제공이 가능하고, 모바일 기기에 앱 형태로 설치되는 경우에는 편의성이 높아지는 반면 보안은 데스크톱보다 낮다. 웹은 브라우저를 통한 확장(Extension) 형태의 제공을 말하며, 범용 접근성을 제공하지만 플랫폼 보안에만 의존해야 한다. 마지막으로 기타 하드웨어는 USB 등으로, 잘만 사용한다면 암호화폐 홀딩 시 최고 수준의 보안을 제공하게 된다.

아래 [표 1]에서 보듯이, 개인 키의 온·오프라인 관리 유무에 따라 온라인을 핫월렛(Hot wallet), 오프라인을 콜드월렛(Cold wallet)이라 칭한다. 핫월렛의 경우는 온라인 상태로 즉시 거래가 가능한 것이 최대 장점이며, 여러 암호화폐를 한 곳에서 관리할 수 있다는 범용성도 장점 중의 하나이다. 거래소 지갑, 모바일 지갑, 데스크톱 지갑 등이 여기에 속하는데, 사이버 공격에 취약하므로 보안에 주의가 필요하다. 특히 거래소 핫월렛 사용 시에는 보안에 허점이 있을 경우 자산 위험에 노출될 수 있어서 주의가 필요하다.

[표 1] 핫월렛과 콜드월렛의 차이(위) 및 핫월렛 종류(아래)

용어	정의	예시
핫월렛	인터넷에 연결되어있음에 따라 편의성 높음	메타마스크(MetaMask)
콜드월렛 (하드웨어월렛)	인터넷에 연결되지 않음에 따라 보다 안전	렛저(Ledger)

용어	내용
데스크탑	데스크탑 환경에 최적화된 형태. 웹 브라우저의 익스텐션 형식으로 존재
모바일	모바일 앱으로 존재. 모바일 앱 내 브라우저 등의 기능 제공

출처: NH투자증권, 2023.4.13.; 송민정, 2023.6.27. 재인용.

한편, **콜드월렛**의 경우에는 개인 키를 오프라인에서 보관하고 관리하는 것이 최대 장점이고, 장기 홀딩 용도로 적합하다는 장점이 있지만 거래 시 불편함이 있다. 하드웨어 지갑, 페이퍼 지갑 등이 여기에 속하는데, 물리적 훼손이나 분실 위험이 단점이다.

소유권별로는 아래 [표 2]에서 보듯이 개인 키의 통제권 유무에 따라 수탁형 지갑과 비(非)수탁형 지갑으로 구분된다. **수탁형**은 제3자에 의해 관리되며, 관리 기업이 사용자의 개인 키를 보관한다. 편의성과 부가 서비스를 제공하나 일정 수준의 신뢰가 요구된다. **비수탁형** 지갑은 사용자로 하여금 개인 키를 완전히 통제하게 하며, 보통 개인이 소지한 기기에 저장하게 한다. 제3자 보안 수준에 의존하지 않으므로 수탁형보다 안전한 것으로 여겨지며, 자산에 대한 완전한 통제권을 원하는 이용자에게 적합하다.

[표 2] 개인 키 통제권 유무에 따른 지갑 분류

용어	정의	예시
수탁형 지갑 (Custodial)	프라이빗 키의 통제권과 보안 책임이 거래소 등에 존재	바이낸스(Binance)
비수탁형 지갑, 자가수탁형 지갑 (Non-custodial, Self-custodial)	프라이빗 키를 사용자가 직접 보관	메타마스크(MetaMask)

출처: NH투자증권, 2023.4.13.; 송민정, 2023.6.27. 재인용.

FTX 사태를 겪은 이후부터 수탁형보다는 비수탁형 지갑의 중요성이 부각되고 있다. 비수탁형과 수탁형을 나누는 기준이 개인 키를 이용자가 직접 보관하는지의 여부인데, 바이낸스 같은 DEX나 기타 CEX의 경우에 이용자의 개인 키를 거래소가 관리하고 있다. 국내에서는 고객의 개인 키를 보관해 주는 기업은 '가상자산사업자'로 등록해야 하므로 개인 키 통제권 유무가 규제적으로도 중요한 이슈가 된다. 개인 키를 이용자가 직접 보관하는 비수탁형 지갑이 이상적이나 개인 키 분실 위험이 존재해 아래 **[표 3]**과 같이 다양한 비수탁형 지갑의 개인 키 보관 유형들이 등장하였다. 예로 니모닉 코드(Mnemonic Code)는 사람이 읽을 수 있는 텍스트로 표현된 개인 키이며, 이를 통해 쉽게 기록하고 지갑을 복원하는 데 사용된다.

[표 3] 비수탁형 지갑의 개인 키 보관 유형

용어	정의
니모닉 (Mnemonic)	시드문구로 불리는 12개 혹은 24개의 단어를 사용자에게 제공. 프라이빗 키 역할 수행
멀티시그 (Multi-Sig)	멀티시그 기술이 적용되면 거래를 위해 다수의 관리자가 거래 서명에 참여해야 함
MPC (Multi-Party Computation)	프라이빗 키를 여러 개로 나누어 보관. 복구가 필요할 시 프라이빗 키를 보관하고 있는 당사자들이 만나서 복구 가능

출처: NH투자증권, 2023.4.13.

다양한 형태로 구분되는 블록체인 기반의 웹3.0 지갑은 디지털자산(토큰, NFT)을 보관할 수 있을 뿐만 아니라, 장기적으로는 토큰화된 실물자산(CBDC 등)도 보관할 수 있게 된다. CBDC의 범용화까지 아직도 많은 시간이 필요하겠지만 웹3.0 지갑 대중화의 확실한 동인이 될 수 있다. 웹3.0 지갑은 DApp이 발전하는데 필요한 전제조건이며, 그 시작이 DEX DApp과 상호작용하는 암호화폐 지갑 DApp이다. DEX 웹 주소(URL)로 이동하면 암호화폐 월렛을 연결할 수 있는 인터페이스가 표시되며, DEX DApp들과 상호작용할 수 있다. 암호화폐 지갑 DApp은 디앱 발전의 시작을 알리는 신호탄이 된다. 2016년 출시된 메타마스크(MetaMask)가 DeFi 및 DEX와 상호작용하는 가장 인기 있는 지갑이지만, 메타마스크의 한계점들이 드러나면서 대안이 되는 암호화폐 지갑들이 생겨나고 있다. 가장 많이 비교되고 회자되는 대안으로 브레이브 월렛(Brave Wallet)이 있다.

앞서 3장에서 유틸리티 토큰 비즈니스 확장을 논하면서 게임화 인센티브 설계 사례로 소개한 브레이브 브라우저의 브레이브 월렛은 브라우저에 내장된 자체 보관 지갑이다. 사용자가 브레이브 월렛을 설정하면 BAT(Basic Attention Token)를 관리하는 데 사용할 수 있고, 기존의 신용카드, 직불카드 등 비암호화 결제 시스템을 이용한 암호화폐와 NFT를 구매할 수도 있다. 게다가, 이용자들은 다른 암호화폐 월렛을 연결한 웹을 통해 더 많은 암호화폐를 더 편리하게 사용할 수도 있다. 처음에 브레이브 월렛은 메타마스크의 포크였지만, 더 높은 수준의 보안과 개인정보 보호를 위해 브라우저에 통합된 암호화폐 지갑을 개발하게 된 것이다.

결론적으로 대표적 지갑으로 사용되고 있는 메타마스크의 단점을 보완한 브레이브 월렛은 안드로이드와 iOS 등 OS에서 직관적 사용자 인터페이스를 제공해 다운로드와 사용이 용이하다. 이용자가 자산을 가능한 한 최고가로 거래할 수 있도록 도와주는 가격 매칭 메커니즘이 포함되어 있고, 모든 EVM 호환 네트워크(폴리곤 등)에 대해 DApp들과 상호작용할 수 있게 하며, 메타마스크 등 다른 지갑들을 가져올 수 있게 하고, 무엇보다도 이더리움, 솔라나(Solana), 파일코인(Filecoin) 등 100여 종류의 블록체인 네트워크에서 NFT를 포함한 수많은 종류의 디지털자산을 구입, 전송, 저장, 스와프할 수 있게 한다.

암호화폐 지갑 비즈니스 확장

중앙화 앱 생태계처럼 탈중앙화 앱 생태계에서도 암호화폐 지갑 DApp을 토대로 한 DApp들이 대거 출현하게 된다. 예컨대, 소셜미디어 DApp으로 앞에서 설명한 스팀잇(Steemit)은 페이스북이나 인스타그램 등과 유사하게 사용자들을 온라인으로 연결하였고, 가치 창출 흐름을 뒤바꿔 데이터 저장 기업이 아닌 네트워크에 참여한 사람들에게 보상이 지급되는 수익구조를 갖게 된다. DApp의 비즈니스 확장 가능성은 점점 증대되고 있으며, 신원(ID) 비즈니스가 발달할 것으로 기대된다.

돌이켜보면 웹1.0에서 웹사이트마다 회원 가입을 통해 ID를 생성하고 거래를 위해 신용카드를 기록했고, 웹2.0에서도 앱을 사용하기 위해 같은 과정을 겪었다. 하지만, 플랫폼 시대에서의 ID는 특히 데이터 사일로(Silo) 생성에 있어 가장 중요한 자산이었기 때문에 소셜 로그인(Social Login) 형태로 플랫폼 독점을 더욱 강화하는 도구로 사용되었다. 웹3.0은 탈중앙화와 분산 저장을 하는 특성이 있기 때문에, 분산원장 기술 기반의 분산신원(DID)이 가능해질 것으로 기대된다.

아래 [그림 4]는 신원 모델의 진화를 보여주고 있다. 앞서 언급한 각 플랫폼들의 사일로 내지 개별 신원(Siloed-Identities)과 연합 신원(Federated-Identities) 모델에서 자기주권 신원(Self-Sovereign-Identities; SSI) 모델로 점차 진화하고 있음을 보게 된다.

[그림 4] 신원 모델의 진화

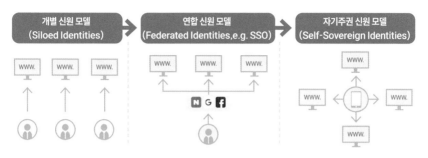

출처: 권준우 외, 2021.

앞의 두 개는 기업이나 기관에서 사용자의 신원 데이터를 관리하는 모델로, 각 제공 기관이 개별적으로 사용자의 개인정보를 관리하기 때문에, 만약 제공기관이 해킹 대상이 되면 사용자의 개인정보도 해킹될 수 있다는 리스크를 안고 있다. 한편, SSI 모델은 기존 신원 모델의 개인정보 유출 위험에 대한 취약점을 보완해 신원 정보의 소유와 이용 권한을 개인정보 주체가 스스로 가짐으로써 자신의 정보 주권을 실현하게 한다.

DID는 SSI 모델과 DLT 기반으로 개인정보 관리와 인증을 개선한 것으로, 제3의 인증기관 없이 사용자가 신원정보의 노출 범위, 사용 목적에 따라 자신의 신원 정보에 주권을 행사하는 것이다. 즉, 개인정보 주체가 자신의 개인정보에 대한 통제권을 갖되, 개인정보 관련 매개 값을 암호화하여 분산원장에 기록함으로써 해당 정보의 신뢰성을 확보하는 것이다. DID는 온라인상에서 분산원장 기반으로 사용자 스스로 신원 등에 대한 증명 관리, 신원 정보 제출 범위 및 제출 대상 등을 통제할 수 있도록 하는 신원관리 시스템으로, 기존 서버-클라이언트 신원관리 모델과 달리, 사용자가 자신의 신원 정보에 주권을 행사하며, 신뢰받는 ID저장소를 이용해 제3자 없이 분산원장에 참여

가능하며, 신원 정보 위·변조 여부를 검증할 수 있다.

이러한 **DID**는 지속성, 휴대성, 개인정보 보호의 **특성**을 갖는다. **지속성**은 사용자가 외부 환경 변화와 독립적으로 자신의 신원 정보를 지속적으로 사용 가능하며 서비스 제공자가 서비스를 중단해도 신원 정보의 유효성이 유지될 수 있음을 의미하고, **휴대성**은 신원인증 주체가 스마트폰이나 칩이 내장된 디바이스를 통해 신원정보를 저장하고 직접 들고 다니면서 쉽게 제공할 수 있음을 말하며, **개인정보 보호**는 사용자 동의 없이 서비스 제공자가 개인정보를 활용할 수 없고 사용자가 직접 관리하는 신원정보를 조회할 수 있는 방법이 불가능해 절대적 개인정보 보호를 실현할 수 있음을 뜻한다.

DID 서비스 과정은 아래 [그림 5]와 같다. DID는 사용자의 요청에 따라 발행기관에 의해 발급되며, 신뢰할 수 있는 저장소에서 검증 가능하도록 기록된다.

[그림 5] DID 서비스 과정

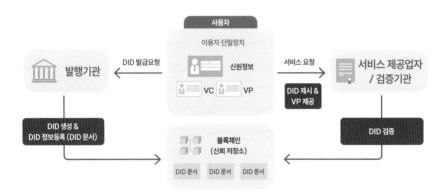

출처: 김명길 외, 2024.2.

사용자는 저장하고자 하는 개인정보를 인증하고 발행 기관으로부터 검증가능한 인증서인 VC(Verifiable Credential)을 발급받아 단말 등 자신의 저장소에 저장할 수 있다. 발급된 VC를 통해 서비스 제공자에게 제공됨으로써 신원인증 요청 절차가 마무리되며, 서비스 제공자는 신원인증 요청에 따라 분산원장에서 이를 검증하여 신원인증을 수행하고 리소스를 인가한다. 이에 최소한의 정보만으로 자격을 증명하거나 본인을 인증함으로써 불필요한 개인정보 노출을 줄일 수 있다. 예로, 백신 접종 사실을 인증할 때 DID 서비스를 이용하면 접종 여부에 대한 최소 정보(접종 일자와 백신 종류, 회차, 접종병원 등)만 제공해 예방접종 사실을 증명한다.

국내, 외 모두 행정부 주도의 DID 프로젝트들이 많이 등장했고, 민간 기업들의 독자적 프로젝트 참여도 다방면으로 진행되고 있으며, DID를 활용한 다양한 비즈니스들도 등장하기 시작한다. **신원 확인**의 경우, 편의점에서 주류를 판매할 때 성인 인증이 필요한 것처럼 나이 등의 정보를 확인하기 위해 DID 서비스가 가능하다. 당사자는 주민등록증, 운전면허증, 사원증 등의 실물이 없이도 본인을 식별할 수 있는 정보를 발급받아 모바일 단말 내에 저장 및 관리하다가 필요한 경우가 발생하면 이를 사용하는 것이다. 신원인증을 요구할 필요가 있는 기관들은 이와 연계된 서비스 앱을 추가로 개발해 신원 확인용 DID 서비스 활용에 참여할 수 있다. 또한, 이를 모바일 쇼핑 등 다양한 O2O(Online to Offline, 온라인·오프라인 연계 서비스)에 적용하면 주문·배송 단계에서 연령·주소 등의 최소한 정보만 제공해 개인정보 유출 우려를 줄일 수 있으며 간편하면서 정확하게 진위를 확인할 수 있다.

다음은 **본인 인증**으로, 예를 들어 전자금융 로그인 후 자금이체를 원할 경우 가입자 본인 확인이 필요한데 DID 기반 개인정보 인증서를 발행하면 제3자 개입 없이 사용자가 직접 비대면 인증을 요청하고 본인 확인을 진행할 수 있다. 제증명서 발급도 가능하다. 종이 증명서를 통해 발급한 증명 서류를 DID 앱 또는 DApp을 통해 발급하는 것이다. 예로, 병원에 방문한 환자가 전자문서 발급 기능을 가진 모바일 진료카드를 통해 처방전을 발급받고 해당 앱을 통해 연계된 병원에 제출하면 절차가 간소화되고 발급 횟수가 줄어들어 제증명 발급 비용도 절감할 수 있다.

각종 **자격 증명**에도 DID 서비스가 유용하다. 예로 병무청 복무 증명서 등에 DID를 이용해 병무지갑 입영통지서·전역증·사회복무원증 등 병역 관련 문서를 발급받아 온라인 제출이 가능하며, 적금 가입 시 은행을 방문하지 않아도 상품에 가입하거나 군장병 혜택의 휴대폰 요금제에 가입할 수도 있다. 예컨대, 앱 또는 DApp 이용자의 예방접종 증명서 발급 요청의 경우 질병관리청이 접종 정보를 서명 값과 함께 제공하고, 이를 수령한 앱 이용자는 전자지갑 내에 접종 정보를 저장하고, 제3기관이 자격 증명을 요청하면 자격 증명 중 필요 부분만 추려 앱 이용자의 서명 값과 함께 요청기관에 전달하면 된다. 요청기관은 수령한 값 중 서명 값을 통해 출처의 진위를 확인하고 자격 증명 내용은 블록 위에 저장된 자격증명 발급 사실 정보와 대조해 진위 여부를 검증한 후 앱 이용자의 접종 정보를 확인한다.

한편, 이러한 DID서비스가 확산되면 **법적 과제**가 뒤따른다. 먼저 **신원정보 관련 값들이 국내 개인정보보호법상 개인정보에 해당하는지에 대한 것**이다. 신원정보에는 성명·나이·자격취득 여부 등 특정인을 식별하거나 식별할 수 있는 정보가 포함된다. DID 서비스의 경우, 신원 인증자가 자신의 신원 정보를 스스로 보관·관리하므로 정보 주체의 의사에 반하여 신원정보가 활용될 여지가 적고, 블록 위에 공개 저장된 신원정보 관련 매개 값들은 임의의 대표 값이나 암호화된 값들로 본래 내용을 알아보기가 곤란해 개인정보보호법의 보호 대상(개인정보)인지가 모호하다. 이에 DID 서비스 사업자들은 DID 서비스에서 블록 위에 저장되는 정보들이 개인정보보호법상 개인정보인지에 대한 검토를 선행해야 할 것이다.

또 다른 과제는 **보안 위협에 대한 것**이다. DID 서비스는 DID 플랫폼 제공자의 DID 서비스 의존 여부에 따라 '단말 앱 의존형', 'DID 플랫폼 의존형', 두 방식을 결합한 '하이브리드 의존형'으로 구분되는데, 일반적으로 'DID 플랫폼 의존형'형태로 구현된다. 'DID 플랫폼 의존형' 유형에서는 서비스 제공자의 선택에 따라 그 구성 요소가 달라진다. 즉, DID 서비스 이용자가 이용하는 디지털 지갑이 포함된 'DID 앱', DID 서비스를 제공하는 'DID 플랫폼', 그리고 DID 서비스 관련 문서 관리 레지스트리와 DID 서비스 로직이 담긴 스마트계약을 포함한 '블록체인'으로 나뉜다. 아래 **[그림 6]은 'DID 플랫폼 의존형'유형에서 발생할 수 있는 보안 위협의 발생 가능 지점**들을 보여주고 있다.

[그림 6] **'DID 플랫폼 의존형'의 보안 위협 발생 가능 지점**

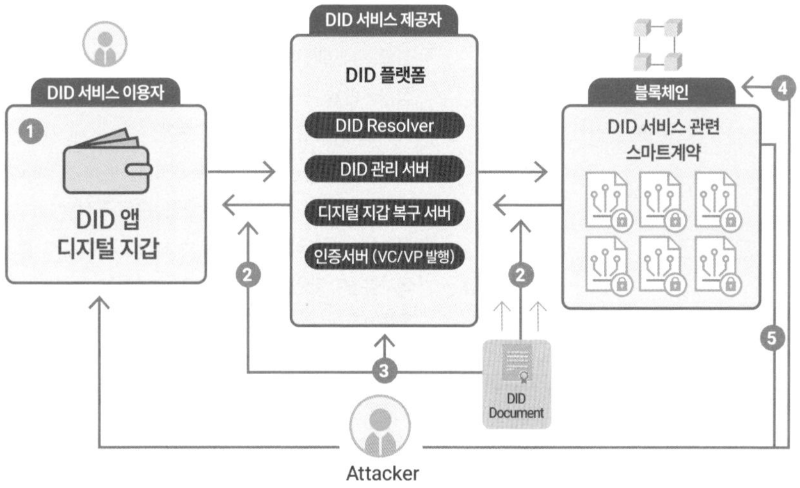

출처: 이재성, 우성도, 2022; 김명길 외, 2024.2. 재인용.

DID 보안 공격의 목적은 사용자 신원 도용 범죄를 위한 전자서명 키 탈취, 개인정보 탈취, DID 서비스 이용 불가능을 목표로 한 서비스의 가용성 침해 등으로 구분된다. 아래 **[표 4]**에서 보듯이, **'DID 플랫폼 의존형' 유형에서 발생할 수 있는 보안 위협 발생 예시**를 보여주고 있다. 이는 기존의 일반적인 SaaS(Software as a Service) 플랫폼 보안 위협과 크게 다르지 않다. 다만, 블록체인 항목에 대한 보안 위협이 추가되어 있음을 보게 된다.

[표 4] 'DID 플랫폼 의존형' 구성요소별 보안 위협 발생 예시

발생위치	상세구분	보안위협	예시
1번	사용자	사회공학	피싱 이메일, SMS, 이메일, SNS, 검색엔진 등을 통한 카드정보, 이름, 생년, 연락처, 배송지, 주소, 핸드폰 번호 노출
	DID 앱	디지털 지갑 공격	소스코드 분석을 통한 취약점(하드 코딩 PW, 암호화 키 등) 스캐닝/공격자가 습득한 기기에 포렌식 툴을 이용하여 관리자가 권한 및 저장 정보 탈취
2번	네트워크 통신	중간자 공격	기기·서버 및 수신기(POS 등) 간 트래픽 분석, 스니핑(Sniffing) 등으로 인해 정보가 노출되거나 종단 간 암호화가 되지 않은 데이터 탈취
3번	DID 관리 서버	SQL 인젝션	공격자가 사용자 입력에 SQL 쿼리를 주입하여 잠재적으로 데이터 베이스 기록 조작
	지갑 복구 서버·인증서버	크리덴셜 임의 변경	접근권한을 가진 내부 직원에 의한 사용자의 크레덴셜(Credential) 정보를 임의 변경
	DID Resolver	캐시된 DID 문서 조작	DID Resolver 상의 캐시된 DID정보를 조작하여, 인증 과정을 공격자가 원하는 방향으로 조작
4번	블록체인 노드	51% 공격	블록체인 네트워크상의 자체 의사결정이 가능한 기준의 의사결정에 필요한 합의 리소스를 초과하여 확보한 뒤, 블록체인 트랜잭션 내역을 조작하여 이익을 얻는 해킹 공격
		DDoS	네트워크 부하 발생, 스팸 거래를 생성하여 거짓 거래의 유효성 검사로 처리 시간을 늘려 부하를 발생시키는 방식
5번	스마트계약	리엔트런시 (Reentrancy : 재진입)공격	특정 트랜잭션이 처리되기 전에 다시 새로운 트랜잭션을 요청함으로써 이중 처리를 유도하는 공격 방법

출처: 김명길 외, 2024.2.

결론적으로, 지갑이 DApp인 것처럼 DID도 DApp으로서 이용자를 확보한 후에는 플랫폼 비즈니스로 발전하게 된다. 하지만, 주민등록증, 운전면허증, 여권 등의 신분증을 발급하는 국가기관을 플랫폼이라 말할 수는 없다. 즉, 국가는 국민 신원을 확인하고 보증하는 신원 증명 역할만 하는 것이고, 비즈니스가 되는 DID는 신원인증과 식별을 위해 활용되는 것이다. DID가 구현되기 위해서는 플랫폼이 필요하고 스마트폰으로 DID를 발급하려면 DApp이 개발되어야 한다. 웹1.0 시대의 아마존과 웹2.0 시대의 카카오톡이 처음에 각각 이커머스나 메신저로 시작했지만, 두터운 이용자 층이 생기면서 게임, 전자상거래, 금융 등 다방면으로 플랫폼 사업을 확장해 나가는 것을 보았다. 이와 유사하게 일단 DID 플랫폼 이용자 층이 두터워지면 여러 방식으로 비즈니스가 확장될 것이다. 특히 DID는 다른 서비스와 연결하는 것을 전제로 하므로, DID 밑에 다양한 서비스가 추가될 수 있다.

참고문헌

곽동승, 박종대, "ITU-T에서 분산원장기술 표준화 동향," 한국전자통신연구원, 2020.

권준우, 서승현, 이강효, 박소현, "블록체인 기반 분산신원증명의 이해와 서비스 적용 사례," ACK 2021 학술발표대회 논문집, 28권 2호, 2021.

김명길, 권민호, 이현희, 오시몬, 김요한, "블록체인 기반 분산환경 상에서의 신원인증 기술 동향," 정보보호학회지, 제34권 제1호, 2024. 2.

디센터, "[예리한 시선]왜 기업들은 당장 돈 안되는 DID 사업에 진출할까?"https://decenter.kr/NewsView/1YYTGA6GFA/GZ05, 2020. 2. 6.

브레이브 홈페이지, "DApp이란 무엇이고 어디에 사용되나요?" https://brave.com/ko/web3/what-are-dapps/, 2022. 7. 29.

비인크립토, "브레이브 월렛이란 무엇인가?" https://kr.beincrypto.com/learn-kr/bravewallet/, 2022. 11. 14.

비티씨씨(BTCC), "디앱(DApp)이란 무엇입니까? - 이해 및 소개," https://www.btcc.com/ko-KR/academy/crypto-basics/what-is-dapp, 2022. 5. 24.

소프트웨어정책연구소(류채연 글), "블록체인 위의 암호화 정보는 개인정보인가?" SPRI 이슈리포트 IS-149, 2022.

엔에이치(NH)투자증권, "Web3 지갑, 디지털자산 세계의 핵심 인프라," 2023. 4. 13.

위핀 블로그, "Web3 지갑이란? Web3 지갑의 개념 및 분류," https://www.wepin.io/ko/blog/what-is-web3-wallet, 2024. 5. 2.

이재성, 우성도, "디지털 지갑의 사이버보안 위협 및 보안 요구사항 분석" KISA Insight, Vol. 6, 2022.

정보통신기획평가원, "Post-코로나 시대의 뉴노멀 기반 DID와 디지털화폐 동향," https://www.itfind.or.kr/publication/regular/weeklytrend/weekly/list.do?selectedId=1137, 2020. 7. 8.

코스콤 뉴스룸, "웹 3.0, 무엇을 바꿀 것인가? "코스콤 리포트, 2022. 9.

코인에디션(Coinedition), "분산 원장 기술(DLT)이란 무엇입니까?" https://coinedition.com/kr/%EB%B6%84%EC%82%B0-%EC%9B%90%EC%9E%A5-%EA%B8%B0%E

C%88%A0dlt%EC%9D%B4%EB%9E%80-%EB%AC%B4%EC%97%87%EC%9E%85
%EB%8B%88%EA%B9%8C/, 2022. 8. 10.

토큰포스트, "메타마스크 대안으로 고려할 5가지 암호화폐 지갑," https://www. tokenpost. kr/article-186791, 2024. 7. 13.

해시넷, "링 서명," http://wiki. hash. kr/index. php/%EB%A7%81%EC%84%9C%EB% AA%85, 2025. 5. 25. (검색일)

해커눈, "분산 원장(DLT) 유형 이해: 블록체인만이 아닙니다,"
https://hackernoon. com/ko/%EB%B6%84%EC%82%B0-
%EC%9B%90%EC%9E%A5-DLT-%EC%9C%A0%ED%98%95%EC%9D%84-
%EC%9D%B4%ED%95%B4%ED%95%98%EB%8A%94-
%EA%B2%83%EC%9D%80-%EB%B8%94%EB%A1%9D%EC%B2%B4%EC%9
D%B8%EB%BF%90%EB%A7%8C-%EC%95%84%EB%8B%88%EB%9D%BC,
2023. 10. 11.

한국ICO (ICO of KOREA), "분산 원장과 블록체인 차이: 분산 원장 기술이란?" https:// blog. naver. com/seonggi159/221312537621, 2018. 7. 4.

한국은행, "분산원장 기술과 디지털통화의 현황 및 시사점," 금융결제국 결제연구팀(김동 섭 글) 보고서, 2016. 10. 5.

한국인터넷진흥원, "블록체인 기반 스마트계약 개인정보보호 이슈 및 정책동향," Privacy Report(개인정보보호 월간동향분석), Vol. 4, No. 3, 2022. 4.

한국정보통신기술협회(TTA)(김근형 글), "웹 3.0과 콘텐츠 유통의 탈중앙화," 기술표준 이슈, ICT Standard Weekly 제1113호, 2022.

Fastercapital, "Privacy: Preserving Privacy in Distributed Ledgers: An In depth Analysis," https://fastercapital. com/content/Privacy--Preserving-Privacy-in-Distributed-Ledgers--An-In-depth-Analysis. html, 2024. 2. 1.

Ippon, "Beginning Decentralized Identity Applications with Solid," https://blog. ippon. tech/beginning-decentralized-identity-applications-with-solid, 2021. 9. 13.

M. Sporny, D. Longley, M. Sabadello, D. Reed, O. Steele, and C. Allen, "Decentralized Identifiers (DIDs)", W3C, 2022.7.

NIST, "A Taxonomic Approach to Understanding Emerging Blockchain Identity Management Systems," 2020.1.

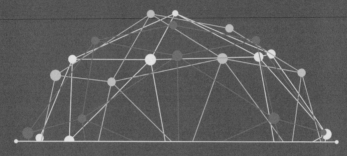

WEB3.0 MEDIA BUSINESS

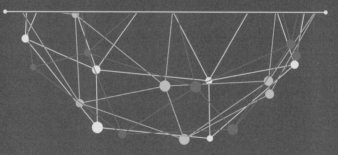

웹3.0 인공지능 비즈니스 기회

웹3.0 인공지능 비즈니스 기회

생산성의 향상, 웹3.0 인공지능

　인공지능(AI)은 인터넷, 모바일, 클라우드 다음으로 중요한 기술 변화로 인식되고 있다. 웹3.0에는 AI가 생산성 향상에 도움을 주기 때문에 웹3.0의 구현 특성 중 하나로 AI 기반의 지능화 서비스를 1장에서 언급한 바 있다. 웹3.0은 AI가 필요하다. 이와 동시에 AI도 웹3.0 기술들이 필요하므로, 시간이 흐르면서 이들은 융복합적으로 발전할 것이고, 이 둘을 합쳐 웹3.0 인공지능이라 부르는 것이 타당하다.

　시기적으로 보면, AI가 가장 빠른 기술 변화의 하나로 인식되면서 비즈니스 혁신에 도움을 줄 것이라고 믿는 기업들의 AI 도입은 놀랄만한 속도로 진행되어 왔다. 이미 빅데이터가 AI 성장을 추동하는 원유 역할을 해왔고, 데이터의 확산으로 AI모델훈련(Training)이 더욱 생산적으로 이루어질 수 있게 되었다. AI는 데이터를 통합, 합성, 해석하면서 지식을 발견하고, 소프트웨어 시스템 개발을 촉진해 의사결정 과정과 반복 작업 등을 자동화하고 오류를 줄임으로써 기업으로 하여금 생산성과 효율성을 높이고 있다. 게다가, AI 소프트웨어와의 상호작용이 마치 말하는 것처럼 쉬워지면서 보다 더 많은 데이터 생산으로 이어지게 되고, 데이터 생성과 발전 속도가 기하급수적으로 빨라지게 된다. 그런데, 이러한 AI는 어떤 데이터가 진짜이고, 어떤 데이터가 가짜인지 구분하기 어렵다는 문제를 안고 있다. 특히, 생성형 AI는 콘텐츠 제작 비용이 낮아지면서 잘못된 정보와 딥페이크가 범람할 위험성을 안고 있다. 블록체인이 먼저 이러한 웹2.0시대의 AI에 도움을 주기 시작했다.

AI와 함께 블록체인도 함께 발전하면서 두 영역이 교차하는 활용 사례들이 많아지기 시작한다. 아래 [그림 1]에서 보듯이, 특히 블록체인의 **탈중앙화**가 기존 AI의 중앙화로 인해 발생하는 문제들에 대해 균형을 맞출 수 있게 하고, 블록체인의 **투명성**이 AI의 불투명성(Little trasparency)을 해결할 수 있게 하며, 블록체인의 **에너지 효율 솔루션**이 AI모델훈련에 필요한 에너지 수요를 줄일 수 있게 한다.

현재 가장 많은 데이터와 컴퓨팅 인프라, 자본, 그리고 플랫폼 역량을 고루 갖춘 빅테크 기업들에 의해 중앙화라는 리스크가 크게 부상 중이다. 자본 집약적인 AI의 특성상 대규모 데이터 시설을 보유한 빅테크 기업들에게 권력이 집중될 수 있어서, 소수의 승자가 엄청난 수수료를 부과하거나 사용자와 개발자가 다른 공급업체로 전환하기 어렵게 된다.

[그림 1] 웹3.0 블록체인과 AI의 융합 및 시너지

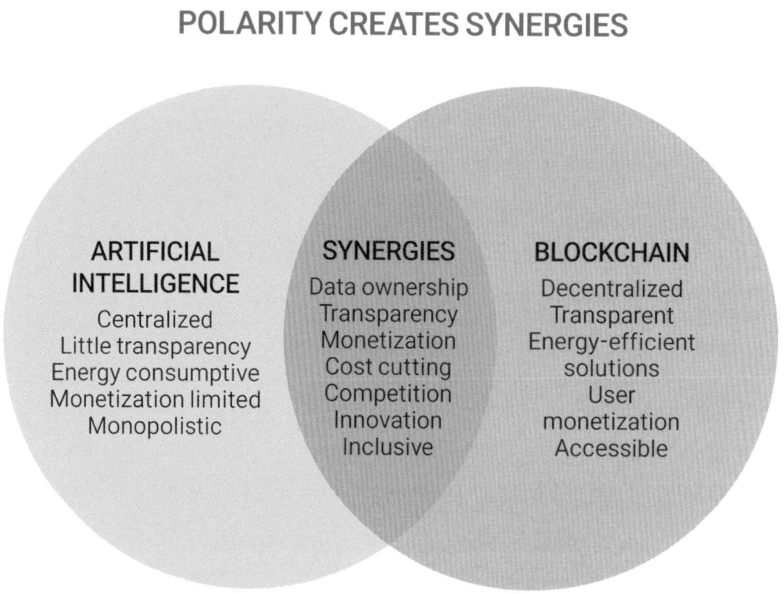

POLARITY CREATES SYNERGIES

ARTIFICIAL INTELLIGENCE
Centralized
Little transparency
Energy consumptive
Monetization limited
Monopolistic

SYNERGIES
Data ownership
Transparency
Monetization
Cost cutting
Competition
Innovation
Inclusive

BLOCKCHAIN
Decentralized
Transparent
Energy-efficient
solutions
User
monetization
Accessible

출처: De UETH, 2024.1.24.

또한, 기계학습(Machine Learning; ML) 모델에 대한 수요 증가, 모델의 복잡성과 계산 요구 사항으로 인해 그래픽 처리 장치(Graphic Processing Unit; GPU) 부족 현상도 발생하고 있다. AI 모델 훈련 비용이 상당한데, 일상적인 사용자 요청(Query; 쿼리)을 처리하는 비용은 이보다 훨씬 높다. 2024년 2월, 오픈AI(OpenAI)의 GPT-3 트레이닝에 1,000개의 엔비디아 V100 GPU가 필요하였고, 이는 약 1,200만 달러에 달하며, 모델 추론에 대한 OpenAI의 일일 예상 지출은 약 70만 달러였다. 또한, GPT-3.5는 사용자 인터페이스당 8개의 엔비디아 A100을 사용하며, GPT-4는 인터페이스당 최대 80개의 엔비디아 A100이 필요할 것으로 추측되었다.

정리하면, 웹3.0 기술 중 하나인 블록체인이 AI 인프라의 탈중앙화를 촉진하고 빅테크의 독점에 대한 대안을 제시할 수 있다. 즉, 웹3.0 AI 기업은 암호화폐 토큰을 통해 플랫폼 인센티브를 사용자와 조정하고, 이를 통해 개발자는 모델을 훈련하는 데 드는 비용을 절감하게 되고, 컴퓨팅 공급자는 유휴 컴퓨팅 리소스로 수익을 창출할 수 있다. 이는 더욱 고조되고 있는 GPU의 부족 현상을 고려할 때 특히 유용할 것으로 기대된다. GPU를 임대해주는 탈중앙화 GPU는 탈중앙화 물리 인프라 네트워크(Decentralized Physical Infrastructure Network; DePIN; 디핀)의 일종으로, 사용되지 않는 컴퓨팅 연산 능력을 블록체인상에 올리고 이를 컴퓨팅 파워가 필요한 개발자나 스타트업 등에게 대여해주는 프로젝트를 말한다. 결론적으로, 데이터 소유권 및 투명성 강화, 중개자를 거치지 않는 데이터 수익화 촉진, AI의 에너지 소비 최적화 등의 시너지를 통해 웹3.0 AI는 생산성의 향상을 가져다 줄 것이다.

웹3.0 인공지능의 지능화 특성

앞서 논의했듯이, 블록체인과 AI를 상호 보완적 기술로 인식하면 먼저 AI의 웹3.0 채택은 더욱 가속화될 것이다. 한편, 1장에서 언급한 웹3.0을 구성하는 구현 특성 중 하나인 '지능화 서비스'가 웹3.0에도 AI를 활용하게 되는 배경이 된다. 인터넷에서 말하는 지능화라면 컴퓨터가 웹 페이지에 담긴 내용을 이해하고 인터넷 이용자에게 맞춤형 서비스를 제공하는 지능화 웹을 우선 떠올리게 된다. 예컨대, 개인 AI 비서를 통해 음성만으로 대략 여행 일정과 선호만 말해주면, 그동안 맞춤 학습된 이용자의 성향과 맥락을 기반으로 하여 세부 일정과 예약을 진행하는 것이 가능하게 된다.

따라서 지능화 서비스는 곧 사용자에게 맞춤화된 개인화된 서비스를 의미한다.

웹3.0 AI는 탈중앙화 인프라 레이어와 분산형의 DApp 모두에서 지능화 서비스를 제공할 수 있다. 먼저 **탈중앙화 인프라에서 AI가 활용되는 분야는** 크게 세 가지이다. 첫 번째는 **지능화된 스마트계약**이다. AI 기반 스마트계약은 정적인 규칙뿐 아니라 실시간의 온체인 데이터를 기반으로 의사결정을 내릴 수 있어서, 스마트계약이 더 정확하고 효율적인 의사결정을 내리는 데 도움을 준다. 즉, AI가 동적인 온체인 데이터를 기반으로 의사결정을 내릴 수 있는 지능화된 스마트계약을 생성하여 인프라 요소를 개선할 수 있다. 두 번째는 **지능화된 합의 프로토콜**이다. 분산 AI 학습 기반의 합의 알고리즘이 블록체인의 확장성을 결정한다. 마지막은 **보안**이다. AI 기반 탐지 시스템의 도입으로 웹3.0 보안을 개선할 수 있다. 즉 AI 기반 웹3.0 보안 솔루션이 사이버 공격을 탐지하고 블록체인 프로젝트의 보안을 향상시킬 수 있다.

분산형의 DApp 레이어에서도 블록체인 데이터를 분석하고 패턴을 식별하며 작업과 의사결정을 자동화하기 위해 온체인에서 AI를 활용할 수 있다. AI는 이용자 행태와 선호도를 분석해 더욱 개인화된 서비스를 제공할 수 있다. 예컨대, AI챗봇은 이용자가 어려워하는 웹3.0 전문 용어를 쉽게 풀어서 알려주고, 온체인 데이터 분석을 기반으로 이용자에게 맞춤화된 서비스를 추천하는 등의 고객 서비스 지원을 제공할 수 있어서 웹3.0 이용자의 재참여를 유도하고 신규 이용자를 대거 확보하는 데 도움이 된다.

AI는 앞서 논의한 탈중앙화 금융인 **DeFi**를 비롯해 뒤에서 논의할 웹3.0 메타버스 기반의 웹3.0 메타버스 게임, 웹3.0 소셜미디어, 대체불가토큰(NFT) 등의 DApp분야에서 가치를 창출하는 데 도움을 줄 것이다. 먼저 DeFi에서 생성되는 방대한 양의 데이터는 AI 모델을 훈련하고 개발하는 데 직접 사용될 수 있어서 DeFi의 미래를 바꿀 잠재력을 가지고 있다. 예로, 대출자의 위험 프로필을 평가하기 위해 AI 알고리즘 활용이 가능하다. AI 알고리즘은 과거 대출 정보를 분석해 신용 점수 등급을 생성하고 대출 승인, 이자율, 담보 요건과 관련해 더 많은 정보에 기반한 결정을 내릴 수 있다. 예컨대, 분산된 신용점수를 통해 공평한 신용평가시스템을 구축하려는 스타트업인 스펙트럴(Spectral)의 온체인 신용 점수인 매크로 점수는 지갑의 온체인 데이터에서 생성되며, DeFi 대출을 위한 정교하고 지속적으로 발전하는 기계학습(ML) 모델을 나타낸다.

DeFi의 사기 행위에 대한 실시간 모니터링에서도 AI가 활용될 수 있다. AI 알고리즘은 사기 행위 패턴과 비정상적인 거래 행동, 고위험 거래, 의심스러운 주소와 같은 잠재적 위험 신호를 식별할 수 있다. 바이낸스 등 일부 중앙화 거래소도 이미 거래 모니터링에 AI를 사용하고 있다. AI 기반 트레이딩 봇을 활용하면 트레이더는 트레이딩 결정을 최적화하고 시장 동향을 파악할 수 있다. 예컨대, 트레이더의 트레이딩 전략 자동화를 돕는 암호화폐 트레이딩 봇 플랫폼을 운영하는 쓰리코마스(3Commas)가 있다.

AI 기반 예측 분석을 활용할 수도 있다. 예로, 블록체인 기반 헤지 펀드가 AI와 크라우드소싱된 주식 시장 예측을 활용할 수 있다. 예컨대, 플랫폼의 투자 접근 방식을 최적화하는 뉴머라이(Numerai)이다. 이는 암호화된 금융 데이터 세트를 5.5만 명의 데이터 과학자들로 구성된 글로벌 네트워크에 배포하는 플랫폼 역할을 한다. 데이터 과학자들은 ML을 활용해 주식 시장 거래 신호에 대한 예측 모델을 개발한다. 데이터 과학자들은 뉴머라이가 제공하는 데이터 세트에서 우수한 성과를 내는 모델을 구축하여 토큰을 얻거나 주식 예측이 저조할 경우 토큰을 잃을 수도 있게 된다.

DeFi에서는 이 외에도 온체인 자산 배분과 포트폴리오 성과 최적화를 위한 AI 기반 포트폴리오 관리 및 자동화된 자산 리밸런싱이 가능하다. 예컨대, 플루드AI(FluidAI)는 암호자산 시장의 파편화된 유동성 문제를 해결하기 위해 AI 기반 유동성 애그리게이터(Aggregator)방식의 플랫폼을 운영한다. AI 에이전트가 규칙과 전략에 따라 이용자를 대신하여 결제를 수행할 수 있는 AI 지원 결제 플랫폼도 있다. 예컨대, 페치닷에이아이(Fetch.Ai)는 이용자를 대신하여 결제할 수 있는 AI 에이전트를 생성할 수 있는 서비스를 제공한다.

웹3.0 메타버스 게임의 AI 활용을 보면, 플레이어가 조정할 수 없는 캐릭터(Non-Player Character; NPC)에서의 AI 활용이 가장 대표적이다. 생성형 AI가 플레이어를 위한 인터랙티브 스토리를 개인화할 수 있다. 예로 인월드 AI(Inworld AI)에는 AI NPC를 위한 캐릭터 엔진이 있다. 예컨대, 생성형 AI가 애완동물과 아이템 돌보기에 수백만 달러를 소비하게 하는 웹킨즈(WebKinz)와 네오펫츠(NeoPets) 같은 게임들을 더욱 몰입감 있게 만든다.

또한, 새롭게 생성된 환경에서도 AI 활용이 요긴하다. 예컨대, 이용자의 과거 스토리라인과 게임 이용자 간 상호작용을 기반으로 대화형 AI 에이전트가 있는 가상세계를 생성한 퓨처버스(Futureverse)는 메타버스와 AI의 통합을 통해 게임 이용자들에게 혁신적 경험을 제공한다. 그 외에도 온체인 게임에서도 AI가 활용된다. 인간과 AI의 협동 게임과 혁신적인 온체인 게임이 등장할 수 있는데, 중개자에 대한 신뢰를 필요로 하지 않는 "무신뢰의(trustless)" AI 모델이 비(非) 플레이어 캐릭터 역할을 할 수 있다.

웹3.0 소셜미디어에서도 콘텐츠 추천 및 타겟 광고 등에 AI가 활용될수 있다. AI는 웹3.0 소셜네트워크가 사용자에게 보다 개인화된 콘텐츠를 제공하고 관련성 높은 상품을 추천할 수 있도록 지원할 수 있다. 한 예로 플레랩스(PLAI Labs)는 AI와 웹3.0를 활용해 차세대 소셜 플랫폼을 구축하게 된다.

나지막으로 AI는 이용자의 **NFT** 지갑의 거래 내역을 분석해 구매 패턴을 파악한 후 이용자가 원하는 디지털자산을 추천할 수도 있고, 이용자의 온체인 패턴과 시장 활동을 조사해 NFT를 구매할 최적의 시간을 예측할수도 있다.

지능화의 시작, 컴퓨팅 네트워크

웹3.0 인공지능이 갖는 지능화 특성으로 인해 탈중앙화된 컴퓨팅 네트워크가 발전하게 된다. 탈중앙화 컴퓨팅 네트워크는 마치 웹2.0 시대의 기존 AI를 위한 중앙화 저장소인 허깅 페이스(Hugging Face: 자연어 처리, 이미지 생성모델, 컴퓨터 비전 등 다양한 도구와 라이브러리를 제공하는 곳) 같은 AI 모델 저장소 역할을 하는 동시에 데이터 프라이버시와 보안, 참여자에 대한 인센티브 메커니즘 같은 장점을 함께 제공할 수 있어서 탈중앙화 AI 마켓플레이스라고도 불리기 시작했다. 최고 성능의 GPU(A100 및 H100)를 소싱하는 것이 어려울 수 있는데, 탈중앙화 GPU 네트워크는 더 쉽게 접근할 수 있는 소비자 급의 가속처리장치(Accelerated Processing Unit; APU)들을 모아 ML 개발자들을 위한 귀중한 리소스 풀을 만들 수 있게 한다.

탈중앙화 컴퓨팅 네트워크는 탈중앙화 클라우드처럼 운영되는 범용 컴퓨팅 네트워크와 모델 훈련과 미세 조정, 모델 추론 등의 특수 목적용 컴퓨팅 네트워크로 대별된다. 먼저 **범용 컴퓨팅 네트워크**의 예로, 2015년 샌프란시스코에서 설립된 **아카시 네트워크(Akash Network)**는 사용자로 하여금 컴퓨팅 리소스를 안전하고 효율적으로 구매하고 판매할 수 있게 하는 오픈 소스 슈퍼 클라우드이다. 이를 통해 사용자는 클라우드 인프라를 소유하고, 애플리케이션을 배포하며, 사용하지 않는 클라우드 리소스를 임대할 수 있다. 아카시 네트워크는 탈중앙화 공공 유틸리티로 운영되며, 다른 클라우드 시스템보다 최대 85% 저렴한 가격을 제공하는 '역경매' 시스템을 활용한다. 또한, 아카시 네트워크는 커뮤니티에 의해 소유 및 관리되며, 쿠버네티스(Kubernetes: 컨테이너화된 워크로드와 서비스를 관리하기 위한 이식성이 있고, 확장 가능한 오픈소스 플랫폼)나 코스모스(Cosmos: 상호운용성과 확장가능성을 개선한 네트워크 프레임워크) 같은 신뢰할 수 있는 기술을 기반으로 구축된다. 2023년까지 확보한 투자 금액만 300만 달러이다.

한편, 특정 사용 사례에 맞게 조정되어 네트워크의 UX와 성능을 더 쉽게 최적화할 수 있는 **특수 목적용 컴퓨팅 네트워크**들이 있다. 첫 번째 예로, 누구나 집단 모델 트레이닝을 위해 남는 GPU 용량으로 수익을 창출하게 하는 **젠신(Gensyn)**이 있다. 2020년 런던과 텔아비브에서 설립된 젠신은 탈중앙화된 ML 컴퓨팅 프로토콜로서 네트워크에 컴퓨팅 시간을 제공하고 ML 작업을 수행하는 유휴 컴퓨팅 용량 제공자에게 보상을 제공하며, 개발자는 소규모 데이터 센터, 개인용 게임 컴퓨터 및 기타 연결된 하드웨어에서 AI 시스템을 구축하고 온디맨드 방식으로 비용을 지불한다. 젠신은 중개자 없이도 사용자가 프로토콜을 통해 공유된 ML 작업이 올바르게 완료되었는지 확인할 수 있는 암호화 검증 네트워크를 사용하며, 2023년 말까지 5,200만 달러의 투자금을 유치 받았다.

또 다른 특수목적용 컴퓨팅 네트워크로, 캘리포니아주 스탠퍼드 소재의 **모듈러스랩스(Modulus Labs)**가 있다. 모듈러스랩스는 영지식 증명(ZKP)을 통해 신뢰가 필요 없는 AI를 구축하여 암호화폐 프로토콜에 더 저렴하고 더 쉽게 접근할 수 있는 기술을 만들고 있는데, 이 스타트업이 시스템은 1센트 미만의 비용으로 블록체인 보안과 통합된 저렴한 AI를 제공하며, 고객으로는 월드코인(World Coin: 신원 인증과 금융 프레임워크를 결합한 글로벌 네트워크를 구축하는 것을 목표로 하고 있는 블록체인기반 생체인식 솔루션)이 있다.

또한, 2022년 스위스에서 설립된 **기자(Giza)**도 스마트계약 및 웹3.0 프로토콜을 위한 AI 플랫폼으로서 집단적이고 개방적인 개발을 통해 웹3.0 스마트계약 및 프로토콜을 위한 ML 기능을 구현하고, 영지식 암호화를 사용하여 모델 추론 기능을 온체인에 도입하고 있다. 이는 2023년까지 3백만 달러를 유치 받았다. 그 외에도 2022년 샌프란시스코에서 설립된 **체인 ML**은 웹3.0을 위한 ML 및 복잡한 데이터 기반 연산을 위한 확장 가능하고 검열에 강한 프로토콜을 구축하고 있다. 체인 ML은 스마트계약, DApp 지갑에서 AI 및 ML 모델의 사용을 간소화하는 프로덕트를 만들 계획을 가지고 2023년까지 400만 달러를 투자 유치받았다.

결론적으로, 탈중앙화 컴퓨팅 네트워크는 모든 사람에게 접근 가능하고 비용 효율적인 대안과 컴퓨팅의 자유를 제공하게 된다. 특히 추론 기능에 중점을 둔 특수 목적 컴퓨팅 네트워크가 급증하고 있는 추세이다. 2024년 초 기준으로 아마존과 엔비디아의 추정에 따르면, 추론 작업이 AI 컴퓨팅 수요의 80% 이상을 차지한다. 추론 작업과 미세 조정은 컴퓨팅 및 대역폭 요구량이 적어 탈중앙화 네트워크에서 단기적으로 실현 가능해 보인다. 물론, 범용 컴퓨팅 네트워크가 더 많은 기능을 제공하지만, 특수 목적 컴퓨팅 네트워크는 특정 사용 사례에 맞게 네트워크의 UX와 성능을 더 쉽게 최적화할 수 있기 때문에 단기간에 더 빠르게 채택될 것이라는 전망이다.

컴퓨팅 네트워크 비즈니스 확장

블록체인과 AI에 대한 공동 연구가 증가하고 새로운 분야의 개발자 활동이 활발해지면서 탈중앙화 네트워크 및 스토리지 비즈니스가 기반이 되어 타 산업 영역으로 확장하고 있다. 아래 [그림 2]에서 보듯이, **인프라(Infrastructure)** 분야는 스마트계약(Smart contract), 합의(Consensus) 프로토콜, 보안(Security), 탈중앙화 컴퓨팅 네트워크, 탈중앙화 스토리지 네트워크 등이며, **버티컬(Verticals)** 분야는 타 산업으로의 비즈니스 확장 트렌드를 보여주고 있다.

[그림 2] 웹3.0 인공지능 비즈니스 지형도

출처: 옥스플레이어, 2024.2.6.

탈중앙화 컴퓨팅 네트워크와 함께 발전하는 탈중앙화 스토리지 인프라에 대해서는 13장 인프라 비즈니스에서 따로 설명할 것이기 때문에, 여기서는 탈중앙화 컴퓨팅 네트워크만을 지능화의 시작으로 설명하였다. 생성형 AI가 등장하기 전에는 AI가 데이터를 필요로 하였고, 블록체인은 데이터 저장과 추적에 적합했기 때문에, 둘 사이의 이러한 시너지만을 기대하는 수준에만 머물러 있었다. 하지만, 챗GPT(Chat GPT) 등장 이후부터 AI 기술이 더욱 주목 받게 되었고 다양한 분야에 활용되기 시작했다. 이와 함께 블록체인 확장 솔루션이나 앞서 언급한 영지식 증명(ZKP), 완전 동형암호화(Fully Homomorphic Encryption; FHE), 다자간 계산(Multi-Party Computation; MPC) 등의 형태로 블록체인 기술도 같이 발전하면서 블록체인 기반의 웹3.0에 AI를 활용하려는 다양한 시도가 이어지게 된다.

한편, 위의 [그림 2]의 지형도에서 보이는 **버티컬** 영역에서는 게임/메타버스/NFT 분야로의 확장 중심으로만 간단히 살펴보자. 아래 **[표 1]**은 **AI 가 블록체인 기반 웹3.0 게임과 메타버스에 미치는 잠재적 영향** 영역을 크게 **게임 스튜디오와 메타버스, NFT 아트 및 기타 NFT 수집품 창작자, NFT 마켓플레이스와 NFT 금융**, 그리고 **소셜미디어와 컨슈머 앱 및 광고** 등 네 개로 구분하여 보여주고 있다.

[표 1]에서 맨 위에 보여주고 있는 **게임 스튜디오와 메타버스(Game studio and metaverse)** 분야에서는 새로운 수익원으로 게임 출시, AI 통합 제품 또는 서비스에 대한 프리미엄, AI 통합으로 가치 제안과 제품 고착화가 증가함에 따른 잠재적 가격 인상 등이 주목된다. AI 기반 기술을 사용하면 라이브 커뮤니티 관리와 플레이어 지원을 크게 개선할 수 있다. AI는 인기 타이틀의 수명을 연장할 수 있는 강력한 개발자 도구를 제공하며, 게임과 메타버스 내에서 가상 경제를 관리할 수 있는 강력한 개발자 툴을 제공하여 대규모 데이터 과학자 및 엔지니어 팀이 필요하지 않게 된다.

[표 1] AI가 웹3.0 게임과 메타버스에 미치는 잠재적 영향

Categories	Impact of AI on Revenue Growth		Impact of AI on Expenses
Gaming studios, metaverses	• New revenue sources include game releases, premiums for AI-integrated products or services, and potential price increases as the value proposition and product stickiness grow with the integration of AI. • AI wi l give powerful developer tools to extend the lives of popular titles.	-(15-30%)	• Live community management and player support can be significantly improved by using AI-based techniques. • AI will give powerful developer tools to manage virtual economies within games and metaverses eliminating the need for large teams of data scientists and engineers.
Creators of NFT art and other NFT collectibles	• AI-generated artworks have gained substantial value in the NFT market. As the NFT ecosystem evolves, AI-generated art continues to contribute to the diversity and value of digital collectibles. The NFT aspect of AI-generated artworks offers a means of authentication through blockchain.	-(5-10%)	• AI has the potential to disrupt traditional art creation processes by automating certain steps of artistic production; however, compared to other subsectors, we see few cost optimization opportunities in art NFT creation.
NFT market places and NFT finance	• Personalized recommendations and content curation streamline user interactions with NFTs, increase user retention, and AI-driven security measures create a safe environment for transactions. Price premiums are possible for AI-integrated services, like AI-based NFT valuation and NFT price prediction.	-(30-50%)	• Optimization of operating expenses, smaller customer support and software engineering teams, use of AI fraud prevention technologies, enhanced risk management using predictive analytics.
Social media, consumer apps, and advertising	• AI tools will enable a number of use cases in social media, including ad management, brand awareness campaigns, text and visual content creation, social media monitoring, influencer research, personalized recommendations, and more.	-(10-20%)	• Optimization of operating expenses, including marketing expenses, smaller customer support, and software engineering teams, and enhanced risk management using predictive analytics.

출처: TenSquared Research, 2024. 2.

[표 1]에서 두 번째로 보여주는 **NFT 아트 및 기타 NFT 수집품창작자(Creators of NFT art and other NFT collectibles)** 분야에서는 AI가 생성한 예술 작품이 NFT 시장에서 상당한 가치를 인정받고 있으며, NFT 생태계가 발전함에 따라 AI가 생성한 예술품은 디지털 수집품의 다양성과 가치에 지속적으로 기여하고 있다. AI가 생성한 예술 작품의 NFT는 블록체인을 통한 인증 수단을 제공하며, 예술 작품 제작의 특정 단계를 자동화함으로써 전통적인 예술 창작 프로세스를 혁신할 수 있는 잠재력을 가지고 있다. 하지만, 타 분야에 비해 예술 NFT 제작에 있어서는 비용 최적화 기회는 거의 없어 보인다.

[표 1]에서 세 번째로 보여주는 **NFT 마켓플레이스와 NFT 금융(NFT marketplaces and NFT finance)** 분야에서는 개인화된 추천과 콘텐츠 큐레이션이 사용자와 NFT의 상호작용을 간소화하고 사용자 유지율을 높이며, AI 기반 보안 조치는 안전한 거래 환경을 조성한다. 또한, AI 기반 NFT 가치 평가 및 NFT 가격 예측 같은 AI 통합 서비스에는 가격 프리미엄을 적용할 수 있다. 운영 비용 최적화, 고객 지원 및 소프트웨어 엔지니어링 팀 축소, AI 사기 방지 기술 사용, 예측 분석을 통한 리스크 관리 강화가 가능하다.

[표 1]에서 마지막으로 제시된 **소셜미디어, 컨슈머 앱, 광고(Social media, consumer apps, and advertising)** 분야에서는 AI 툴이 광고 관리, 브랜드 인지도 캠페인, 텍스트 및 시각적 콘텐츠 제작, 소셜 모니터링, 인플루언서 조사, 맞춤형 추천 등 소셜미디어에서의 다양한 사용 사례를 가능하게 한다. 마케팅 비용, 고객 지원 및 소프트웨어 엔지니어링 팀 축소, 예측 분석을 통한 리스크 관리 강화 등 운영 비용 최적화가 가능하다.

[그림 2]와 [표 1]을 종합해 보면, AI는 특히 웹3.0 메타버스 게임 비즈니스의 발전과 확장을 위해 반드시 활용되어야 하는 중요한 기술 요소라고 판

단된다. 앞서 언급한 인월드AI가 대표적인데, 인월드 NPC는 복잡하고 실제와 같은 행동을 보여 주어 플레이어의 참여도와 몰입도를 높이고 있다. 게임 업계에서 AI를 가장 적극적으로 활용할 것으로 보이는 곳이 NPC 영역임을 알게 된다. NPC는 '조종할 수 없는 캐릭터(Non-Player Character)'를 뜻하는 게임 용어로, 기존에는 기껏해야 '안내자' 역할 정도로만 이해되었다. 즉, 게임 내의 이용자가 넓은 가상의 세계 곳곳을 자유롭게 돌아다니면서 탐험하는 '오픈월드' 형식 게임에서 NPC들은 때론 상인으로, 때론 의사로, 또 때론 행인으로 등장하면서 이용자가 꼭 알아야 하는 정보를 알려주는 역할만을 해왔던 것이다.

하지만, 게임이 발달하면서 오픈월드 게임 속 세상이 점차 넓어지고, 이용자가 갈 수 있는 곳과 할 수 있는 행동 제약이 거의 사라지는 상황에서 NPC는 정해진 행동과 말만 앵무새처럼 반복한다는 한계점을 드러내기 시작한다. 즉, 반복적이고 기계적인 답변만 하는 NPC를 바라보는 이용자 입장에서는 '게임은 게임일 뿐'이라는 생각을 하게 만든 것이다. 이런 한계를 극복하게 한 것이 생성형 AI이다. 챗GPT가 웬만한 질문에 답변하는 것처럼 NPC에 이 기술을 활용하면 마치 진짜 인간과 대화하는 것 같은 상황을 연출할 수 있기 때문이다.

한편, [그림 2]로 다시 가보면, 특이하게도 인프라영역이 아닌, **버티컬** 영역에 속해 있는 **탈중앙화 물리 인프라(DePIN)**가 있는데, 앞에서 탈중앙화 GPU를 DePIN프로젝트의 일종이라고 잠시 언급한 바 있다. 웹3.0 미디어 및 연구 회사로서 웹3.0 관련 보고서를 발간하는 메사리(Messari)에 의해 도입된 DePIN은 2023년 하반기부터 주목받기 시작한다. 2024년 말 기준 약 296개의 활성 DePIN 프로젝트가 있다. '플러그 앤 플레이(Plug and play)' 시스템을 활용하는 DePIN은 IoT 장치 및 탈중앙화 GPU 그리드와 같은 독립 인프라의 상호 연결을 촉진한다. 법적 불확실성과 블록체인 기술의 도전에 직면해 있음에도 불구하고, 중개인을 제거하고 균형 잡힌 네트워크를 생성하려는 DePIN은 자원 관리 및 유틸리티를 탈중앙화 세계에서 재정의할 수 있을 것으로 기대되고 있다.

[그림 2]를 보면, 인프라 영역에 있는 아카시(Akash)나 젠신(Gensyn) 등의 탈중앙화 컴퓨팅 네트워크는 앞에서 설명했듯이, 블록체인 기술을 활용해 실제 세계의 물리적 인프라의 통제와 소유를 탈중앙화하는 네트워크이다. 반면, 버티컬 영역에 있는 DePIN 프로젝트는 개인이 물리적 자원을 제공하고 네트워크 통제권을 소유하는 피어투피어(P2P) 네트워크를 구축하는 것으로, 사용자에게 탈중앙화와 암호화폐 인센티브를 제공하고 결정 권한을 부여해 커뮤니티 참여를 유도한다. 예컨대, 솔라나 기반의 **하이브매퍼 (Hivemapper)**는 드라이브투언(Drive To Earn) 프로젝트이다. 전 세계 운전자들이 대시캠을 자동차에 장착하고 달리면서 탈중앙화 세계 지도를 만들어가며, 사용자들은 매주 도로 사진을 업로드하고 기여도에 따라 하이브매퍼 코인($HONEY)을 보상으로 받는다. 이렇게 업데이트한 지도는 판매는 물론, 자율 학습 주행에도 쓰인다. 하이브매퍼는 글로벌 벤처캐피탈인 멀티코인캐피탈 등으로부터 2022년 1,800만 달러(약 245억 원)를 투자받았다. 또 다른 예로 **실렌시오(Silencio)**는 스마트폰으로 소음 공해를 기록하고 토큰 보상을 받는 DePIN 프로젝트이다. 앞으로 DePIN 프로젝트들은 탈중앙화 금융, 데이터 저장, 통신, 교통, 의료 등 다양한 분야로 확장될 것으로 기대된다.

참고문헌

데일리뉴스, "챗GTP 기술을 활용한 'DAO-웹3.0-메타버스'융합," https://www.idailynews.co.kr/news/articleView.html?idxno=100285, 2023.8.9.

디지털투데이, "AI 기술이 웹3 혁신 이끌 것," https://www.digitaltoday.co.kr/news/articleView.html?idxno=475991, 2023.5.10.

디핀스캔, "탈중앙화 물리적 인프라 네트워크(DePIN)의 부상과 미래," https://depinscan.io/ko/news/2024-12-10/the-rise-and-future-of-decentralized-physical-infrastructure-networks-depin, 2024.12.10.

미디엄, '디핀이란 무엇인가요?" https://medium.com/@IoTeX_korea/depin-%EB%B6%84%EC%82%B0%ED%98%95-%EB%AC%BC%EB%A6%AC%EC%A0%81-%EC%9D%B8%ED%94%84%EB%9D%BC-%EB%84%A4%ED%8A%B8%EC%9B%8C%ED%81%AC-%EC%9D%B4%EB%9E%80-%EB%AC%B4%EC%97%87%EC%9E%85%EB%8B%88%EA%B9%8C-426159a5d1bf, 2023.8.28.

미디엄, "퓨처버스, 코리아 블록체인 위크 2024: 리뷰," https://medium.com/futureverse-korea/%ED%93%A8%EC%B2%98%EB%B2%84%EC%8A%A4-%EC%BD%94%EB%A6%AC%EC%95%84-%EB%B8%94%EB%A1%9D%EC%B2%B4%EC%9D%B8-%EC%9C%84%ED%81%AC-2024-%EB%A6%AC%EB%B7%B0-f5450a60c084, 2024.9.14.

법무법인 세종, "유럽연합 인공지능법안," 2023.10.17.

보안뉴스, "바이든 행정부, 인공지능 개발과 활용에 관한 행정명령 발표," https://m.boannews.com/html/detail.html?idx=123234, 2023.10.31.

블록미디어, "디앱을 잇는 새로운 테마 디핀(DePin)은 무엇인가?" https://www.blockmedia.co.kr/archives/595351, 2024.7.5.

블록미디어, "DePIN, 전통 인프라 모델에 도전 … 탈중앙화 인프라의 가능성과 해결책,"https://www.blockmedia.co.kr/archives/790381, 2024.11.24.

비티씨씨(BTCC), "디핀이란 무엇인가요?" https://www.btcc.com/ko-KR/academy/crypto-basics/what-is-dipine-decentralized-physical-infrastructure-networkdescription-bjx, 2024. 8. 12.

송민정, *빅데이터가 만드는 비즈니스 미래지도*, 한스미디어, 2012.

옥스플레이어, "[번역] Web3와 AI: Web3+AI 현황 총정리,"https://www.0xplayer.com/web3-and-ai/, 2024. 2. 6.

조선일보, "게임에 들어온 AI '대혁명'…이 캐릭터, 진짜 사람인 줄," https://www.chosun.com/economy/weeklybiz/2024/07/04/LB2UIA2PBVDOPDJ2QJIBXIUJKM/, 2024. 7. 4.

중앙일보, "유럽의회, 세계 첫 'AI법'통과…AI로 생체 정보 수집 금지," https://www.joongang.co.kr/article/25235203#home, 2024. 3. 14.

한국경제, "탈중앙화 물리 인프라 '디핀'을 위한 레이어1, 피크 [황두현의 웹3+]," https://www.hankyung.com/article/202410033051g, 2024. 10. 4.

한국경제, "EMC, AI와 탈중앙화 GPU를 위한 레이어1으로 주목," https://www.hankyung.com/article/2024120690500, 2024. 12. 6.

한국정보통신기술협회(TTA) (박정렬, 최새솔 글), "Web3.0의 정의와 주요 기술요소," 2022. 5.

De UETH (De University of Ethereum) Blog, "When Giants Collide: Exploring the Convergence of Crypto x AI," https://blog.ueth.org/p/when-giants-collide-exploring-the, 2024. 1. 24.

European Parliament, "AI Act: a step closer to the first rules on AI," Press Releases, https://www.europarl.europa.eu/news/en/press-room/20230505IPR84904/ai-act-a-step-closer-to-the-first-rules-on-artificial-intelligence, 2023. 5. 11.

Tensquared, "Web3 and Artificial Intelligence: The State of Play," https://tensquared.com/research/research-24-02-web3-plus-ai.html?ref=0xplayer.com, 2024. 2.

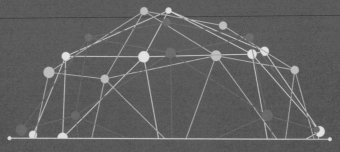
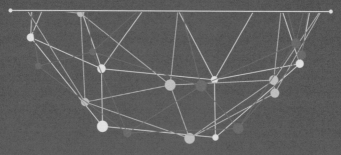

WEB3.0 MEDIA BUSINESS

웹3.0 메타버스
비즈니스 기회

웹3.0 메타버스 비즈니스 기회

이용자 경험의 향상, 웹3.0 메타버스

메타버스(Metaverse)는 초월을 의미하는 '메타(Meta)'와 우주를 의미하는 '유니버스(Universe)'의 합성어로, 1992년 소설가인 닐 스티븐슨(Neal Stephenson)의 소설 "스노우 크래쉬(Snow Crash)"에서 '프로그래밍 된 아바타로 상호작용하는 3D 가상세계'를 메타버스라고 언급하면서 알려지기 시작했다. 이러한 개념에 디지털 가상공간의 사회적 네트워킹과 경제 활동 개념이 더해지기 시작한다.

2007년 미국 가속연구재단(Acceleration Studies Foundation; ASF)은 메타버스를 현실세계의 반대로만 보는 이분법적 사고에서 벗어나 현실과 융합되어 상호작용한 현실과 동등한 개념으로 이해하기 시작한다. 그 이유는 가상 환경을 이용해도 사물이나 기기, 행위자, 인터페이스, 네트워크 등 현실세계의 다양한 요소들이 필수적으로 수반되기 때문이다. ASF는 메타버스의 유형을 기술과 이용자 간 관계, 기술과 현실 간 관계에 따라 구분하며 아래

[그림 1]과 같이 제시한다. 수평축에서 내재적(Intimate) 기술은 아바타, 온라인 프로필, 직접 등장 등의 방법으로 이용자 정체성과 행위성 발현에 초점을 두고, 외적(External) 기술은 이용자의 바깥 세계 정보와 통제력을 제공한다. 수직축에서 증강(Augmentation)은 이용자가 인식하는 물리적 환경 위로 새로운 제어 및 정보 시스템 레이어(Layer)를 쌓아 올리는 기술이고, 시뮬레이션(Simulation)은 이용자 및 개체 간 상호작용을 위한 장소로 현신을 모방한 가상 세계를 제공하는 기술이다.

[그림 1] 메타버스 유형 도식화

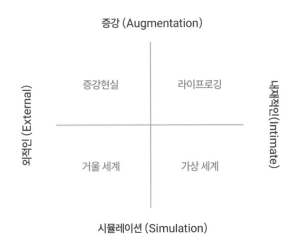

출처: 이코노미뉴스, 2021.5.1.; 송민정, 2022. 재인용.

메타버스는 이처럼 증강현실, 라이프로깅, 거울세계, 가상세계로 분류되어 이해될 수 있다. **증강현실(AR)**은 이용자가 일상에서 인식하는 물리적 환경에 가상의 사물 및 인터페이스 등을 겹쳐 놓아 생성되는 혼합 현실로, 게임 콘텐츠인 포켓몬고(PokémonGO)가 대표적이다. **라이프로깅(Life logging)**은 생활하면서 보고, 듣고, 말하고, 생각하고, 느끼는 모든 정보를 자동 기록해 장소와 시간에 상관없이 기기와 연결해 데이터를 저장하고 전송하게 하는 서비스로, 이용자는 일상을 가상공간에 투영하고, 가상공간을 통해 자신을 보여주고 다른 이용자들의 반응을 통해 소통한다. 트위터와 페이스북, 카카오톡 등의 SNS(Social Network Service)가 라이프로깅의 대표적 서비스이다.

거울 세계(Mirror world)는 물리적 세계를 가능한 사실적으로 재현하되 추가 정보를 더한 향상된(enhanced) 가상의 공간으로, 위성 이미지를 3D로 재현해 실제 공간 정보를 제공하는 구글 어스와 네이버지도가 대표적이다. **가상 세계(Virtual world)**는 현실 세계를 확장해 유사하거나 대안을 구축한 것으로 현실에는 존재하지 않으며, 현실 세계에서 엄청난 비용이 소요되는 활동을 지출 가능한 수준으로 추진할 수 있게 해주어 비용 효율적이고 생산적 협업 도구가 될 수 있다. 2003년 린든랩(Linden Lab)이 출시한 온라인 가상 세계 서비스인 세컨드라이프가 등장한 이후에 조용하다가, 에픽 게임즈(Epic Games)가 2017년에 출시한 3인칭 슈팅 게임인 포트나이트(Fortnite)가 주목을 받으면서 가상 세계가 다시 부상하기 시작한다.

한편, 2018년 영화 "레디 플레이어 원(Ready Player One)"에 등장한 '오아시스(Oasis)'는 플레이어의 아바타가 여러 공간으로 자유롭게 이동 가능한 가상공간으로 표현되기도 했다. 2024년 위키피디아(Wikipedia)의 정의에서도 메타버스는 현실 세계 같은 사회적, 경제적 활동이 통용되는 3차원 가상 공간으로서 특히 웹3.0의 영향을 받고 있음이 제시된다. 웹3.0과 메타버스가 함께 언급된 이유는 개방적이고 투명하며 사용자 중심 철학을 공유하고 있기 때문이다. 웹3.0은 사용자에게 투명성을 제공하는 동시에 개인의 소유권과 서비스 간 자유로운 이동을 추구하며, 메타버스는 개인화된 몰입형 가상 공간과 디지털 세계에서 상호작용하고 거래할 수 있는 서비스를 제공한다.

즉, 웹3.0 기술이 안전하고 투명한 거래와 서비스 방법을 제공할 수 있다면, 메타버스 기반 서비스 간 자유롭게 이동할 수 있는 가상공간에서 새로운 생태계 형성이 가능해질 수 있다.

그런데, 웹3.0이 추구하는 가치와 메타버스와의 연계점은 사실상 수익 창출 방식의 변화이다. 이는 기존의 웹2.0 플랫폼 기업들의 지배력 감소를 의미하기도 한다. 직접 고객 가치를 창출해 내는 서비스 및 콘텐츠를 제공하는 기업의 수익화 기회가 더욱 늘어날 것이고, 서로 다른 서비스 간 상호 호환이 가능해지면서 웹3.0과 메타버스가 본격적으로 융합해 함께 성장할 것이다.

아래 [그림 2]는 딜로이트가 2022년 제시한 6단계의 디지털 상호작용 진화 모습인데, 5단계가 웹3.0 메타버스이다. 웹2.0 환경에서 성공한 기업들은 많은 사용자 데이터를 모으고 이를 활용해 비즈니스 모델을 혁신한 양면 시장 기반의 플랫폼들이다. 이들의 승자독식 구조를 바꾸기 위해 개발된 웹3.0은 5장에서 언급한 인공지능(AI), 기술을 활용한 탈중앙화 환경에서 사용자로 하여금 자신의 데이터에 대한 소유권을 가지게 한다. 이러한 웹3.0 인공지능과 융합된 메타버스 이용자는 아바타처럼 서로 다른 서비스에 대해 서로 다른 속성을 지정할 수 있고 제3자가 자신의 데이터와 상호작용할 수 있는지 여부를 결정하는 스마트계약을 활용할 수 있다. 이는 곧 이용자 경험의 향상을 뜻한다.

[그림 2] 디지털 상호작용의 진화

STAGE 01	메인프레임 업무처리 기능만 탑재
STAGE 02	PC 개인 데이터 및 툴
STAGE 03	웹 세상의 정보와 각종 서비스
STAGE 04	모바일 데이터, 서비스, 사람 및 위치
STAGE 05	메타버스 및 웹3.0 체화된, 몰입감 있는, 사회적인, 지속적인 웹
STAGE 06	공간 웹 물리적 사물과 시스템에 대한 정보

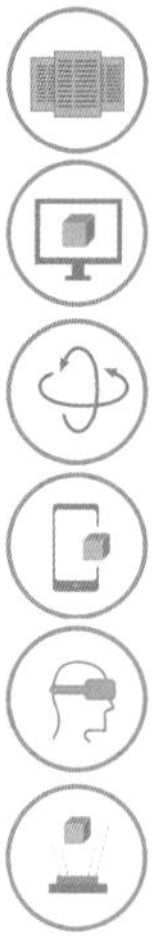

출처: 딜로이트, 2022.

웹3.0과 메타버스의 융합이 주는 이용자 경험의 장점은 신원(ID), 데이터, 콘텐츠 등 디지털자산의 이전 용이성이다. 예를 들어, 한 소비자가 특정의 메타버스 플랫폼에서 가상 의류 같은 디지털자산을 구매했을 때 타 메타버스 플랫폼에서도 이의 소유권을 인식할 수 있다. 기업 입장에서는 다양한 서비스를 제공하는 메타버스 플랫폼 생태계 내에서 파트너십을 구축해 특정 메타버스 플랫폼 이용자를 다른 플랫폼으로 초대할 수도 있다. 이러한 과정을 통해 예컨대 자동차의 프로토타입 3D 어셈블리를 검토하거나 디지털 트윈(Digital twin)이 가능해진 공장의 시설, 설비 등을 검사할 수 있게 된다.

이용자 경험상의 장점을 활용하려는 웹3.0 메타버스 플랫폼은 ID, 소유권 및 스토리지를 구성하는 새로운 방법을 필요로 한다. 웹2.0 환경에서의 ID는 여러 개의 로그인 및 암호를 사용해야 하므로 서비스 간 분절화가 발생하며, 개인의 아바타나 가상 의류 같은 디지털자산은 다른 플랫폼으로 이전될 수 없다는 단점을 가지고 있다. 이는 이용자의 ID, 데이터 소유권이 '중앙화'되어 있기 때문이다. 하지만, 웹3.0 메타버스 이용자는 ID를 자신이 소유한 디지털자산에 연동시키는 블록체인 레지스트리(Registry: 운영체제에서 사용하는 시스템 구성정보를 저장한 데이터 베이스로, 단어 자체로는 등기소를 의미함)를 활성화할 수 있고, NFT가 이 기능을 제공하기도 한다. ID가 특정 메타버스 플랫폼에 갇혀 있지 않으므로 모든 메타버스 플랫폼은 이용자의 데이터, 아바타 등 이용자 소유의 디지털자산을 인식하며, 이는 메타버스 플랫폼 간에 상호 운용될 수도 있다.

메튜 볼(Matthew Ball)은 2023년 저서인 "더 메타버스(The Metaverse)"에서 메타버스 개념에 여러 가지가 혼재해 혼란을 빚고 있어서 이 용어에 대한 명확하고 포괄적이며 유용한 정의를 내리는 것이 필요하다고 판단해 다음과 같이 정의한다. 그에 의하면, "메타버스는 실시간 렌더링(합성)된 3D 가상 세계로 구성된 네트워크로, 대규모 확장과 상호 운용이 가능하며, 사실상 무한한 수의 사용자가 정체성, 역사, 소유권, 개체, 소통, 결제 등 다양한 데이터의 연속성과 개별적 실재감을 가지고 동시에 영속적으로 경험할 수 있는 세상이다." 이렇게 메타버스를 정의한 볼은 이를 충족시키기 위한 여덟 가지 조건으로 가상 세계, 3D, 실시간 렌더링, 상호 운용 가능한 네트워크, 거대한 규모, 영속성, 동시성, 무제한 사용자와 개별적 실재감 등을 거론했으며, 개념 정의에서 빠진 것으로 탈중앙화, 웹3.0, 블록체인을 지목하였다. 볼에 의하면, 메타버스와 웹3.0의 융합은 마치 민주공화국을 산업화 및 전기화와 통합하는 것과 같다. 산업화는 사회 형성과 거버넌스, 전기화는 기술 확산에 비유된 것이다.

웹3.0 메타버스의 상호운용성 특성

아래 [그림 3]에서 보듯이, 가트너는 기간을 구분해 **웹3.0과 메타버스 간의 융합으로 시너지를 내는 진화 단계**를 설정한다. 2022년 시작된 **생성(Emerging) 메타버스** 단계에서는 웹3.0과 메타버스의 특성 중 하나 또는 일부만을 만족시키는 서비스가 등장하는데, 사일로(Silo)로 구현된 서비스라서 상호 운용을 가능하게 하는 표준이 아직 없다. 탈중앙화, 몰입형의 디지털 경험, 디지털 공간에서의 상호작용과 경제 활동 등이 있으며, 이 중 시장에서 성공하는 서비스가 등장하면 해당 표준을 도입하는 기업이 증가하게 된다.

[그림 3] 메타버스의 진화 3단계

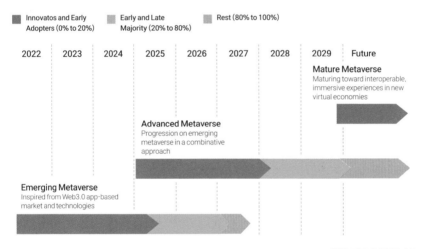

출처: 가트너, 2022.4.8.

그다음은 2025년부터 시작되는 **고급(Advanced) 메타버스** 단계로 보다 진일보한 기술 간 융합으로 성숙한 솔루션과 서비스가 증가한다. 멀티모달 인터페이스(Multimodal interface)와 몰입(AR, VR, MR) 경험이 개선되기 시작한다. 웹3.0과 메타버스 플랫폼 참여자를 확보하는 데 성공한 기업 간 파트너십이 확대되면서 양 플랫폼 이용자 기반의 신규 수익원이 창출되고 부분적인 상호 호환성이 확대된다.

마지막으로 2029년 이후부터 시작할 것으로 예상되는 **성숙(Mature) 메타버스** 단계에서는 메타버스 서비스 간 완전한 상호 호환이 가능해진다. 즉, 디지털 경험 전반에 걸친 콘텐츠의 상호운용성과 분산화, 토큰화, 분산원장 기술(DLT) 기반의 상호운용성이 가능해진다. 이러한 환경에서 웹3.0 메타버스 요소들이 시장 전반에 영향을 미치면 기업은 고객들을 자사 서비스 참여자로 확보해야만 시장에서 배제되지 않는다. 상호운용성의 의미가 더욱 커진 것이다.

결국, **메타버스를 실현하기 위한 전제조건은 상호운용성**이다. 현재의 웹2.0 환경이 상호운용성을 충족시키지 못하고 있기 때문에 웹3.0과의 융합이 반드시 필요하다. 약 30년 전 등장한 메타버스이지만, 아직 컴퓨팅, 헤드셋, 소프트웨어 프로토콜 및 네트워킹 용량이 몰입형의 공유 메타버스를 지원할 준비가 되어있지 않으며, 웹3.0과의 융합을 통한 상호운용성이 반드시 필요하다. 즉, 웹2.0 환경에서는 클라우드 컴퓨팅 기반에서 확장 현실과 실감형 인터페이스를 지원하기 위해 데이터 처리 능력과 저장 공간인 '스토리지'가 주를 이루었고 이어 AI가 등장해 컴퓨터 비전, 음성 및 딥러닝을 넘어 생성형 AI로 발전하고 있다. 하지만, 여전히 해결되지 않는 문제는 각각 따로 움직이고 있다는 점이다. 따라서, 메타버스 내 다양한 플랫폼과 현실 세계가 연결된 환경에서 소비자들이 자유롭게 드나들며 이동 및 활동(자산, 거래, 교환 등)이 가능한 상호운용성을 구현하기 위해 메타버스는 웹3.0 환경과 반드시 융합되어야 한다.

아래 [그림 4]는 **메타버스의 현재와 미래**를 도식화한 것이다. 좌측의 현재 디지털 세상에서는 아직 가치나 자산이 상호 운용되거나 교환될 수 없는 개별적 이용자 경험을 제공하고 있다. 하지만, 우측의 미래 메타버스에서는 개인의 디지털 분신인 아바타와 디지털자산이 여러 플랫폼에서 상호 운용되며 교환도 가능함을 보게 된다. 이는 각 플랫폼과 이용자가 모두 상호 연결되기 때문이다. 이러한 상호운용성은 소비자들을 보다 더 이해하고 다가갈 수 있는 새로운 가능성을 제공한다. 물론, 그 이면에는 개인정보 보호와 사이버 보안 등의 이슈가 존재한다. 하지만, 상호운용성을 보다 중시하려는 메타버스 플랫폼이라면 하드웨어나 소프트웨어 개발을 통해 메타버스 진입의 신뢰성을 높일 방안을 계속 고민해야 할 것이고, 관련 서비스 제공 기업은 새로운 경쟁 우위를 가지게 된다.

[그림 4] 메타버스의 현재(좌측)와 미래(우측)

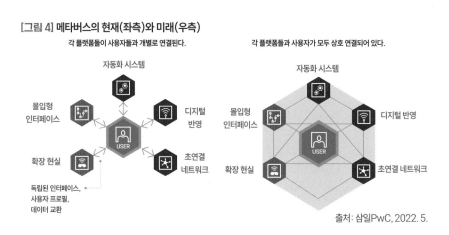

출처: 삼일PwC, 2022. 5.

웹3.0 환경은 다양한 플랫폼 간 상호운용성을 중시하기 때문에, 웹3.0과 융합한 메타버스 플랫폼 간 상호운용성이 강화될 수 있다. 즉, 이용자는 한 메타버스 플랫폼에서 다른 메타버스 플랫폼으로 디지털자산(아바타, 아이템, 통화)을 자유롭게 이동할 수 있고, 다양한 메타버스 플랫폼들이 공통 표준을 채택해 사용자 경험을 일관되게 유지하고 기술 장벽도 줄게 된다.

메타버스 실현을 위한 일곱 가지 관문 중에서 특히 상호운용성을 강조한 볼은 상호운용 가능한 '자산' 대신 '데이터'라는 용어를 사용하고 있다. 그가 말하는 메타버스의 상호운용성은 가상 세계를 언제, 어디서, 얼마나 많은 사람들이, 어떤 비용을 치르며 얼마나 많이 공유하는가에 달려 있다. 볼이 메타버스의 상호운용성에 대해 낙관하는 이유는 사용자의 지출 측면에서 그만큼 경제적 가치가 있기 때문이다. 이는 앞 [그림 3]의 2단계에서 '소수 성공한 서비스 간의 상호운용성 증가'와 연계해서 생각해 볼 수 있다. 볼은 "2026년에는 수억 명의 사람들이 이전에 플레이한 게임에서 복제된 수많은 의상을 입고 게임에 참여하게 될 것이다. 당연히 같은 의상을 다시 구매하지 않으려 할 게 분명하다. 소비자를 특정 게임에 속박된 구매 방식에서 벗어나게 한다면 오히려 더 많은 구매가 이뤄지고 상품은 더 높은 가격에 거래될 것이다"라고 상호운용성에 대해 예견하였다.

웹2.0 환경에서 메타버스 게임으로 명성을 가지게 된 로블록스(Roblox)는 사실상 '제한된 아이템'에 한해서만 재판매를 허용하고 있다. 로블록스는 자사의 프리미엄 가입자에게만 이러한 아이템을 판매할 수 있게 허용하고 있다. 그런데, 사용자는 이러한 아이템을 구매했다고 생각할 수 있겠지만, 사실은 실제로 사용할 권리인 라이선스만을 부여받은 것이며, 로블록스는 언제든지 이 아이템을 회수할 수 있다. 만약 웹3.0 환경이 전개된다면 언제든지 회수 가능한 디지털자산을 기꺼이 구매할 사람은 아마도 없을 것이다. 이처럼 소유권은 투자와 상품 가격의 근본을 이루며, 이익을 창출할 기회가 동기부여의 요인이 된다. 이에 볼은 진정한 메타버스를 달성하고 싶다면 가장 먼저 소유권을 확립해야 한다고 주장한다. 즉, 사용자의 신원인 ID와 데이터의 범위를 제한하는 것은 메타버스 경제에 큰 장애물이 된다는 것이다. 결국 경제성이 표준화와 상호운용성을 주도하는 핵심 배경이 되는 것이다.

상호운용성의 시작, 대체불가토큰

아래 [그림 5]는 2021년 중반기 기준으로 관찰된 활발하게 활동 중이거나 상용화 예정인 메타버스 플랫폼들을 게임 메타버스, SNS 메타버스, 블록체인 기반 메타버스 등 세 가지로 구분해 유형화한 것이다. 이중에서 웹3.0 메타버스의 주요 특성인 상호운용성을 추동하고 견인하는 것은 블록체인 기반에서 이루어지는 **대체불가토큰(NFT)** 거래이다. 가치 수익화 측면의 비즈니스모델로 보면 NFT는 게임이나 소셜미디어 자산 소유권을 가지면서 거래하기 때문에 상호운용성이 본격화 되기 위한 중요한 초석이 될 것으로 보인다.

[그림 5] 2021년 기준으로 본 메타버스 플랫폼 유형

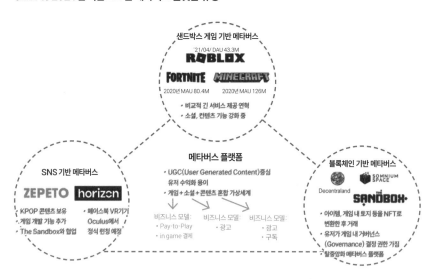

출처: 교보증권, 2021.6.23.; 송민정, 2022. 재인용.

창작자와 개인 사용자가 발행 과정인 민팅(Minting)을 거쳐 블록체인에 아이템 등의 소유권 데이터를 저장하고 나면 해당 아이템에 대한 권리가 되는 NFT는 마치 비트코인 등의 암호화폐와 유사하게 관리된다. 하지만, 완전히 대체할 수 있는 비트코인과 달리 NFT는 대체 불가능한 토큰에 대한 권리를 다룬다. 즉, A가 가진 한 개의 비트코인과 B가 가진 한 개의 비트코인은 같은 가치를 지니기 때문에 서로 교환 가능해 '대체 가능 토큰'이지만, NFT는 '대체할 수 없는 토큰'으로서, 암호화폐마다 고유번호가 매겨져 말 그대로 다른 암호화폐로 대체할 수는 없는 토큰이다.

각각의 고유 속성을 가져 1:1 교환이 절대 불가능한 대체불가토큰으로서 NFT는 블록체인 특성상 한번 발행하면 제3자가 복제하거나 위조할 수 없고 소유권과 거래내역이 명시되므로 마치 디지털 등기부등본과 같은 역할을 한다. 블록체인 전문가들은 이러한 NFT의 구조가 구매자에게 진정한 '소유권'을 제공하므로 디지털자산 가치를 높인다고 말한다. 쉽게 설명하면, NFT는 디지털자산에 고유성과 희소성을 부여하는 기술이므로, 디지털자산의 고유한 인식 값(원작자, 소유자, 로열티, 원본 URL, 작품 설명, 계약 조건 등)이 메타 데이터로 블록체인에 토큰 형태로 등록된다.

아래 [그림 6]은 블록체인 기반 **NFT 시스템 구성도**를 보여주고 있다. 먼저, 좌측의 **서버 측**을 보면, 블록체인에는 특정 조건이 충족될 때 자동으로 실행되는 스마트계약이라는 프로그램 코드가 존재하며, 이를 통해 토큰의 기능이 정의되고 토큰이 발행된다. 우측의 **이용자 측**에서 보면, NFT 시스템 참여자는 다시 창작자와 구매자로 구분된다. 창작자는 디지털자산을 NFT 시스템을 통해 NFT로 발행할 수 있으며, NFT 발행 및 판매 시에는 스마트계약을 실행하고 새로운 거래를 전송한다. 그 거래가 블록체인에서 확인된 후에는 새로운 블록에 NFT의 메타 데이터와 소유자의 데이터가 추가된다. 또한, 구매자가 NFT를 구입하면 작품의 소유자, 구매 가격, 소유권 변경, 인수 가격 등의 메타 데이터가 블록체인에 저장된다.

[그림 6] NFT 시스템 구조

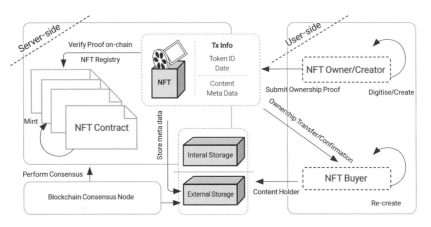

출처: Qin Wang, Rujia Li, Qi Wang, Shiping Chen, 2021.10.25.

구매자는 NFT인 미술품 소유권을 가질 수는 있으나, 창작자의 실제 그림, 원본 파일 등을 받을 수는 없다. 창작자는 NFT 미술품이 판매되어 구매자인 소유권자가 바뀔 때마다 보상을 받게 된다. 이 과정을 좀 더 쉽게 도식화하면 아래 [그림 7]과 같다.

[그림 7] NFT 창작물 거래 구도

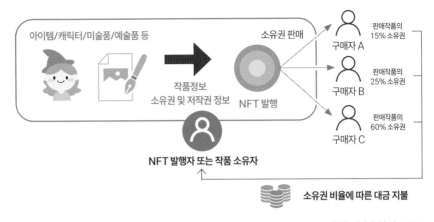

출처: 인터넷진흥원, 2021.

    NFT 발행에는 이더리움 네트워크에서 사용되는 ERC(Ethereum Request for Comment) 프로토콜이 사용된다. ERC는 '이더리움의 요구사항을 위한 표준'으로 이더리움을 이용해서 디지털자산을 발행할 때 지켜야 하는 규칙이다. NFT는 ERC-721과 ERC-1155 프로토콜 표준을 이용해 발행된다. 예술품, 골동품, 캐릭터에 대한 NFT를 발행해 토큰을 생성하고, 해당토큰의 고유 가격이 결정되면 디지털자산으로 거래하는 방식인 ERC-721은 ID, 값 등으로 구별되어 다른 자산과 대체가 불가능하며, 미술품이나 부동산 등의 거래에서 토큰을 분할해 소유하는 등의 방식이 가능해 이용하기 시작했다.

    이러한 NFT는 **디지털자산의 소유권 증명**에 사용된다. 이더리움 같은 개방형의 분산원장 기술(DLT) 기반을 통해 생성되므로 누구든지 자신이 소유한디지털자산의 소유권을 증명할 수 있으며, 소유권을 증명하는 상황에서는 복사본이 많이 공유될수록 NFT로 기록된 원본의 가치는 더욱 커진다. 이는 사람들이 해당 자산에 대해 이야기하면 할수록 그 자산의 중요성이 더 커져 원본의 희소성 또한 커지기 때문이다. 여기서 분명히 할 것은 구매자의 소유권과 창작자의 저작권은 별개라는 점이다. 사전적 개념상 소유권은 특정 자산을 사용, 수익화, 처분할 수 있는 권리이고, 저작권은 창작자가 자신이 창작한 자산에 관해 독점적으로 이용하거나 남에게 허락할 수 있는 권리이다. 예로, 가수가 자신의 음악을 NFT로 발행했을 때 NFT 작품 저작권과 소유권이 모두 창작자에게 있다가 거래가 발생하면 저작권에 대한 별도 계약이 없는 한 구매자는 소유권만을 양도받게 된다. 그렇게 된 후에 NFT 작품의 원작자인 창작자는 해당 NFT가 거래될 때마다 거래액의 일정 부분을 로열티로 받게 된다.

정리해 보면, NFT로 웹3.0 메타버스 이용자는 다양한 콘텐츠에 소유권을 부여받게 한다. 또한, 창작자는 자신의 디지털 창작물을 NFT로 발행해 대가를 받고 판매해 수익을 창출할 수 있으며 다른 창작자에게도 재투자할 수 있다. 그런데, 기술적으로 디지털자산 데이터가 아직도 중앙 서버에 저장되어 있다면, NFT를 발행해도 마치 웹2.0 게임 플랫폼들이 아이템 거래가 일어나도 자사 서버에 저장하고 있는 것처럼 상호운용성이 이루어진 것은 아니다. 왜냐하면 게임 개발자가 NFT에 대한 이용자의 소유 권한을 철회할 수는 없지만, 이를 사용하는 코드를 변경하거나 이용자의 게임 내 계정을 삭제할 수는 있기 때문이다.

아직도 많은 웹2.0 게임사들이 자사 게임 내에서만 사용 가능한 플레이어 상품을 판매해 수익 대부분을 창출하는게 현실이지만, 부분적으로 **상호운용성을 시도**해 보려는 노력이 시작되었다. 이용자 참여형 블록체인 기반 P2E 메타버스 플랫폼인 **더샌드박스(The Sandbox)**가 대표적 사례로, 이용자는 샌드(SAND)라는 암호화폐를 사용해 NFT 아이템과 콘텐츠, 토지 거래를 할 수 있다. 게이머들의 경제 활동이 플랫폼 외부 세계까지 연결된 것인데, 부분적인 상호운용성은 다양한 파트너십을 통해 실행된다.

더샌드박스에 대해 좀 더 설명하면, NFT, P2E, 메타버스 관련 비즈니스를 개발하고 투자하는 기업인 애니모카 브랜즈(Animoca Brands)의 자회사로 복셀 에디터(Voxel Editor), 마켓플레이스(Marketplace), 게임 메이커(Game Maker) 등 세 가지 소프트웨어를 무료로 배포해 사용자들로 하여금 스마트 계약을 통해 콘텐츠를 생성하고 소유권을 확보할 수 있도록 했다. 복셀 에디터는 손쉽게 3D 복셀 모델을 만들 수 있는 소프트웨어로 인간, 동물, 도구 등 다양한 아이템을 NFT 애니메이션 형태로 제작할 수 있게 한다. NFT는 IPFS 네트워크에 업로드된 후 이더리움 블록체인에 기록되고, 창작자는 작품을 복셀 에디터에서 마켓플레이스로 전송해 수익을 얻는다. 마켓플레이스는 복셀 에디터로 제작된 창작물 외에 타 P2E 플랫폼의 자산도 자유롭게 게시하고 거래할 수 있게 상호운용성을 허용한다. 또한, 게임 메이커(Game Maker)를 통해 코딩 지식 없이 누구나 3D 게임을 만들 수 있다.

더샌드박스는 기축통화인 샌드(SAND) 토큰, NFT 가상 부동산 토큰인 랜드(LAND) 토큰, 캐릭터 및 아이템 토큰인 에셋(ASSET) 토큰, 에셋(ASSET)의 능력치를 강화해 주는 유틸리티 토큰인 젬(GEMS) 토큰, 게임 규칙 및 메커니즘을 토큰화한 가상자산 게임(GAMES) 토큰 등 다섯 가지 토큰 유형을 제시한다. 기축통화인 샌드 토큰만 설명하면, ERC-20 기반 유틸리티 및 거버넌스 토큰으로 플랫폼 내 게임을 즐기고 랜드 토큰, 아이템, 캐릭터 등의 인게임(In-game) 자산이나 서비스를 구매할 때 사용된다. 또한, 더샌드박스는 DAO 형태로 운영된다. 이용자들은 샌드 토큰으로 콘텐츠 창작자에 대한 권한, 로드맵 우선순위 등 주요 안건에 대해 투표하며 주체적으로 플랫폼을 운영해 나갈 수 있고, 토큰 홀더들은 샌드 토큰을 스테이킹(Staking)하여 추가 수입을 얻을 수도 있다.

결론적으로, NFT의 속성 중에서 블록체인 간 디지털자산 및 데이터를 이동할 수 있게 해주는 '상호운용성'이 메타버스와 웹3.0 간 큰 시너지를 발휘할 것이다. 이러한 NFT는 소유물, 재산, 신원 등 인증할 수 있는 수단으로 메타버스 경제의 핵심이 될 것으로 보인다. 각 NFT가 삭제, 복사, 파기가 불가능한 암호 키로 보호되므로 탈중앙화 방식으로 개인의 자산을 증명할 수 있고, 이는 메타버스 사회가 성공하고 다른 메타버스 사회와 상호작용하는 데 꼭 필요한 요소이기도 하다. 따라서, NFT의 진정한 가치를 수백만 달러의 NFT 아트로 판매할 수 있다는 데 둘 것이 아니라, 자유시장, 독립된 소유권, 사회 계약에 기반을 둔 진짜 인간 사회와 닮은 무엇인가를 메타버스에서 형성할 수 있다는 점에 두어야 할 것이다. NFT는 메타버스에서 디지털자산을 나타내는 도구가 되며, 이를 응용할 수 있는 산업 분야도 굉장히 넓다.

한편에서 웹3.0 메타버스의 상호운용성 특성이 NFT의 지적재산권 보호에 장애요인이 된다는 반론도 있지만, 웹3.0 메타버스 산업이 발전하려면 전 세계 기업들과 이용자들의 긍정적 관심이 먼저이다. 산업이 열리면서 지적재산권 침해 가능성이 우려되면 이에 관한 방안 마련이 함께 마련되면 될 것이다. 중요한 것은 메타버스 내 예상되는 지적재산권 문제점을 정확히 아는 것이고, 지적재산권 접근 방식을 명확히 정의하는 것이다.

대체불가토큰(NFT) 비즈니스 확장

지난 몇 년간 소유권 기록인 NFT 작품들이 수백만 달러에 판매되면서 전 세계를 뒤흔들어 놓았다. NFT의 실제적 가치는 음악이나 그림 등의 작품, 더 나아가 신원(ID) 정보까지 포함할 디지털자산의 소유권을 탈중앙화 방식으로 명확하게 표시한다는 데 있다. 개방형의 웹3.0 메타버스 플랫폼 환경에서 NFT는 예술 작품, 프로필 사진(Profile Picture; PFP) 및 ID, 멤버십, 음악, 게임 아이템, 실물 연계형 토큰, ID 등 목적과 용도에 따라 그 비즈니스 가능성이 무궁무진하다. 이 중에서 **ID 비즈니스**에 대해 살펴보고자 한다.

ID는 개인정보 관리와 신원 증명 용도의 **NFT**로 분류될 수 있다. 먼저, **개인정보 관리 용도**를 보면, 블록체인 기술을 활용하여 중앙화 데이터베이스에서 발생할 수 있는 단일 장애지점(Single-Point-Of-Failure; SPOF) 리스크를 줄이고 개인정보를 직접 소유 및 관리할 수 있다는 측면에서 의미가 있으며, 로그인할 때도 활용될 수 있기 때문에 ID형 NFT를 사용할 경우에는 웹사이트나 앱마다 일일이 회원 가입하고 개인정보를 유출할 필요가 없어지게 된다.

신원 증명 용도로 볼 때, 이러한 ID형 NFT가 메타버스와 접목될 수 있다. NFT로 보호될 수만 있다면 가상의 ID가 여러 면에서 현실 세계의 신분 증명용 신분증보다 더 안전하게 사용될 수도 있다. 몰입감 있는 3D 세계가 개인의 선택으로 표현된 신념과 아이디어와 취향 같은 고유 경험을 제공하는데, 가상 및 증강현실에서 사용자 경험이 구현되기 시작했다. 신뢰할 수 있는 메타버스 경험을 만들고 개인정보 보호를 더 고려한다면 이용자의 충성도를 얻을 수 있을 것이다.

NFT에는 ID 정보의 보안성을 유지하면서 여러 개 ID를 발행할 수 있게 하거나, ID 정보의 특정 요소를 재미로 거래하게 하거나, 특정 기간 동안에만 ID 정보를 빌려주거나 하는 등의 비즈니스 가능성들이 있다. 즉, **PFP NFT** 아바타를 만들 수 있는데, 이를 간단히 PFP NFT라 부르기 시작했다. 이미 NFT 생태계의 대표성을 띠게 된 PFP는 '지루한 원숭이 요트클럽(Bored Ape Yacht Club; BAYC)' 및 '크립토펑크(CryptoPunks)'같은 유명 컬렉션의 동의어가 되기도 한다. 처음에 소셜미디어 프로필 사진으로 사용되기 시작한 NFT는 소셜미디어 플랫폼에서 유행하는 아바타가 되는 것을 넘어섰다.

PFP NFT는 일반적으로 머리와 어깨의 초상화이며, 일부 컬렉션에서는 전신 또는 애니메이션 버전을 제공하며, 색상이나 액세서리 같은 무작위 특성이 PFP의 희소성과 가치에 기여한다. PFP는 생성적 아바타 프로젝트에서 시작되었고, 고유하거나 한정판 작품에 중점을 두는 독립 아티스트와 달리 아티스트와 개발자로 구성된 팀에 의해 생성되며 수천 개 토큰으로 구성된다. 2017년 출시된 **크립토펑크**가 2020년에 주목을 받으면서 다른 수많은 PFP 프로젝트들이 생겨나게 된다. 독특하게 생성된 1만 개 캐릭터로 구성된 크립토펑크는 트위터 아바타로서 디지털 공간의 트렌드를 선도하였고, 저명한 PFP NFT 프로젝트 출현을 촉진했다. 2021년 등장한 BAYC도 1만 개의 고유한 원숭이 테마 수집품 시리즈를 제공했고, 디지털 아트 작품의 역할 외에 소유자에게 독점적 멤버십 혜택도 제공한다.

2022년, 현재의 **엑스(X)**인 트위터는 이러한 PFP NFT의 인기를 인식해 이용자가 자신의 프로필에 사용된 NFT 소유권을 확인하고 보여줄 수 있는 새로운 기능을 개발했다. 이는 디지털 ID 표현에 NFT 사용을 합법화하는 계기가 된다. 자신만의 PFP NFT를 만드는 여정을 시작할 때 예술적 표현을 통해 개인적 즐거움과 재정적 이익의 잠재력을 함께 가질 수 있다. 생성 과정을 보면, 먼저 요구사항에 잘 맞는 플랫폼을 선택 후 PFP NFT를 디자인하고

NFT를 발행한 후에 선호하는 마켓플레이스에 PFP NFT를 등록하고 그 가치에 맞는다고 여기는 가격을 설정한다. 이 과정은 창의적인 자기 표현을 가능하게 할 뿐만 아니라 잠재적인 금전적 보상을 위한 길을 열어준다.

결론적으로, NFT는 주로 그림이나 음악, 예술 작품 등 디지털에서 고유성을 증명하기 어려운 분야에서 사용되기 시작하였지만, 새롭게 부상한 PFP NFT는 X(구 트위터) 등의 SNS에서 프로필 이미지로 사용되면서 주목을 받기 시작해, 개인이 소속된 커뮤니티를 나타내는 수단으로 기능하게 된다. 이는 NFT가 단순히 예술적 가치를 저장하는 데이터가 아니라, 디지털 세상에서 개인의 정체성과 커뮤니티 소속감을 표현하는 도구로 자리 잡고 있음을 보여준다.

참고문헌

교보증권, "인터넷 하반기 전망," 2021. 6. 23.

뉴스드림, "[메타 핫트렌드] 메타버스의 상호운용성…지적재산권 침해 가능성 높어," https://www.newsdream.kr/news/articleView.html?idxno=55624, 2024. 3. 18.

딜로이트 글로벌, "메타버스와 Web 3.0: 차세대 인터넷 플랫폼," 2022.

매튜 볼 지음, 송이루 옮김, 메타버스 모든 것의 혁명, 다산북스, 2023.

블록미디어, "NFT 시장의 변화: 떠오르는 컬트 NFT," https://www.blockmedia.co.kr/archives/787227, 2024. 11. 24.

삼일PwC, "비즈니스 리더를 위한 메타버스 이해," Emerging Technology PwC Korea Insight Flash, 2022. 5.

송민정, "미디어 콘텐츠의 메타버스 플랫포밍 유형화 및 미래 전망," 방송과 미디어, 27권, 1호, 방송공학회, 2022.

엘지CNS 블로그, "인터넷 생태계의 넥스트 레벨! 웹3.0과 메타버스(Metaverse)," LG TECH CONFERENCE 2023 강연 내용 설명, https://www.lgcns.com/blog/cns-tech/blockchain/42898/, 2023. 4. 19.

이베스트투자증권, "메타버스, NFT가 펼치는 미래 혁신 세계," https://blog.naver.com/nest_2000/222583306462, 2021. 11. 22.

이승환, "메타버스의 확산과 진화" 기술과 혁신, 특집호, 한국산업기술진흥협회, 2022. 3~4.

이승환, "메타버스의 확산과 진화," 기술과 혁신 웹진, 2022년 3/4월호, Vol. 452, 한국산업기술진흥협회, 2022. 3.

이장우, "NFT, 디지털 세상의 원본을 증명하다," 소프트웨어정책연구소, 2021. 9. 13.

이지현, "암호화폐 다음은 NFT? 블록체인산업은 차세대 시장 NFT로 향한다," Kotra, 2021.

이코노미뉴스, "뜨고 있는 '메타버스'…제대로 알아보자," http://www.m-economynews.com/mobile/article.html?no=30893, 2021. 5. 1.

쟁글 포털, "더 샌드박스 랜드, 2년 새 300배 성장! 샌드박스 생태계 간단 정리," https://

xangle.io/research/detail/498, 2021. 12. 31.

쟁글 포털, "NFT의 쓰임새는 끊임없이 확장 중," https://xangle.io/research/detail/548, 2022. 1. 21.

최성원 외, "대체불가능토큰(NFT) 기반 블록체인 게임의 비즈니스모델 혁신 요소 연구," 2021.

최지혜, 하제훈, "NFT: 메타버스 시대로 가는 첫번째 발판," Hexlant Research, 2021. 5. 26.

플리시오(Plisio), "프로필 사진(PFP) NFT란 무엇입니까?" https://plisio.net/ko/blog/what-are-profile-picture-pfp-nfts, Jan 14, 2024.

Coindesk, "What Are PFP NFTs?" https://www.coindesk.com/learn/what-are-pfp-nfts/, 2022. 4. 28.

Dappradar, "The Rise of Axie Infinity," Special Report, 2021.

Gartner, "Emerging Tech Impact Radar: 2024" https://www.gartner.com/en/documents/5097331, 2024.

Gartner, "Metaverse Evolution Will Be Phased; Here's What It Means for Tech Product Strategy," https://www.gartner.com/en/articles/metaverse-evolution-will-be-phased-here-s-what-it-means-for-tech-product-strategy, 2022. 4. 8.

M. Z. Song, "Web 3.0 Business Model Canvas of Metaverse Gaming Platform, The Sandbox," *International Journal of Advanced Smart Convergence (IJASC),* Vol. 12, No. 3, pp. 119-129, 2024. 6.

Q. Wang, R. Li, Q. Wang and S. Chen, "Non-Fungible Token (NFT): Overview, Evaluation, Opportunities and Challenges," https://arxiv.org/abs/2105.07447v3, 2021. 10. 25.

S. Johnson, "How decentralization and Web3 will impact the enterprise," https://biz.crast.net/how-decentralization-and-web3-will-impact-the-enterprise/, 2022. 6. 17.

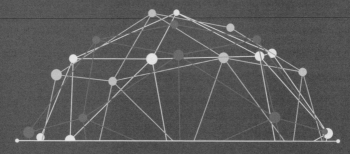
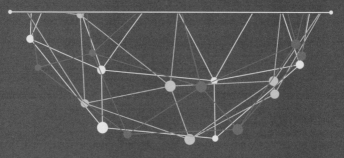

WEB3.0 MEDIA BUSINESS

PART

7

웹3.0 미디어
비즈니스 모델 설계

웹3.0 미디어 비즈니스 모델 설계

웹3.0이 주는 미디어 비즈니스 기회

앞에서 웹3.0을 개관하고 기본 특성이 되는 탈중앙화, 디지털자산, 분산 저장을 다루었으며, 구현 특성으로 웹3.0 인공지능(AI)과 웹3.0 메타버스를 추가적으로 살펴보았다. 이러한 특성들을 충분히 활용하는 웹3.0 기업에게 비즈니스의 기회가 열리게 된다. 비즈니스 모델은 가치 창출을 넘어 가치 획득으로 이어져야 한다. 웹2.0에서는 서비스를 제공하기 위해 막대한 투자가 필요했고, 수익은 결국 투자자들에게 귀속되어 부익부 빈익빈 현상을 부추겼으며, 서비스에 이용자가 비용을 지불하기 위해서 결제를 담당하는 중개자가 반드시 존재해야만 했다. 하지만, 웹3.0 서비스 기업은 자체 토큰을 발행해 서비스의 재원을 서비스 이용자로부터 직접 충당할 수 있으며, 서비스 이용자도 서비스 기업에게 디지털자산인 토큰을 이용해 직접 비용을 지불할 수 있는 기회가 열리게 된다.

주로 스타트업들을 중심으로 웹3.0 비즈니스 모델들이 등장하기 시작했지만, 아직 불편한 점은 많다. 첫 번째 장벽은 거래 및 서버 비용이다. 블록체인에 데이터를 수정하거나 저장하는 거래의 '가스비(Gas fee)'가 상당하며, 운용자도 현재 웹2.0 서버를 운용하는 것과 마찬가지로 블록체인 노드를 운용하거나 임대해야 한다. 광고를 보고 자신의 데이터를 넘겨주는 대신에 무료 혹은 저렴한 사용료로 서비스를 이용하는 것에 익숙한 웹2.0 이용자에게 이러한 가스비는 너무나도 낯설다. 두 번째 장벽은 이용자의 불편한 경험이다. 가입하고 로그인만 하면 쉽게 이용 가능한 웹2.0 이용자들에게 블록 상태에 변화를 주는 결정을 할 때마다 서명 작업을 진행하게 하는 것은 정말로 귀찮은 일이다. 이의 대안으로 메타마스크(MetaMask) 같은 지갑(Wallet)이 등장했지만 해킹 위험에 노출되었고, 이용자에게는 여전히 매우 낯설고 어렵기까지 하다. 마지막 장벽은 기술 미성숙으로 인해 기존 인프라에 대한 의존도가 높다는 점이다. 많은 웹3.0 신생 기업들이 이러한 장애 요인들을 극복하기 위해 다양한 기술들을 만들어 내면서 개선하려고 고군분투하고 있다.

웹3.0의 비즈니스 기회는 크게 신규 비즈니스의 기회, 글로벌 확장의 기회, 그리고 기술 부채가 주는 기회로 구분될 수 있다. 먼저, 기업은 웹2.0 기업이 하지 못하는 일을 할 수 있거나 더 효율적으로 처리할 수 있게 하려고 노력할 것이고, 이러한 혁신에서 **새로운 비즈니스 기회**가 창출될 수 있다. 아직은 사용 사례가 많진 않지만, 끊임없이 혁신이 이뤄지고 있다. 예컨대, 재난 지원금을 지급하는 데 있어 블록체인 기술을 활용하여 정확도를 높이고 오차를 줄인다든지, 특정 목표를 달성하는 데 암호화폐를 활용한다든지 등이 가능하다. 이러한 혁신 과정에서 기존 기업들도 웹3.0 비즈니스를 통해 새로운 수익을 창출할 기회를 잡게 된다.

다음으로 웹3.0 비즈니스는 웹2.0 비즈니스와 비교해 상대적으로 **글로**

벌로 사업을 확장하는 데 있어서 비용 효율적이라는 점이 기회이다. 웹3.0은 전 세계 공통으로 떠오르는 트렌드이기도 하고, 누구나 참여할 수 있다. 특히 전 세계 누구든지 참여할 수 있는 퍼블릭 체인을 사용하게 되면 국경을 쉽게 넘나들 수도 있다. 예컨대, 스타벅스가 폴리곤(Polygon)이라는 퍼블릭 체인 (Public chain)을 바탕으로 리워드 프로그램을 만들어 미국뿐만 아니라 다른 나라에서도 같은 형태의 프로그램을 쉽게 확장할 수 있게 되었다.

마지막으로 **블록체인이라는 기술 부채**가 주는 기회이다. 기술 부채란 현시 점에서 더 오래 소요될 수 있지만, 더 나은 접근방식을 사용하는 대신, 쉬운 (제한된) 솔루션을 채택함으로써 발생하는 추가적 작업 비용을 반영하는 개념 이다. 이러한 기술 부채는 작은 개발 영역이 아닌 사회 전체적인 관점을 바라 보는 것이다. 예컨대, 과거에는 엔진으로 달리는 자동차가 주류였지만, 이후 에 전기차, 수소차가 대세가 될 것이다. 기존 내연 자동차를 생산하는 회사들 은 다음 트렌드인 전기 자동차를 만들지 않으면 어떻게 될지 불안해하게 되 고, 결국 뒤처지게 되는 것이다. 이에 스타트업인 테슬라뿐만 아니라 모든 기 존의 자동차 제조업체가 전기차를 생산하고 있다. 기술 부채의 기회인 것이 다. 웹3.0의 블록체인도 마찬가지이다. 결국, 기술은 중립적이며 언젠가는 이 루어질 것이라는 지난 역사를 통해 블록체인 기반의 웹3.0 시장이 더욱 커질 것으로 추측하게 되고, 기업은 뒤처지지 않기 위해 블록체인 기술 개발을 해 야만 한다. 만약 이후에 웹3.0이 차세대 인터넷의 표준이 된다면, 웹3.0 비즈 니스를 하지 않았을 때 리스크가 기술 부채를 감안하고 진출했을 때의 리스 크보다 훨씬 클 것임이 분명하다.

이러한 세 가지 관점의 웹3.0 비즈니스 기회는 미디어 비즈니스에도 그 대로 적용된다. 웹2.0 미디어 기업이 데이터와 콘텐츠에 대한 소유권을 독점하고 있다면, 웹3.0 미디어 기업은 데이터와 콘텐츠의 소유권에 대한 고민을 우선 해야 한다. 먼저, **데이터 소유권과 관련한 가치 창출 기회**를 보자. 웹2.0 비즈니스의 발전은 스마트폰이라는 기기였고, 이후 모바일 인터넷이라는 네트워크가 발달하면서 소셜미디어 앱으로 이어졌다. 이는 완전히 새로운 유형의 데이터를 만들고, 상시 연결 상태를 유지하는 고객이 등장하도록 해주었다. 웹3.0시대도 웹2.0시대처럼 운영시스템이 발전하면서 프론트엔드(Frontend)인 앱을 통해 서비스가 출현하게 되고, 이를 지원할 네트워크와 기기 등의 백엔드(Backend)가 함께 발전하게 될 것이다. 즉, 탈중앙화 네트워크에서 분산형 앱(DApp) 플랫폼, 그리고 사용자가 소유하는 커뮤니티 중심 프로젝트로 이어지면서 우선은 데이터의 주권을 그 소유자들에게 돌려주려는 노력을 하게 될 것이다. 웹3.0 기술이 아직은 복잡함에도 불구하고, 신규 비즈니스 혁신은 웹3.0 이용자에게 데이터에 대해 더 많은 투명성, 접근성, 자율성 및 통제력을 제공하는 것을 목적으로 할 것이기 때문이다.

웹3.0을 이미 '데이터 웹(Data web)'이라 부르기도 하는데, 그 주된 이유는 웹3.0 시대 데이터가 웹2.0 시대와 비교해 상대적으로 더 비(非) 정형 데이터 중심이기 때문이다. 사물인터넷(Internet of Thing; IoT) 데이터, 소셜네트워크서비스(SNS) 내 상호작용 등 비 정형 데이터가 이전보다 더 주를 이룰 것이며, 데이터가 변경 불가능한 블록체인에 의해 생성된 경우에는 삭제되지도 않을 것이다. 이러한 데이터를 활용하려는 웹3.0 미디어 비즈니스의 핵심은 메타데이터(Meta data)이다. 웹3.0 환경에서 더욱 동적이고 상호 운용이 가능해지면, 가장 중요한 것은 연결되어 있고 필요에 따라 재구성할 수 있는 데이터의 재조립, 즉 데이터 조각의 재정리가 웹3.0 미디어 비즈니스의 가치 제안이 될 수 있다. 메타데이터가 DApp 비즈니스 가치 창출의 생명줄이 된다면, 웹3.0 미디어 기업은 우선적으로 데이터를 저장하고 통합하며 그 잠재력을 활용할 수 있는 능력을 갖춰야 한다. 4장에서 논의했듯이, DApp의 경우에 데이터가 블록체인 자체에 있지 않을 가능성이 매우 높기 때문에, 인프라가 되는 저장 방식도 재고해야 할 것이다. 또한, 웹3.0이 연결된 데이터를 기반으로 구축된다면, 인공지능(AI)이 연결을 지원하는 핵심 기술이 될 것이다. 인간의 텍스트를 정형 데이터로 변환시키는 자연어 처리가 웹2.0 앱의 상호작용을 웹3.0에서 한층 더 향상시켜 줄 것이다.

다음은 **콘텐츠 소유권과 관련한 가치 창출 기회**를 보자. 웹1.0 미디어 기업은 콘텐츠를 제작, 배포해 수익을 얻었고 대부분 이용자는 기업이 제공하는 콘텐츠를 이용할 수밖에 없었다. 웹2.0 미디어 기업은 이용자가 자신의 콘텐츠를 등록하게 하여 이를 관리해 주면서 광고 수익을 얻고 있으며, 일부는 이용자에게 수익을 배분하기 시작했다. 유튜브가 대표적이며, 이러한 이익공식을 선두적으로 제공한 덕에 웹2.5 기업이라 불리기도 한다. 이제 웹3.0 미디어 비즈니스에서는 콘텐츠 창작자가 콘텐츠의 소유자로서 영향력을 키우게 되고, 하나의 '경제 주체'로 활동하게 될 것이다. 6장에서 언급했듯이, 메타버스라는 공간 웹으로 웹3.0 인터페이스가 확장되면 개인은 가상 아바타, 가상 아이템, NFT 같은 디지털자산 등을 직접 창작, 소유, 거래, 보관할 수 있게 된다.

또한, 커뮤니티 기반의 웹3.0 미디어 비즈니스 기회가 열리면서 콘텐츠 창작자와 이용자는 커뮤니티를 형성하고, 그 커뮤니티 내에서 서로 기여하며 상승 효과를 낼 수 있다. 즉, 콘텐츠 창작자의 팬덤을 형성한 이용자들이 금전적이나 물리적으로 지원하게 되고, 콘텐츠 창작자는 더욱더 이용자가 원하는 콘텐츠를 제공하게 된다. 이에 웹3.0 미디어 콘텐츠 창작자는 조회 수 또는 구독자 등 단순한 트래픽보다는 지급 의향이 확실한 팬을 모으는 팬 커뮤니티 활동에서 비즈니스 기회를 가져야 할 것이다.

결론적으로, 웹2.0 미디어 비즈니스 생태계에서는 데이터와 콘텐츠가 중앙화된 플랫폼을 통해서만 공유되고 유통되어 왔다. 이러한 중앙집중형 플랫폼을 통한 유통 구조는 플랫폼에 등록된 이용자의 데이터와 콘텐츠를 플랫폼 기업이 독점하고 이를 활용해 수익을 창출하게 한다. 따라서, 미디어 데이터와 콘텐츠의 자기주권이 보장되지 않는 문제점을 낳으면서 웹3.0 미디어 비즈니스의 기회가 새롭게 생겨나게 된다. 웹3.0 미디어 비즈니스 생태계는 데이터 및 콘텐츠의 자기주권 보장을 전제로 하여 데이터와 콘텐츠가 특정 플랫폼에 귀속되지 않고, 이용자가 데이터와 콘텐츠를 다양한 서비스에서 활용할 수 있는 탈중앙화된 웹 구조를 띠게 될 것이다. 이러한 탈중앙화된 웹 구조가 발전하기 위해서는 먼저 백엔드에서 데이터와 콘텐츠를 분산 저장할 수 있는 IPFS(InterPlanetary File System) 같은 분산형 스토리지 등이 함께 요구된다. 이러한 인프라에 대해서는 마지막 13장에서 다루기로 한다.

웹3.0 미디어 비즈니스 모델 설계

아래 [그림 1]은 비즈니스 모델을 구성하는 4대 요소들을 나타낸 것이다. 고객 가치를 창출하고 고객에게 이 가치를 전달하는 비즈니스 모델의 역량 획득을 위해 필요한 네 가지 구성요소는 고객을 위한 가치 제안, 인력과 자금, 기술과 같은 자원, 투입된 자원을 최종 제품이나 서비스로 전환하기 위해 조직이 활용하는 프로세스, 그리고 매력적 보상을 거두기 위해 필요한 마진 및 속도, 사업 규모를 설명하는 이익 공식으로 구분된다. 양방향 화살표는 비즈니스 모델 요소들 간에 필요한 통합을 의미한다. 그리고 네 가지 중 우선순위는 가치 제안과 이익 공식이며, 나머지는 이 둘을 지원하는 역량에 속한다.

[그림 1] 비즈니스 모델의 구성요소

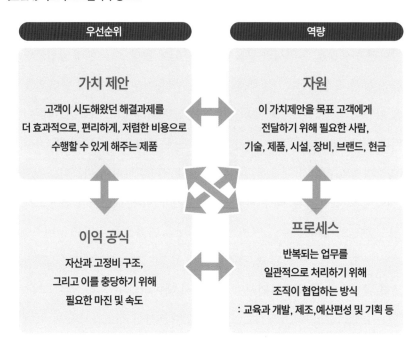

출처: M.W.Johnson, C.M. Christensen and H. Kagermann, 2008; DBR, 2017.1.

1장에서 논했듯이, 웹1.0, 2.0, 3.0에 대해 이론적으로는 설명할 수는 있으나, 사실상 기술적으로는 선을 정확히 그을 수는 없다. 즉, 이는 인터넷의 진화 모델로 보아야 한다. 현실로 돌아와 보면, 인터넷 작동 방식은 지난 수십 년간 크게 바뀌지 않았다. 사람들이 인터넷을 어떻게 구축하고 상호작용할 수 있을지에 대해 고민하면서 새로운 방식이 추가되는 식으로만 진화하고 있을 뿐이다. 블록체인 같은 새로운 기술 방식이 나왔다고 해서 클라우드 같은 기존의 저장 기술 방식이 사라지는 것은 물론 아니다. 즉, 웹2.0이 웹1.0 없이 존재할 수 없었듯이, 웹3.0도 웹2.0 없이는 존재할 수 없다.

이미 혁신을 끊임없이 추구하는 다양한 산업 영역에서 웹3.0 철학과 기술을 접목하기 시작했다. 예로, 스타벅스는 고객과의 관계를 디지털로 확장하기 위해 NFT 활용을 시도했고, 프라다나 구찌 같은 럭셔리 브랜드들은 짝퉁을 차단하기 위해 블록체인 기술을 활용하고 있으며, 국내의 신세계 브랜드는 충성 팬덤을 만들기 위해 PFP NFT 프로젝트를 운영하기 시작했다. 이처럼 웹3.0은 우선은 웹2.0 시대의 제품과 서비스에 의존하고 있다. 또한, 웹3.0 대부분이 여전히 AWS 같은 웹2.0 방식의 클라우드 인프라 서비스에 의존하고 있다. 이는 노드를 클라우드에서 운영하면 자체 데이터 스토리지를 만들거나 투자하지 않고도 상대적으로 저렴하게 운영할 수 있기 때문이다. 미디어 업계에서 웹3.0을 가장 먼저 받아들인 게임 업계도 온전히 블록체인 위에서만 게임 개발과 운영을 한다고는 생각하지 않는다. 이는 특히 웹3.0의 주요 장애요인인 상대적으로 느린 속도와 높은 비용 때문인데, 게임의 재미를 위해 웹2.0 기반에서 게임을 개발하고, 일부 요소들만 웹3.0으로 만드는 방식을 채택하고 있는 것이다.

웹2.0과 웹3.0을 무 자르듯이 구분하기 어려우며, 웹2.0 비즈니스 모델은 미래를 주도할 웹3.0 철학을 담아내면서 서서히 웹3.0 비즈니스 모델로 진화할 것이다. 이는 웹3.0이 하늘에서 새롭게 떨어진 것이 아니라, 웹2.0 구조나 비즈니스 모델의 영향을 받고 있기 때문이다. 중요한 것은 이용자들이 편리해하고 저렴하며 이해하기 쉬운 서비스를 선호하고 있다는 변함없는 고객 '가치 제안'이다. 사실상 부상하고 있는 블록체인 기술이 엄청나게 혁신적이거나 속도가 굉장히 빠르거나 매우 간편한 것도 아니다. 사실 블록체인이 내세우는 보안이나 기타 기술적 장점은 이미 웹2.0에서도 일부 제공되고 있다. 더구나 이용자가 웹3.0 소셜 미디어에 콘텐츠를 작성하고 업로드 하는 활동을 할 때마다 가스비라는 예기치 못한 수수료를 지불해야 한다. 이러한 단점에도 불구하고 미디어 기업들은 웹3.0 미디어 비즈니스를 고민해야 하며, [그림 1]에서 보여주는 두 가지 우선적인 구성 요소인 가치 제안과 이익 공식을 늘 함께 고려해야 한다.

먼저, **가치 제안**은 웹3.0 철학에 맞는 새로운 고객 관계 정립을 뜻한다. 2장에서 언급한 웹3.0 비즈니스 기회의 구성 요소의 하나인 탈중앙화의 가치 제안은 고객이 갖는 결과에 대한 '이용자 권한'의 회복이다. 이는 새로운 고객 관계 정립을 위한 핵심이 된다. 기술적으로 볼 때, 미디어 플랫폼에서 창작하고 제작하고 거래하는 모든 서비스와 재화를 '아직은' 불완전한 블록체인 위에 올리는 것이 불안할 수는 있다. 하지만, 탈중앙화 기술인 블록체인 상에 올림으로서 고객과의 새로운 관계가 시작될 수 있을 것이다. 이때, **이익 공식**은 기업이 웹3.0 비즈니스를 통해 고객에게 실질적 권한을 돌려줌으로써 마케팅, 브랜딩, 매출 증대 등 장기적 이익을 취할 수 있게 됨을 의미한다.

가치 제안이 **이익 공식**으로 이어지게 하기 위해 웹3.0 비즈니스 모델이 개발될 것이며 다양한 유형들이 생겨날 것이다. 왜냐하면 개개의 미디어 기업들마다 목표가 다르고 감수할 수 있는 리스크가 다를 수 있기 때문이다. 웹2.0 미디어 기업들의 웹3.0으로의 비즈니스 모델 혁신을 유형화해 볼 수도 있겠다. 크게는 기존 기업의 방어적 혁신이라 할 수 있는 존속적 혁신과 기존 및 신생 기업들의 공격적인 파괴적 혁신으로 구분할 수 있다. 존속적 혁신 예로는 블록체인 인프라만 활용하는 구글 클라우드의 '블록체인 노드 엔진'이, 파괴적 혁신 예로는 메인넷을 직접 구축한 위메이드의 '위믹스 생태계'가 있다.

결론적으로 보면, 웹2.0 시대의 미디어 기업들이 웹3.0 미디어 비즈니스 모델을 단독으로 설계하고 혁신해 나가기는 사실상 쉽지 않다. 기술적으로는 물론이고, 규제적으로도 그렇다. 그러므로 웹2.0 미디어 기업과 정부, 그리고 웹3.0 기술 기업들이 서로 협력하는 사례가 나와주어야만 한다. 앞서 논의했듯이, 웹3.0은 현재는 암호화폐로만 인식되는 디지털자산 토큰, NFT, DeFi, DAO부터 시작해 AI와 메타버스까지 포괄한다. 앞으로 웹3.0이 차세대 인터넷이 될 것이라는 확신을 가지고 미디어 기업들도 많은 선례들을 만들어 나가야 한다.

데이터 기반 웹3.0 미디어 비즈니스

6장에서 웹3.0 메타버스 비즈니스의 시작점을 대체불가토큰(NFT)으로 보고, 이의 개념과 시스템 구조, 그리고 NFT 창작물 거래구조에 대해 설명하였으며, 이어 NFT 비즈니스 확장 가능성에 대해서도 언급하였다. 데이터에 관한 데이터(data about data)라 정의되는 메타데이터(Metadata) 기반의 NFT가 대표적인 데이터 기반 웹3.0 미디어 비즈니스이다. NFT 세계에서 메타데이터는 NFT에 대한 추가 정보를 제공하는 중요한 역할을 한다. 이 정보에는 NFT의 이름과 설명, 이미지 및 기타 속성이 포함된다. 이러한 정보를 제공하는 메타데이터는 NFT의 소유권을 표시하고 검색하고 확인하는 데 사용된다. 6장에서 설명한 ERC-721나 ERC-1155 같은 다양한 NFT 메타데이터 표준이 있으며, 이 표준이 NFT 메타데이터의 구조와 속성을 정의하며 플랫폼 간의 상호운용성을 보장하게 된다.

이에, NFT는 그림, 동영상 등 디지털자산에 고유성과 희소성을 부여하는 토큰이 되고, 디지털자산의 고유한 인식 값(원작자, 소유자, 로열티, 원본 URL, 계약 조건 등)은 메타데이터로 블록체인에 토큰 형태로 등록되는 것이다. 이렇게 등록된 NFT는 아바타나 콘텐츠 등에 대한 희소성 평가와 소유권 보장이 가능한 새로운 인증 수단으로 인정되면서 다양한 분야로 그 활용 범위가 확대될 수 있다. 미디어 기업도 메타데이터 기반으로 다양한 NFT 비즈니스 모델들을 만들어 나갈 수 있다.

미디어 기업이 NFT에 적극적인 행보를 보이는 이유는 간단하다. 기존에는 콘텐츠 제작자가 얻는 플랫폼 배분 수익 모델이 주로 광고 수익이나 구독 수익이다. 하지만 콘텐츠 제작사가 직접 자사의 지식재산권(IP)에 NFT를 활용할 경우에는 새로운 수익을 창출할 수 있게 된다. 예컨대, 뮤직 아티스트의 IP를 활용해 NFT로 포토카드나 NFT 굿즈를 만들어 판매할 수 있으며, 이는 기존 팬들을 더 끈끈하게 결속시켜 팬덤 문화를 구축하는 데에도 활용될 수 있다. 즉, NFT 비즈니스 모델은 기본적으로 데이터 기반 비즈니스 모델로 시작하여 커머스와 커뮤니티로 콘텐츠의 영역을 확장시키는 역할을 하게 된다.

NFT 기술 구조의 근간은 6장에서 언급한 스마트계약(Smart Contract)과 메타데이터이다. 스마트계약은 사전에 정해 둔 계약 조건이 충족되었을 때 거래가 이루어지고 해당 내역을 블록체인 위에 온체인으로 기록하는 기술이며, 메타데이터는 NFT의 세부 속성이 되는 정보가 오프체인 형태로 기록된 것이다. 디지털 창작물에 대한 설명, 창작자, 소유자, 거래 기록, 원본 URL 등을 예로 들 수 있다. 쉽게 말해, 이는 마치 워드(Word) 파일에 있는 속성 정보와도 같은 것이다. 기술적으로 NFT에 대한 정보 일부는 스마트계약에 저장되고, 일부는 메타데이터 형태로 저장되는데, 그 이유는 비용과 효율성 때문이다. 즉, 블록체인상에 NFT에 대한 모든 데이터를 저장하기에는 비용과 시간이 많이 들기 때문에, 온체인에는 NFT를 URL 형태로만 저장하고, NFT의 세부 속성은 메타데이터에 오프체인 형태로 저장하는 것이다.

웹2.0시대의 디지털 음악과 사진 등 콘텐츠들이 무단 복제되어 사용되면서 그 가치를 제대로 평가받지 못한 측면이 있다. NFT는 디지털자산의 소유권을 회복시키는 데 기여하며, 작품을 공유하고는 싶지만 무단 복제를 꺼렸던 창작자에게 지속적인 수익을 안겨줄 수 있게 된다. 게다가 NFT 원작자는 희망하는 로열티 비율을 직접 설정해 첫 판매로부터 얻는 수익뿐만 아니라 1차 구매자가 2차 구매자에게, 2차 구매자가 N차 구매자에게 판매하여 소유권이 이전될 때마다 판매 금액의 일부를 수수료로 얻을 수 있게 된다. 또한, NFT를 활용하면 거래 내역 자체에 의미를 담을 수 있다는 점에서도 디지털자산의 가치 증식을 기대할 수 있다. 즉, 내가 판매한 디지털자산을 누가 보유했고 어떤 경로로 유통되었는지에 따라 가치가 달라질 수 있게 된다. 모두 메타데이터 덕분이다.

미디어 산업에서는 특히 9장에서 논의할 게임 업계에서 선두적으로 NFT를 게임 아이템과 캐릭터에 접목시켜 P2E(Play to Earn) 트렌드를 이끌고 있다. 아직 국내에서는 게임물의 이용을 통해 획득한 유무형 결과물을 현금으로 환전하는 행위가 게임산업진흥에 관한 법률에 의해 금지되어 P2E 게임이 제한된 상황이지만 해외에서는 게임 재화가 암호화폐로 교환되고, 이를 현금화할 수 있는 구조를 만들어가기 시작했다. 이용자가 게임을 하며 수익을 낼 수 있는 방법 중 하나가 NFT로 만들어진 게임 캐릭터의 가치 상승으로 수익을 내는 것이다. 선두 사례로 2018년 출시된 **엑시인피니티(Axie Infinity)**가 있다. 이는 '엑시'라는 가상 동물을 전략적으로 편성해 상대방의 엑시와 대전을 즐기는 단순한 게임이다. 특이한 것은 '엑시' 세 마리를 가상화폐를 통해 구입해야만 웹3.0 콘텐츠를 플레이할 수 있다는 점이다. 이용자는 엑시라는 애완동물 NFT를 수집하고, 다른 엑시와 전투를 벌이고, 자신이 양육한 엑시를 다른 사람에게 팔아 돈을 벌 수 있다. 이는 이용자가 게임에 쏟아부은 시간과 노력에 대해 금전적으로 보상받을 수 있다는 점에서 기존 게임과 차별된다.

이 선두 사례에서 보듯이, 웹3.0 게임은 이용자로 하여금 게임 내 자산을 소유할 수 있게 해주는 게임에서 시작되고 있다. 즉, 가치 제안을 넘어 이익 공식을 주는 것이다. 베트남의 스타트업 회사인 스카이마비스(Sky Mavis)가 개발한 모바일 수집형 롤플레잉게임(Roll playing game; RPG)인 엑시인피니티가 이를 포착한 것이다. NFT로 구성된 엑시는 게임 외부의 개인 지갑에 저장할 수 있으며, 다른 이더리움 주소로 전송할 수 있고, NFT 마켓플레이스를 통해 다른 플레이어와 거래할 수 있다. 엑시를 활용해 타 플레이어와 전투에서 승리하면 '스무스러브포션 (Smooth Love Potion; SLP: 인게임 디지털화폐)과 'AXS'라는 블록체인 암호화폐를 획득할 수도 있다. 이는 브리딩(Breeding) 시스템을 통해 새 엑시를 탄생시키거나 암호자산 거래소에서 매매할 수 있다. 이 게임은 단순함에도 불구하고 대성공을 거뒀다. 2021년 엑시인피니티의 인기가 최고에 이르렀을 때는 일일 활성 사용자 수(Daily active user; DAU)가 270만 명을 돌파했고, 더불어 스카이 마비스의 기업 가치는 약 30억 달러에 육박한 바 있다.

하지만, 선두 사례인 엑시인피니티의 찬란한 시작은 그리 오래가지 못한다. 엑시인피니티의 닫힌 게임 구조가 영원할 수 없다는 전망과 함께 SLP, AXS 코인의 시세가 낮아졌고 이용자들이 보유한 게임 자산의 평가 가치도 폭락했다. 여기에 게임 자체의 사행성이 강하다는 언론의 평가가 기름을 부었고, 수익성이 저하되며 신규 플레이어 유입이 감소하는 '죽음의 소용돌이' 현상이 발생했다. 이처럼 짧은 기간에 천당과 지옥을 오가는 흥망성쇠를 거친 게임이 제시한 P2E 비즈니스 모델은 여러 이슈에도 불구하고 기존 게임 업계에 큰 파문을 던졌다.

웹3.0 미디어 비즈니스 모델을 개화시킨 **메타데이터 기반의 NFT 비즈니스**에는 아직 **해결해야 할 이슈**들이 있다. 먼저, **지식재산권(IP) 이슈**이다. 디지털자산이 NFT로 등록 후에 정보가 투명하게 관리되지만, 처음부터 NFT에 올라온 상품에 대한 진위를 확인하기는 어렵기 때문에 온라인상에서 IP를 허락없이 NFT로 등록하는 일이 발생하고 있다. 예로 나이키가 NFT 마켓플레이스에 자사 제품을 누군가가 NFT로 만들었다고 소송을 제기했다. 이에, 대표적 마켓플레이스인 오픈씨(Opensea)는 자체 인증을 받은 NFT에 파란색 체크 마크를 표시하는 안전장치를 마련해 놓고 있지만, 원천적으로 진품만을 올릴 수 있도록 하는 방법은 아직까지 마련되어 있지 않다. 또한, 동일 작품을 여러 개 NFT로 만들어 유통시키기도 한다.

다음은 새로운 **시장 플랫폼의 영향력 이슈**이다. 탈중앙화 네트워크에 저장된 NFT가 기존 플랫폼 기업이 독점하던 시장 구조를 개선시키고 창작자에게 더 큰 보상이 돌아갈 수 있을 것이라 기대하지만, 또 다른 플랫폼인 NFT 마켓플레이스의 영향력이 점점 커져가고 있다. 플랫폼에 따라, 자체 심사를 거쳐 엄선된 작품만 등록할 수 있도록 하기도 하고, 판매자와 구매자 양쪽으로부터 적지 않은 수수료를 수취하기도 한다. 또한 창작자들은 NFT로 작품을 출시하더라도, 여전히 작품을 큐레이션 해주고 유통시켜주는 NFT 마켓플레이스에 의존하게 된다. 더욱 강해지는 NFT 마켓플레이스의 영향력이 결국에는 기존 웹2.0 플랫폼의 영향력과 크게 다르지 않다는 점이 문제이다.

마지막으로 **아직은 불완전한 NFT 기술 그 자체 이슈**이다. NFT는 고유 식별자와 메타데이터, 콘텐츠 등의 세가지 요소로 구성되는데, 아직까지 블록체인 안에 온체인으로 담기는 부분은 고유식별자 하나인 경우가 대부분이다.

그 이유는 앞서 언급했던 용량의 문제 때문이다. 이에 나머지는 별도 서버에 기록되므로 서버의 안정성이나 신뢰성 문제도 상존하게 된다. 이러한 문제를 해결하기 위해 블록체인 기술을 활용해 특정 서버에 파일을 저장하는 것이 아니라, 이용자들이 이용하는 거대한 분산형 스토리지를 도입하려는 시도가 있다. 하지만, 효율성이나 처리 능력 등에서 이 또한 보완되어야 한다. 게다가, NFT에 대한 해킹 이슈도 간과할 수 없다. 앞서 언급한 엑시인피니티의 경우에 2022년 3월 5.4억 달러 상당의 암호화폐를 해커 공격에 도난당했다. 그 외에도 **NFT에 대한 과세 문제, 탈세와 불법 증여, 자금세탁 등의 법적 이슈**도 존재한다.

결론적으로 보면, 이러한 어려움에도 불구하고 NFT가 웹3.0 미디어 비즈니스에서 기대되는 이유는 여전하다. 돌이켜 보면, 신기술 확산 저변에는 항상 버블과 비이상적 과열 현상이 동반되었다. 웹1.0 시대가 개화한 후 2000년대 초 닷컴 버블이 꺼지는 과정에서 수많은 인터넷 기업이 파산했지만, 현재 인터넷은 범용기술(General Purpose Technology; GPT)로 자리 잡아 세상을 이끌고 있다. NFT도 이와 비슷한 상황을 재연하는 것처럼 보인다. 어떠한 기술도 처음부터 100% 완벽한 기술은 존재할 수 없으며, NFT도 수많은 시행 착오를 겪으며 범용 기술로 자리 잡을 것이다.

콘텐츠 기반 웹3.0 미디어 비즈니스

웹2.0 환경에서도 이미 일부 이용자들은 크리에이터(Creator)가 되었고, 비즈니스 모델을 확장하면서 크리에이터 커머스나 팬덤 커뮤니티를 운영할 수 있게 되는 등 새로운 가치 제안들이 진행되고 있다. 하지만, 기존의 중개를 통한 플랫폼 경제가 새로운 이익공식으로 연결되지 못하게 하는 걸림돌로 작용하고 있는 게 현실이다. 웹3.0 환경이 된다면 콘텐츠 창작자들은 이커머스나 커뮤니티 형성을 스스로 진행하며 이익을 창출하는 측면에서 이전보다 더욱 유연해질 수 있다. 이러한 가능성을 가진 크리에이터들이 현재 활동하고 있는 플랫폼은 소셜미디어인 SNS들이다. 지난 몇 년간 급격히 성장해 웹2.0을 주도하고 있는 대표적인 SNS 업계는 페이스북과 유튜브, 인스타그램, 틱톡 등이다. 각 서비스는 사진과 동영상, 메신저 기능의 유무, 평균 콘텐츠 소모 시간 등 다양한 컨셉을 기반으로 포지셔닝하고 있다. 하지만 페이스북을 운영 중인 메타의 사용자 수가 감소하기 시작했고, 유튜브 콘텐츠 소모 시간이 감소하는 등 SNS 시장은 큰 변곡점을 맞이하고 있다.

SNS의 한계점으로 가장 먼저 제시되는 것이 SNS 계정 해킹, 개인정보 추적 등을 통한 사이버 범죄이다. 또한, 시장의 성숙을 경험 중인 SNS들은 새로운 이익 공식을 만들기 위해 고군분투하기 시작하지만, 안타깝게도 본연의 가치 제안을 넘어 광고 플랫폼이나 거래 플랫폼으로 전락하고 있다. 메타의 페이스북에는 처음부터 광고 콘텐츠가 올라오고 있어서 외면당하기 시작했다. 이제는 인스타그램이나 유튜브 내에서도 기업부터 개인까지 쇼핑몰 운영이 가능하다. 즉 고객들은 소셜미디어를 소비하는 시간만큼 원하지 않는 수많은 광고와 상품의 홍수 속에서 시간을 허비해야 한다.

소셜미디어 비즈니스의 본원적 가치는 커뮤니티 형성이다. 따라서, 이용자들은 일방향적으로 서비스를 제공했던 문화에서 벗어나 함께 서비스를 만들어가고 개선해 나가는 것에 흥미를 느껴야만 충성 고객으로 발전하게 된다. 또한, 소셜미디어 플랫폼이 지켜야 할 신뢰성이 더욱 중요해지면서 커뮤니티 내에서 이용자가 얻은 재화가 유실되지 않고 보존되고 있는지 확인할 수 있어야 한다. 이용자는 직접 글을 작성하거나 그림을 그려 공유하는 데 적극성을 보이면서 더욱더 본인의 콘텐츠를 출처와 함께 잘 보관해 주는 플랫폼을 찾게 된다. 데이터 소유권만큼이나 창작자의 콘텐츠 소유권을 회복하고 n차 창작자가 되는 이용자들에게도 수익을 돌려주는 웹3.0 미디어 비즈니스 모델이 필요하다. 이의 대표적 선두 사례로 앞서 DApp사례로 소개한 **스팀잇(Steemit)**이 있다. 네드 스캇(Ned Scott)과 다니엘 라리머(Daniel Larimer)가 2016년 4월에 서비스를 시작해 같은 해 7월에 스팀잇을 공동 설립했다. 스팀잇은 매우 선두적이었지만 너무 이익공식, 즉 수익화에만 치중한다는 비판을 받으면서 시장의 외면을 받게 되는 과정을 겪는다. 기술적으로는 스팀(Steem) 블록체인 기반이며, 콘텐츠 창작자에게 보상이 돌아가야 한다는 철학을 토대로 만들어졌다.

수익화에 치중한 스팀잇의 이익 공식은 글쓴이와 독자인 이용자 모두에게 해당된다. 인스타그램이나 네이버 블로그처럼 이용자가 창작한 콘텐츠를 업로드하고, 독자들은 그 해당 콘텐츠가 마음에 들면 '업보트(Upvote)'를 누르는 방식은 웹2.0 SNS에서 사용하는 '좋아요'기능과 흡사하다. 하지만, 기존 SNS와의 가장 큰 차이점은 창작자가 올린 콘텐츠에 업보트가 많을수록 더 많은 암호화폐를 보상으로 받는다는 점이다. 또한, 창작자인 글쓴이는 광고 없이 콘텐츠로만 수익을 창출할 수 있도록 하는 온라인 커뮤니티인 스팀잇을 선호하게 된다. 글쓴이가 올린 콘텐츠는 블록체인에 모두 기록되며, 7일이 지나면 수정이나 삭제는 불가능하다.

스팀잇의 독자인 이용자들은 일주일간 투표하고, 일주일 후 투표 받은 스팀 일부를 보상으로 가진다. 이렇게 쌓인 스팀은 법정화폐로도 바꿀 수 있다. 보상 스팀의 75% 정도를 글쓴이가 가져가고, 나머지 25%를 투표자끼리 나누어 가진다. 그래서 이용자들은 열심히 투표하게 되고, 이는 좋은 글이 많은 사람들에게 보여지는 로직이 된다. 즉, 블로그에서는 아무리 좋은 글을 써도 알려지지 않으면 묻히게 되는데, 이를 투표 시스템을 통해 해결한 것이다. 또한, 투표 시스템만으로는 무작위로 투표를 하는 사람들이 생기기 마련이라, 부정 클릭인 어뷰징(Abusing)을 방지하기 위해 일종의 피로도 개념인 보팅 파워(Voting power; VP)도 만들어졌다. 파워의 에너지가 떨어져 60%라면 100달러 투표권 행사 시에 60달러만 투표가 행사되는 시스템이다. 투표 보상을 높게 받기 위해서는 아무 글이나 추천할 수 없으며, 사용한 에너지는 24시간에 20% 채워진다.

소셜미디어가 웹3.0으로 가야 하는 주요 이유는 이용자가 기대하고 있는 콘텐츠 소유권에 대한 올바른 보상때문이다. 스팀잇에서 보상으로 사용되는 암호화폐는 세 가지이다. 먼저 **스팀(Steem)**은 암호화폐 거래소에서 거래되며, 시세도 형성된다. 글을 쓰는 저자 보상과 투표했을 때 주는 큐레이션 보상으로 이용자에게 저장되는 암호화폐이다. **스팀파워(Steem Power; SP)**는 스팀잇에서의 파워로, 스팀파워가 많은 회원은 그만큼 큰 영향력을 행사한다. 투표 시 저자가 더 높은 보상을 얻으며 자신도 더 높은 큐레이션 보상을 받는 형태이다. 마지막으로, **스팀달러(Steem Dollars; SBD)**는 미국 1달러 가치가 보장되도록 설계되어, 급격한 가격 변동에 대응하는 스테이블코인이다. 이렇게 구분한 목적은 플랫폼에 머무르는 시간을 늘려 서비스를 보다 활성화하기 위함이다. 이를 위해 스팀으로 단기 유동성을, SP로 장기 유동성을 가지는 토큰을 구분함과 동시에, 법정 화폐인 달러에 연동된 안정적 토큰을 추가로 구성해 대체 강화 재유형을 다양화한 것이다. 스팀과 스팀달러는 거래소를 통해 현금으로의 교환이 거의 즉시 가능하지만, SP는 약 13주 기간을 거쳐 점차 스팀으로 교환되도록 설계되었다.

아래 [그림 2]는 2018년 이러한 스팀잇의 **토큰 구조와 플랫폼 구조**를 보여준다. 먼저, 상단의 토큰 구조를 보면, 스팀잇은 블록체인 기반 소셜미디어 플랫폼으로서 이용자가 창작한 콘텐츠를 직접 올릴 수 있고, 이를 읽는 큐레이터인 독자는 이용자 창작 콘텐츠를 보고 맘에 들면 업보트(Upvote)를 클릭하며, 그 클릭 수에 따라 암호화폐가 보상으로 주어진다.

[그림 2] **스팀잇의 토큰 구조와 플랫폼 구조**

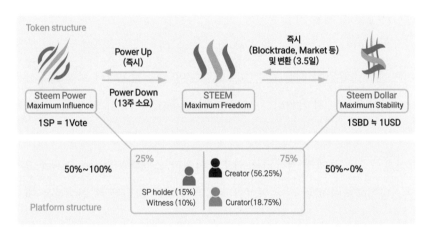

출처: 이중엽, 2018.11.1.

이러한 토큰구조 설계와 함께 [그림 2] 하단의 플랫폼 구조를 보면, 앞서 언급했듯이 보상은 75:25 비율을 적용한다. 창작자와 큐레이터(추천 및 댓글 작성) 집단에게 75% 보상이 주어지고, 나머지 25%가 SP 보유자와 채굴자로 구성된 플랫폼 운영진에게 제공된다. 또한, 콘텐츠 제공자에게 부여된 75%는 다시 창작자 75%와 큐레이터 25%의 비율로 나뉘어 지급된다.

스팀은 이처럼 단순 보상 시스템 구현에만 그치지 않고 플랫폼으로서 실제 서비스 구현을 제시하였다는 점에서 의의가 있다. 그런데 이러한 비즈니스 모델 설계를 한 스팀잇의 성장은 오래가지 못한다. 2018년 6월 기준, 출범 2년 만에 전 세계 100만 가입자를 확보하였고 그 중 한국어 트래픽이 30%로 예측될 만큼 가파른 성장세를 보였으나, 같은 해 11월에 재정난을 이유로 직원의 70%가 해고되었고, 서버 관리비도 대폭 줄었으며, 아마존웹서비스(AWS) 사용료를 내지 않기 위해 자체 개발한 데이터베이스를 사용하기로 한다. 이는 2018년부터 스팀 시세가 점차 하락하고 새로운 수익원을 찾지 못해 재정난에 시달린 결과이다. 이러한 어려움을 겪은 후에 스팀잇은 2020년 중국계 블록체인 플랫폼인 '트론(Tron)'에 인수되었고, 암호화폐인 트론도 보상 시스템에 추가된다.

창작자가 글을 쓰며 돈을 버는 소셜미디어로 주목받으며 한때 기업가치가 10억 달러 이상을 넘는 평가를 받았던 스팀잇의 인기가 그리 오래 지속되지 못하였던 주된 이유는 구조적인 한계와 콘텐츠 문제로 나누어 볼 수 있다. 먼저, 구조적인 한계는 퀄리티 컨트롤(Quality control)의 어려움과 저작권 문제, SP의 불공정으로 인한 보상 시스템 문제, 코인이 많은 이용자 간의 상대방 글 보팅(Voting) 등의 어뷰징(Abusing)이 발생했기 때문이다. 콘텐츠 문제는 본원적 가치인 창작 그 자체보다는 수익을 주목적으로 하는 이용자들이 대거 모이면서 상대적으로 콘텐츠의 다양성이 부족해졌기 때문이다. 이는 엑시인피니티 경우와 매우 유사하다. 스팀잇은 창작자의 콘텐츠 수익화를 지원한 파괴적 비즈니스 모델로 시작했지만, 저작권 보호나 보상을 위한 추적 및 관리 기술의 부재와 공정한 수익 배분 시스템이 마련되지 않아 성장하지 못하고 제자리걸음을 하게 된 것이다.

결론적으로, 콘텐츠 기반의 웹3.0 미디어 비즈니스 모델이 성공하려면 1차 저작물에 대해서도 소유권과 저작권을 분리하고, 2차-3차-n차로 이어지는 창작물 제작 및 재합성 등을 지원하는 기술이 반드시 전제되어야 하며, 지적재산권인 IP 보상을 위한 공유-추적-관리 기술을 확립해야 하고, 보다 투명하고 공정한 수익 배분 시스템이 마련되어야 한다. 창작자-독자라는 단순 이분법에서 벗어나, 고객 가치 제안인 소유권의 인정과 이익 공식인 보상 시스템 모두를 균형 있게 고려하는 비즈니스 모델 정립이 필요하다.

참고문헌

김근형, "웹 3.0과 콘텐츠 유통의 탈중앙화," TTA ICT Standard Weekly 제1113호, 2022.

라분스페이스, "[마켓 리서치] 도시(DOSI), NFT 대중화를 위한 글로벌 플랫폼," https://medium.com/laboonspace/%EB%8F%84%EC%8B%9C-dosi-nft-%EB%8C%80%EC%A4%91%ED%99%94%EB%A5%BC-%EC%9C%84%ED%95%9C-%EA%B8%80%EB%A1%9C%EB%B2%8C-%ED%94%8C%EB%9E%AB%ED-%8F%BC-d070da705a61, 2023.5.11.

미디엄[로웰 경(Lowell Kyung) 글], "Web3 비즈니스에 대한 이해," https://medium.com/wepinwallet/web2-to-web3-web3-%EB%B9%84%EC%A6%88%EB%8B%88%EC%8A%A4%EC%97%90-%EB%8C%80%ED%95%9C-%EC%9D%B4%ED%95%B4-int-93a03ac7cb48, 2023.6.9.

삼정KPMG경제연구원, "메타버스 시대, 기업은 무엇을 준비하는가?" Samjong Insight, Vol.81, 2022.

송민정, "Web3.0 시장과 비즈니스 모델," 웹3.0 연구회 발족식 및 창립 심포지엄, 발표문, 2023.4.12.

송민정, "Web3.0 비즈니스 모델," KRnet 발표문, 2023.6.27.

이노핏파트너즈, "올 초부터 뜨겁게 달군 웹3.0," https://brunch.co.kr/@innofit/253, 2023.6.20.

이중엽, "토큰 경제와 블록체인의 미래," SPRi 이슈리포트 제2018-005호, 소프트웨어정책연구소, 2018.11.1.

이코노미스트, "'이제는 게임하면서 돈도 번다'···웹3.0 게임이 바꿀 미래 [스페셜리스트 뷰]," https://economist.co.kr/article/view/ecn202403180032, 2024.3.18.

전자신문, "라인 넥스트, '도시'정식 출시···디지털 커머스 플랫폼으로 전환," https://www.etnews.com/20240111000142, 2024.1.11.

정의현, "Web 3.0 전망 및 문화분야 대응 방안," 문화정보 이슈리포트, 제5호, 한국문화정보원, 2023.

지디넷, "곽노건 교수의 웹3 ⑤ NFT(Non-Fungible Token, 대체 불가능한 토큰),"

https://zdnet.co.kr/view/?no=20240507112111, 2024.5.

클레이튼M.크리스텐슨, 토머스 바트만(Thomas Bartman), 데릭 반 베버(Derek van Bever), "비즈니스 모델의 구성 요소," 동아비즈니스리뷰(DBR), Issue 2, 2017.1.

키움증권, "높아진 자산 토큰화에 대한 관심," https://invest.kiwoom.com/inv/33796, 2023.10.4.

토스피드, "이제야 NFT가 궁금해진 너에게," https://blog.toss.im/article/nft-study-club-1, 2022.3.

핀시아, "토큰 이코노미 2.0 공개,"https://medium.com/lineblockchain/토큰-이코노미-2-0-공개-65b48d6ea0d5, 2022.11.

함대훈, "인터넷, 웹3.0으로의 진화," https://www.samsungsds.com/kr/insights/web3.html, 2022.5.25.

M.W.Johnson, C.M. Christensen and H. Kagermann, "Reinventing Your Business Model," Harvard Business Review, 2008.

Purestrage, "Are You Ready for the Unstructured Data Explosion?" https://blog.purestorage.com/perspectives/are-you-ready-for-the-unstructured-data-explosion/, 2023.3.9.

Purestrage, "What is Web3.0?" https://blog.purestorage.com/ko/perspectives-ko/what-is-web-3-0-and-why-is-it-being-called-the-data-web/, 2022.12.19.

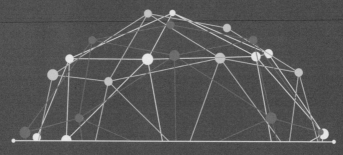

WEB3.0 MEDIA BUSINESS

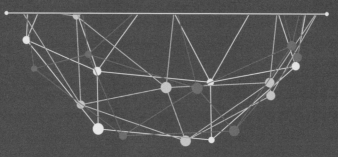

웹3.0 스트리밍 미디어 비즈니스

웹3.0 스트리밍 미디어 비즈니스

웹3.0 스트리밍 비즈니스 모델 이해

스트리밍 비즈니스와 웹3.0을 연결하는 키워드는 2장에서 논의한 '탈중앙화'라는 특성이다. 이는 한 사람의 주체나 집단이 네트워크를 완전히 통제할 수 없음을 뜻한다. 탈중앙화 기반 웹3.0 환경에서도 웹2.0 환경과 마찬가지로 웹이나 앱을 호스팅하기 위해 여전히 서버가 필요하다. 하지만, 중앙 기관이 아닌 많은 독립적인 참여자들이 노드가 되어 서버를 소유하고 운영한다는 점이 웹2.0과 다르다. 기존 클라우드 컴퓨팅 업체에서 서버를 빌리는 것도 물리적으로는 분산화되어 있지만, 이 서버가 탈중앙화되어 있다고 말하지는 않는다. 그 이유는 여전히 서버의 원 소유자가 플랫폼으로서 존재하기 때문이다. 이에 반해, 웹3.0의 서버인 노드는 분산되어 있을 뿐만 아니라 탈중앙화를 추구하므로 인터넷 미디어 사용 방식에도 큰 영향을 미치게 된다.

이처럼 웹3.0 서버는 기술적으로나 개념적으로 기존 방식과는 분명히 차이가 난다. 이는 더 나아가 모든 디지털자산 통제권을 중앙 주체가 아닌 실제 이용자의 손에 쥐여 주는 것을 의미하기도 한다. 이를 실현시키는 웹3.0 비즈니스 모델은 블록체인 등의 기술을 활용해 네트워크 참여자들로 하여금 노드를 잘 유지하고 안정적인 탈중앙화 모델이 될 수 있도록 유도하는 데 기여하게 된다. 그렇다면 과연 개별 참여자들이 아무런 이익도 없이 자신의 노트북이나 스마트폰으로 서버를 유지할 것인가에 대한 의문이 남는다. 이것이 비즈니스 모델 구상의 시발점이다. 이들에게 잘 참여할 수 있도록 인센티브 형태로 주어지는 것이 디지털자산인 토큰이다. 이는 발전을 거듭하며 인센티브뿐만 아니라 네트워크가 잘 관리되게 하기 위한 암호화폐의 역할을 하게 된다.

"중개자 없이"라는 의미의 탈중앙화 비즈니스는 세 가지 탈중앙화 요소들로 구성된 설계 작업이 필요하다. 먼저 **기술적인 탈중앙화**가 필요하다. 이는 2장에서 논의한 비탈릭이 언급한 '아키텍처상의 탈중앙화'로서 제품과 서비스를 중앙화된 중개자가 운영할 필요 없이 배포하고 운영할 수 있음을 의미하며, 다른 두 가지 탈중앙화 요소들의 기초가 된다. 웹3.0 기술 중 하나인 블록체인(Blockchain)과 스마트계약(Smart contract)을 통해 탈중앙화 시스템은 전례 없는 수준의 조정 및 운영 기능을 달성할 수 있게 된다.

두 번째로 **경제적인 탈중앙화**가 필요하다. 이더리움 같은 프로그래밍이 가능한 블록체인과 이더리움 암호화폐 같은 디지털자산이 경제적 탈중앙화를 가질 수 있게 한다. 2장에서 논의한 비탈릭은 경제적 탈중앙화를 언급하지 않았는데, 그 대신에 '정치적 탈중앙화'에 대해 언급하였다. 이는 탈중앙화 조직 같은 거버넌스를 의미한다.

마지막으로, **법적인 탈중앙화**도 필요하다. 이에 대한 성문화된 기준은 아직 없지만, 디지털자산 중심으로 기준 마련이 진행 중이다. 예컨대 미국에서는 증권법, 판례법, 증권거래위원회(SEC) 가이드라인을 통해 실질적 기준을 수립하는 데 도움이 될 수 있다. 이에 대해서는 1장에서 유럽연합(EU)의 새로운 규제 중심으로 자세히 다루었다. 이는 또한 2장에서 논의했던 비탈릭이 언급한 '논리적 탈중앙화'에 속한다.

　　이처럼 기술과 거버넌스를 포함한 경제, 그리고 점차 성문화될 것으로 보이는 법률 간 상호작용이 이해관계자 간의 탈중앙화된 소유권, 탈중앙화된 출처로부터의 가치 구축, 탈중앙화된 이해관계자에 대한 가치 배분을 우선시함으로써 탈중앙화 기반 비즈니스 모델들을 개발해 나가는 데 도움이 될 것이다. 아래 [그림 1]에서 보면, 탈중앙화 기반 비즈니스 설계는 기술 및 경제적 요소에서 이루어지게 된다. 즉, 탈중앙화 시스템에는 **기술적 플랫폼**이 인프라로 존재하며, 이는 블록체인 네트워크와 프로그래밍이 가능한 스마트계약 프로토콜로 구성된다. 이를 토대로 **경제적 플랫폼**이 설계되기 위해서는 디지털자산과 이용자 데이터 등의 새로운 구성 요소들이 필요하다. 또한, 여기에 추가되는 구성요소로 탈중앙화 거버넌스(Decentralized governance)가 있다. 이는 2장에서 논의된 비탈릭이 언급했던 '정치적 탈중앙화'로서 기여자로 구성된 가상의 개방형 네트워크에서 자율적으로 운영되는 블록체인 기반의 DAO를 뜻한다. 이 조직에서는 거버넌스가 탈중앙화되어 있으며 블록체인에 저장되고 실행되는 스마트계약에 프로그램된 자동화된 규칙을 기반으로 조직이 운영된다.

[그림 1] 탈중앙화 시스템의 구성 요소들

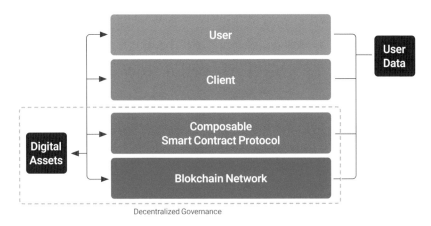

출처: Miles Jennings of Andreessen Horowitz , 2022. 4.; Song, 2024. 5.

정리해보면, 블록체인과 스마트계약은 투명성, 오픈 소스, 데이터 이동성 등을 가능하게 함으로써 **기술적 탈중앙화**를 지원하며, **경제적 탈중앙화**는 기여고객(Client)과 이용자(User)라는 사용자 기반과 이들 간 네트워크 효과, 기술 등의 특성에 따라 참여 욕구를 유발하는 내재적 인센티브와 디지털자산 토큰의 배포, 이익 공유 등의 외재적 인센티브 간의 조합에 의해 주도된다. 디지털자산은 탈중앙화 기반의 경제 형성을 촉진시키는 중요한 구성요소이다. 탈중앙화 거버넌스인 DAO는 시스템에 대한 기술적 통제권을 탈중앙화 그룹에 분산함으로써 탈중앙화 시스템을 더욱 안전하게 보호하여 단일 당사자의 거버넌스 통제를 제한하는 역할을 할 수 있다. 토큰 기반 투표를 활용하는 DAO는 하위 DAO들에게 법률, 금융, 개발 등의 활동 범주에 대한 맞춤형 권한을 부여할 수도 있다. 위임자 보상을 포함한 참여를 장려하는 DAO는 악의적인 공격으로부터 보호하기 위해 개발자 회사에 주는 통제권보다 더 큰 통제권을 커뮤니티에 주려고 노력할 수 있다.

웹3.0 스트리밍 비즈니스 모델 유형

[그림 2]의 좌측은 2023년 상반기 기준으로 웹3.0 비디오 스트리밍 플랫폼 순위를 소개한 세 개의 출처와 중앙집중화된 유튜브(Youtube)의 탈중앙화 대안들(Alternatives)을 소개한 한 개의 출처에서 제시된 상위 기업들을 나열한 것이다. 이들 중에서 세 번 선택된 탈중앙화 비디오 스트리밍 플랫폼은 디라이브(DLive), 디튜브(DTube), 라이브피어(Livepeer), 쎄타(Theta) 등 네 개로 축약된다. [그림 2]의 우측은 이들을 대상으로 탈중앙화 기술, 경제, 거버넌스 등의 구성 요소로 분석 범위를 나눈 연구 프레임워크를 보여주고 있다.

[그림 2] **4대 비디오 스트리밍 플랫폼의 분석 범위**

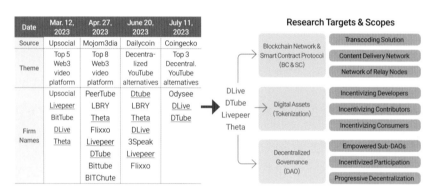

출처: Song, 2024.5.

먼저, 기술적 구성 요소는 블록체인 네트워크와 스마트계약 중심이며, 세부적으로는 트랜스 코딩 솔루션(Transcoding solution), 콘텐츠 전송 네트워크(Content Delivery Network; CDN), 릴레이 노드 네트워크(Network of Relay Nodes) 등이다. 경제적 구성 요소는 디지털자산의 토큰화(Tokenization of digital assets) 중심이며, 세부적으로는 개발자(Developer), 기여자(Contributor), 소비자(Consumer) 등에 대한 보상화(Incentivizing)이다. 마지막으로, 거버넌스 구성 요소는 탈중앙화 자율조직인 DAO 중심이며, 세부적으로는 서브 DAO들로의 권한 위임(Empowered Sub-DAOs), 보상을 전제로 한 참여(Incentivized participation), 그리고 점진적 탈중앙화(Progressive decentralization) 등이다.

이 연구 결과를 보면, 디라이브와 디튜브는 플랫폼 검열 위험을 줄이면서 다양한 콘텐츠를 홍보하고 있으며, 플랫폼 커뮤니티가 보다 사용자 친화적 환경에서 활동하는 데 주력한다. 한편, 라이브피어와 쎄타는 콘텐츠를 스트리밍할 수 있는 새로운 기술적 방법들을 제공하는 데 우선적으로 주력한다. 하지만, 시간이 지나면서 라이브피어와 쎄타의 전략은 다음에서 차이를 보이기 시작한다. 즉, 라이브피어는 기술적 구성요소에 더 주력하여, 특히 트랜스 코딩 계층에 집중하게 된다. 이에 반해, 쎄타는 기술적 구성요소인 네트워크 계층에만 머물지 않고, 콘텐츠 전송 계층으로 비즈니스 설계를 확장한다. 즉, 네트워크 품질을 향상시키고 CDN 비용을 절감함은 물론이고, 기여자가 제공하는 스토리지와 대역폭에 대해 유틸리티 토큰으로 보상함으로써 모든 참가자에게 가치를 제공하려 노력하게 된다.

이 연구 결과를 통해 제시되는 시사점은 스트리밍 비즈니스 모델은 유튜브 등 기존 비디오 공유 플랫폼(Video Sharing Platform; VSP)을 파괴적으로 혁신하려는 비즈니스 설계와 AWS 등 기존 CDN을 파괴적으로 혁신하려는 비즈니스 설계로 대별되고 있다는 점이다. 현재 스트리밍 시장을 이끄는 유튜브, 트위치(Twitch) 등의 VSP들은 이용자로 하여금 다양한 동영상 콘텐츠 업로드를 허용하면서 돈을 번다. 하지만, 고품질의 비디오 스트리밍 서비스를 제공하기 위해서는 콘텐츠 전송 네트워크인 CDN의 대역폭을 유지해야만 하며, 지금 이 순간에도 대역폭을 유지하는 데 천문학적인 비용을 쏟아붓고 있는 게 현실이다. 향후에 VR 등 메타버스의 등장과 함께 스트리밍 영상의 품질과 해상도가 계속 높아지면서 대역폭 유지 비용도 증가하게 된다.

웹2.0 환경에서도 이미 네트워크의 전송 용량과 효율성의 증대 노력으로 인해 이전보다 더 고화질의 동영상 시청이 가능해지면서 새로운 비즈니스 모델로 VSP외에 넷플릭스(Netflix) 같은 오버더탑(Over the top; OTT) 플랫폼들이 등장해 춘추전국 시대를 맞이하고 있다. 하지만, 이용자가 직접 쓴 콘텐츠와 댓글은 플랫폼에 올리는 순간부터 여전히 플랫폼 기업의 중앙 서버에 저장된다. 데이터는 플랫폼 기업에 귀속되어 내부 정책의 통제를 받고, 기업은 데이터를 활용해 광고 수익을 창출한다. 반면, 웹3.0 비즈니스 환경에서는 탈중앙화가 이뤄지게 한다. 콘텐츠가 분산 저장되고 관리자 개입 없이 웹을 이용할 수 있다.

인프라에 더 집중한 스트리밍 비즈니스 설계는 다시 스토리지인 클라우드와 CDN으로 대별된다. 탈중앙화된 분산형 스토리지는 이미 많은 웹3.0 인프라 기업들에 의해 도전되는 분야로서 13장에서 자세히 다루겠다. 2023년 기준으로 클라우드 기술을 활용해 영상 콘텐츠를 스트리밍하려면 매월 최대 4,500달러가 필요하고, CDN 비용은 1,500달러로 나타나 비용 문제가 큰 이슈이다.

CDN은 영화 같은 고용량 데이터를 이용자가 어느 곳에 위치해 있더라도 안정적으로 전송해 주는 기술로, 웹2.0 시대에도 비용 문제를 인식한 넷플릭스와 구글은 자체 구축한 바 있다. 고용량 콘텐츠가 증대하면서 CDN 비즈니스 설계에 혁신이 요구된다. CDN 1.0은 전송을 빠르게 하는 것에, CDN 2.0은 동적 콘텐츠를 빠르게 전달하는 것에 집중했다. 그렇다면, CDN 3.0은 분산이 포함된 개념으로 웹3.0 CDN을 의미한다. 웹3.0 CDN이 제공하는 기술을 사용하면 그 비용을 최대 50배까지도 절감할 수 있다고 하는데, 그 이유는 분산형 인프라를 통해 운영 비용을 줄였기 때문이다.

이상에서 한 연구 결과를 통해 두 가지 스트리밍 비즈니스 모델 유형이 있음을 보여주었다. 다음에서는 이 유형들에 대해 사례 중심으로 설명하고자 한다.

웹3.0 비디오 공유 비즈니스 설계

위에서 웹3.0 비디오 공유 플랫폼(VSP) 비즈니스 모델 사례로 디라이브 (DLive)와 디튜브(DTube)에 대해 간단히 언급하였다. 2018년 출시된 **디라이브**의 월 이용자 수는 500만 명 수준이었고, 2019년 4월 세계적인 유튜버인 퓨디파이(PewDiePie)와 계약을 체결하는 등 적극적으로 사업을 확장해 왔지만, 2020년 1월, P2P 파일 공유 서비스 기업인 비트토렌트(BitTorrent)가 디라이브를 인수했다. 비트토렌트는 웹2.0 시대에 등장했고, 2장에서 논의했던 비탈릭이 제시한 논리적, 정치적, 아키텍처 등 세 가지 탈중앙화 유형을 모두 갖춘 예시로 제시된 바 있다. 이로써 디라이브는 기존의 리노(Lino) 블록체인에서 트론(Tron) 블록체인으로 이전하게 되었고, 비트토렌트와 커뮤니티를 통합해 나가게 된다. 또한, 비트토렌트가 이미 출시했던 VSP인 비라이브 (BLive)도 디라이브로 이전된다. 트론 재단은 디라이브가 출시되었던 2018년 7월에 비트토렌트를 먼저 인수한 후 탈중앙화 파일 공유 프로토콜을 개발하기 시작했다.

여기서는 기존의 중앙화된 유튜브를 넘어서는 탈중앙화 VSP로 탈중앙화 유튜브(Decentralized Youtube)라는 닉네임을 가진 **디튜브(DTube)**의 비즈니스 설계에 대해 좀 더 자세히 살펴보고자 한다. 디튜브는 처음에 스팀 (Steem) 기반으로 시작한 DApp이며, 분산형 스토리지로 IPFS(InterPlanetary File System) 기반의 P2P 네트워크를 사용하게 된다.

유튜브에 대한 대안 미디어임을 천명한 디튜브는 처음부터 유튜브의 비즈니스 모델인 콘텐츠 공유에만 초점을 맞추었다. 이용자인 창작자가 콘텐츠 수익 배분을 결정할 수 있고, 이를 위해 투명성과 신뢰성을 높일 수 있는 신기술이 도입된다. P2P 인프라로 표현의 자유를 보호하고 검열 행위를 방지했다. 즉, 창작자와 시청자에게 보상할 수 있는 투명한 경제 메커니즘을 만들면서 어떠한 개인정보도 수집하지 않았고, 매출의 90%가 사용자에게 직접 전달되게 했다. 또한, 커뮤니티가 직접 통제하고 보상받게 했다. 즉, 시청자가 동영상을 업보트(Upvote) 및 다운보트(Downvote)하여 창작자 매출 할당 및 운영 제한을 가능하게 했고, 시청자는 투표, 태그 지정 및 동영상 코멘트를 통해 플랫폼에서의 상호작용 대가로 보상을 받게 했다.

디튜브의 탈중앙화 기술 측면에서 보면, 트랜스 코딩을 위해 2017년 출시할 당시만 해도 스팀 블록체인에 의존했던 디튜브이지만 점차 확장성을 개선하고 새로운 유틸리티를 도입하기 위해 2년 뒤인 2019년에 자체적인 하위 계층 블록체인(Lower-layer blockchain)인 아발론(Avalon)을 개발하게 된다. 위임 지분 증명(Delegated Proof of Stake; DPoS: 특정 인원에게만 POS를 할 수 있도록 권한을 위임하는 것) 합의 프로토콜을 통해 아발론에서 실행되며, 비디오를 검열에 사용하지 못하도록 하기 위해 비디오 파일은 여전히 IPFS에 저장되게 한다. 하나의 피어 노드에 장애가 발생하면 파일은 그다음 노드로 가는 탈중앙화 CDN 역할도 하는 IPFS는 비트토렌트 기반의 대역폭 분배 시스템을 가지고 있는데, 이는 디튜브의 릴레이 노드 네트워크 역할인 P2P 네트워크로 활용된다.

디튜브의 탈중앙화 경제 측면을 보면, 디튜브 코인(DTube coin; DTC)이 유동적이고 양도 가능한 디지털자산 역할을 한다. 아래 [그림 3]에서 보듯이, 투표권(VP)이 큐레이션 게임을 플레이하는 데 사용되는 리소스이다. 이용자는 VP를 사용해 콘텐츠를 게시, 투표, 태그하여 DTC를 획득하고 콘텐츠 순위에도 영향을 미칠 수 있다. 하지만, VP는 거래 가능한 디지털자산은 아니기 때문에 디튜브 외부에서는 가치를 인정받지 못한다.

[그림 3] **디튜브의 DTC 배포 프로세스**

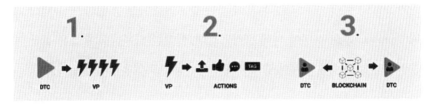

출처: Medium, 2019.8.20.; Song, 2024.5.

이러한 DTC의 배포를 세 단계로 나누어 설명하면, 1단계에서 디튜브 체인이 모든 디튜버(DTuber)들에게 VP를 배포하고, 2단계에서 디튜버가 콘텐츠를 게시, 투표, 태그할 때마다 VP를 지출한다. 마지막 3단계에서 블록체인 알고리즘이 콘텐츠 인기에 따라 보상하기 위해 새로운 DTC를 생성하고 사용자에게 배포한다. 디튜브 수익의 90%가 커뮤니티, 콘텐츠 창작자 및 큐레이터에게, 10%가 블록체인을 운영하고 개발하는 디튜브 위원회(Commission)에 배분된다. 디튜브에서는 광고가 게재되지 않으며, 각 동영상 콘텐츠에서 발생하는 수익의 일부가 개발자와 커뮤니티 리더에게 전달된다.

디튜브의 탈중앙화 거버넌스 측면에서 보면, 디튜브는 자체 블록체인인 아발론을 통한 온체인 거버넌스로 커뮤니티별 변화를 구현할 수 있게 설계했다. 첫째, 디튜브와 커뮤니티 간에 신뢰를 조성해 회원에게 콘텐츠를 조정할 수 있는 권한을 부여하고, 언론 검열과 개인 프라이버시 침해, 광고 폭격 없이 수익을 회원에게 공정하게 배분하는 것을 목표로 한다. 둘째, 유틸리티 토큰인 VP는 그 보유자에게 VP와 대역폭을 생성함으로써 실용적인 가치를 부여한다. 즉, VP는 투표 번호를 속이기 위해 여러 계정을 생성하는 '시빌(Sybil)' 공격으로부터 아발론을 보호하고, 대역폭은 트랜잭션을 작성하는 데 사용되며, 트랜잭션의 각 바이트는 대역폭 밸런스(Balance)에서 공제된다. 디튜버들은 바이트 수가 충분하지 않으면 트랜잭션을 처리할 수 없고, 콘텐츠 인기(업보트), 수정(다운보트), 분류(태그)는 알고리즘의 변경 없이 '커뮤니티 파워(Community power)'에 의해 결정되는데, 이러한 커뮤니티 활동은 결국 통제권이 점차 플랫폼 자체에서 커뮤니티로 이동하고 있음을 보여준다.

웹3.0 콘텐츠 전송 비즈니스 설계

동영상 콘텐츠를 업로드하고 시청하는 이용자 입장에서는 위에서 언급한 디튜브 같은 VSP를 이용하면 된다. 하지만, VSP들에게 가장 큰 부담이 되는 큰 비용으로 다가오는 것이 바로 **콘텐츠 저장 및 전송 비용**이다. 이미 수많은 동영상 콘텐츠를 관리해야 하는 OTT와 VSP 기업들은 컴퓨팅과 저장장치 등 막대한 인프라 투자를 감내해야 했다. 직접 구축하기에는 엄청난 비용이 들기 때문에, 대부분은 아마존 웹 서비스(AWS) 같은 클라우드 업체에 관리를 위탁하는 것이 일반적이다. 예컨대, 넷플릭스 콘텐츠를 AWS가 관리한다.

또한, OTT와 VSP 비즈니스 모델의 본원적 가치가 영화나 드라마 등의 콘텐츠이지만, 재생 시간이 긴 동영상 콘텐츠를 고객에게 끊김 없이 안정적으로 스트리밍해 주는 기술도 매우 중요한 경쟁력 중의 하나가 된다. 비디오 스트리밍이 더욱 발전해 전 세계 인터넷 대역폭의 60% 이상을 차지하면서, 원활한 스트리밍 서비스 제공을 위해 트래픽을 관리해야만 하는 OTT 및 VSP 기업들은 트래픽 과부하를 막기 위해 CDN에 투자를 할 수밖에 없다. CDN은 각 지역에 서버를 분산 배치함으로써, 콘텐츠 사용자와 서버 사이의 물리적 거리를 줄여 콘텐츠 로딩 시간을 단축시키는 기술이다. AWS, 마이크로소프트 애저(Microsoft Azure) 등 기존 클라우드 업체들도 데이터 관리와 콘텐츠 전송을 합친 종합 인프라를 제공함으로써 자연스레 CDN 시장에 진출했다. AWS는 '클라우드프런트'라는 CDN을 구축했고, 애저도 '애저 CDN'이라는 자체 서버 비즈니스를 추진한다.

이러한 웹2.0 환경에서 등장한 **라이브피어(Livepeer)**는 동영상 스트리밍에 초점을 둔 분산형 CDN 등 동영상을 웹상에서 제공할 때 필요한 인프라를 제공하는 비즈니스를 설계한다. 즉, 라이브피어는 외부 참여자의 중앙 처리 장치(Central Processing Unit; CPU), 그래픽 처리 장치(GPU), 대역폭과 같은 리소스를 활용해 동영상 콘텐츠를 웹상에서 배포하며, 인프라 자원을 제공하는 참여자에게 자체 토큰을 보상으로 제공하는 탈중앙화 경제 시스템 모델을 설계했다. 2017년 출시된 라이브피어는 이더리움에서 개발된 탈중앙화 라이브 비디오 스트리밍 프로토콜로 포지셔닝하여, 이용자가 요청하면 실시간으로 비디오를 트랜스코딩할 수 있게 지원한다. 라이브피어는 2023년에 매월 발생하는 1,500달러의 CDN 비용을 자사 서비스를 통해 최대 50배까지 절감할 수 있다고 보도한 바 있다.

탈중앙화 기술 측면에서 **라이브피어의 트랜스코딩 프로토콜 작동 방식**은 아래 [그림 4]와 같다. 콘텐츠 게시자인 방송사(Broadcaster)가 원본 비디오 스트림을 라이브피어 네트워크로 전송한 후에 라이브피어 네트워크에서 "오케스트레이터(Orchestrator)"라 불리는 조정자 노드가 이 스트림을 수신한다. 네트워크에 참여하기 위해 자체 계산 리소스(CPU/GPU)와 네트워크 대역폭을 제공하는 조정자 노드는 수신된 스트림의 초기 처리를 수행하며 특정 트랜스코더에 트랜스코딩 작업을 할당한다. 그런 후에 GPU나 인코딩 기능을 가진 트랜스코더가 조정자 노드로부터 스트림을 수신하고 요구 사항에 따라 비디오를 원본 포맷에서 비디오에 적합한 포맷으로 변환한다.

트랜스코더가 비디오를 원본 포맷에서 다양한 화면 크기와 네트워크 속도에 적합한 포맷으로 변환하는데, 여기에는 해상도 조정, 비트 전송률 조정, 인코딩 형식 변경 등이 모두 포함된다. 트랜스코딩 과정에서 비디오 파일은 대상 디바이스에서 호환성과 최적의 재생을 보장하기 위해 다시 인코딩되는 과정을 거친다. 비디오 트랜스코딩이 완료되면, 트랜스코더는 트랜스코딩된 비디오 스트리밍을 조정자 노드에 보내고, 조정자 노드는 이 비디오 스트림을 검토해 품질을 보장하고 최종 비디오 스트림을 방송사에 반환하거나 지정된 플랫폼에 직접 퍼블리싱한다. 이 때 라이브피어에서 방송사가 트랜스코딩 수수료로 이더리움이 제공하는 암호화폐인 이더(ETH)를 지불하며, 이 수수료는 트랜스코딩에 관여한 조정자 노드들에게 그들이 제공한 컴퓨팅 리소스와 대역폭에 대한 보상으로 지급된다.

[그림 4] 라이브피어의 트랜스코딩 프로토콜 작동 방식

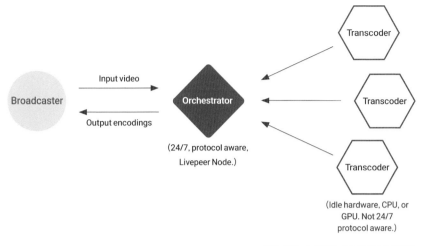

출처: Github, 2018; 2024. 12. 6. 재인용.

2022년 1월 기준, 라이브피어의 기술 인프라는 약 7만 개의 GPU를 활용해 동영상 스트리밍의 인코딩을 지원했으며, 해당 자원으로 매주마다 230분 분량의 동영상이 웹에 보내졌다. 이런 실적을 낸 라이브피어는 내부에서 확보한 GPU 리소스가 유튜브, 페이스북, 트위치에 올라온 모든 동영상을 인코딩할 수 있을 만큼 충분하다고 보도했다. 또한 2021년, 라이브피어는 AI 영상 소프트웨어 업체인 미스트서버(MistServer)를 인수해 저작권 보호 및 데이터 최적화 기술을 제공할 수 있게 되었다.

탈중앙화 경제 측면에서 **라이브피어**는 라이브 스트리밍 기술 품질을 보장하기 위해 오케스트레이터와 트랜스코더, 델리게이터(Delegator)라는 위임자 역할을 부여한다. 조정자는 방송사나 개발자를 위해 자신의 컴퓨터 자원을 기여하게 하는 소프트웨어를 실행하고 비디오를 트랜스코딩하며, 그 대가로 라이브피어 토큰인 LPT 보상과 ETH 수수료를 받는다. 트랜스코더는

오케스트레이터에게 트랜스코딩할 수 있는 컴퓨팅 용량을 제공한다. 이 둘은 기술적 측면에서도 설명하였다. 설명하지 않은 위임자는 토큰을 스테이킹(Staking)해 그 대가로 조정자의 수수료 일부를 받는다. 즉, 방송사가 네트워크에 수수료를 지불하면, 조정자와 위임자 모두 우수하고 안전한 네트워크를 만드는 데 기여한 보상으로 수수료의 일부를 획득하게 되는 것이다. 다시 말해 라이브피어의 경제적 가치 제안은 방송사, 시청자들과 스트리밍 시스템을 함께 구축하는 역할을 하면서 중간 비용 없이 원활하고 빠른 비디오 스트리밍 서비스를 제공함과 동시에, LPT 보유자들로 하여금 토큰을 스테이킹하면 토큰을 위임받은 노드들이 컴퓨팅 파워를 제공하는 것이다.

결국 LPT가 사용자로 하여금 네트워크에서 노드를 실행해 네트워크에 전력을 공급하도록 장려하며, 이러한 거래와 방송 수수료에 사용되는 LPT가 라이브피어 경제 시스템의 핵심이다. 즉, LPT의 역할은 참가자들을 조율하고, 자주적 참여를 장려하며, 인센티브를 부여해 라이브피어 기술의 가성비, 효율성, 보안성, 신뢰성, 사용성을 최대한 보장하는 데 기여하는 것이다. 컴퓨팅 리소스로 네트워크에 전력을 공급하고 보안에 기여하는 자는 조정자와 위임자이다. 조정자가 먼저 네트워크에서 노드를 실행해 비디오 스트림을 트랜스코딩한다. 또한, 위임자는 네트워크 보안을 위해 조정자에게 토큰을 스테이킹하고, 조정자는 네트워크로부터 새로 발행된 LPT 및 ETH 수수료로 보상을 받는다. LPT 보상 일부와 ETH 수수료는 조정자에 LPT를 스테이킹한 위임자에게도 지급된다. 2023년 9월 기준으로 4,035명의 위임자와 100명의 조정자가 라이브피어 네트워크에 가입되어 있다.

탈중앙화 거버넌스 측면에서 참여 보상 거버넌스에 집중한 **라이브피어**는 LPT를 보유한 모든 사람에게 라이브피어 네트워크에 참여할 수 있는 기회를 제공한다. 즉, 방송사 수수료에서 발생하는 LPT를 얻기 위한 경쟁을 통해 누구나 가장 효율적인 하드웨어나 소프트웨어를 실행하고 가장 저렴한 전기와 대역폭을 사용해 네트워크에 서비스를 제공함으로써 수익을 극대화할 수 있다. 또한, 위임자는 LPT 보유자로서 좋은 성과를 거두는 조정자에게 LPT를 스테이킹해 네트워크에 기여하게 되고, 토큰이 스테이킹되면 일시적으로 토큰이 잠겨 다른 조정자에게도 스테이킹될 수 있어서 네트워크 보안도 강화된다. 이러한 LPT 보유자는 프로토콜의 주요 의사 결정에도 참여할 수 있다.

이처럼 네트워크 품질 제고에 초점을 둔 라이브피어와 달리, 비즈니스를 콘텐츠 제공으로까지 확장한 **쎄타 네트워크(Theta Network; Theta; 쎄타)**는 미치 리우(Mitch Liu)와 지에이 롱(Jieyi Long)의 아이디어에서 출발한다. 리우가 먼저 쎄타 프로토콜을 사용해 구축된 최초의 라이브 스트리밍 DApp인 쎄타티비(THETA.tv)를 고안한 이후, 블록체인 사례 탐구를 위해 게임산업의 경험을 가진 롱이 합류하게 된다. 이들은 2015년 e스포츠 플랫폼인 슬리버티비(SLIVER.tv)를 개발했고, 2016년에 쎄타랩스(Theta Labs)를 설립했다. 쎄타는 2018년 자체 메인넷1.0을 구축해 2019년 3월에 출시하더니, 2020년 5월 메인넷2.0을, 2021년 7월 3.0을, 2022년 12월에 4.0을 출시하게 된다. 사용자들이 P2P 기반으로 리소스와 콘텐츠를 공유하도록 한 탈중앙화 CDN으로서 라이브피어와 유사하면서도 다른 쎄타는 PC, 모바일, 스마트TV, IoT 장치에서 여분의 대역폭을 활용해 P2P 기반으로 비디오를 재생하고 보상받을 수 있게 하였다.

기술적 탈중앙화 측면에서 보면, 쎄타가 지적한 웹2.0 스트리밍의 기술적 문제점은 낮은 네트워크 품질과 콘텐츠 수요의 증가를 소화 못하는 전송 네트워크, 그리고 중앙화된 비효율적 시스템이다. 이러한 고질적 문제인 대역폭 부족 현상과 높은 스트리밍 네트워크 구축 비용을 효율적으로 개선할 수 있는 생태계를 구축하려는 쎄타의 기술적 설계는 기존 CDN에 P2P 캐싱(Caching) 노드를 적용한 하이브리드 메시 스트리밍(Hybrid Mesh Streaming) 방식으로 비디오 콘텐츠를 전송하는 것이다. 이 기술을 활용하면 기존 동영상 스트리밍 플랫폼이 채택 중인 기존 CDN의 대역폭 사용량을 40~80% 줄일 수 있기 때문에 수백만 달러 이상의 비용을 절감할 수 있다. 참여자가 직접 캐싱 노드 역할을 하므로 동시간대에 많은 이용자가 참여할수록 효과적인 라이브 전송이 가능하다.

기존 CDN은 중앙화된 서버 중심으로 가동되어 안정적이지만 항상 스트리밍이 진행될 수 있도록 가용성이 유지돼야 하므로 서버 유지 비용이 상당하다. 또한, 기존의 P2P 방식 스트리밍은 언제든 떠날 수 있는 참여자들을 캐싱 노드(Caching node)로 활용하므로 안정성이 떨어지고 업로드나 다운로드 속도 등 각 노드별 성능 차이가 존재해, 피어 노드 사용 가능성을 예측하기도 어렵다. 이에 비해, 하이브리드 메시 스트리밍 기술은 CDN 방식의 안정성과 P2P 방식의 효율성을 활용해 QoS(Quality-of-Service)의 희생 없이 CDN 대역폭 사용량을 최대한 절감하기 위해 설계된 것으로, CDN과 P2P의 장점만을 모두 활용하는 것이다. 즉, CDN 대역폭을 통해 스트리밍 진행 중 시청자가 줄어 필요 용량이 적어지면 네트워크 참여자의 캐싱 노드를 활용해 CDN 대역폭 사용량을 줄여 효율성을 높이고, 스트리밍을 지원하는 캐싱 노드가 줄어들어 용량이 적어지면 CDN 대역폭 사용량을 늘려 안정성을 향상시키는 것이다.

이처럼 안정적이고 효율적으로 스트리밍을 운영하기 위해서는 피어 노드가 주변 노드들을 효과적으로 식별할 수 있는 기술을 적용하는 게 필수적이다. 즉, 피어 노드들의 가용성을 확인해 CDN을 이용하지 않고 서로에게서 노드 용량을 가져올 수 있어야 한다. 이러한 기술 환경을 만들기 위해 여러 변수를 고려한 필터링 알고리즘이 적용된 최적화 추적 서버를 구축한 쎄타는 이 추적 서버를 통해 최선의 서비스를 제공할 가까운 노드들을 찾아내고 어떤 노드들이 작동하고 있는지에 대한 데이터를 제공해 더욱 효율적인 스트리밍 환경을 만들어 낸 것이다.

경제적 탈중앙화 측면에서 보면, 쎄타의 프로토콜 노드 운영은 세 개 그룹으로 구성된다. 아래 **[그림 5]**에서 보면, 기업 검증자 노드들(Validator Nodes)에는 소속된 기업들로 구성된 위원회가 포함된다. 이 노드들은 투표에 의해 관리되며, 위원회 소속 기업들은 네트워크에서 트랜잭션을 검증하기 위해 쎄타의 기본 토큰인 쎄타토큰(THETA)을 스테이킹(Staking)한다. 이는 네트워크 보안을 보장하기 위한 첫 단계이며, 기업들은 천만 개 쎄타토큰을 스테이킹 해야 한다. 검증자 노드들(Validator Nodes)에는 바이낸스(Binance), 구글(Google), 블록체인닷컴, 구미(Gumi), 삼성 등이 참여하고 있다. 가디언 노드들(Guardian Nodes)은 검증자 노드들이 제안한 트랜잭션 블록이 정확한지와 체인의 유효성을 확인하며, 십만 개 쎄타토큰을 스테이킹 해야 한다. 최적화 추적 서버를 통해 선별된 노드들은 캐싱 노드 역할을 수행해 쎄타퓨엘(TFUEL) 토큰 보상을 받는다. 쎄타 프로토콜 내 노드로서 자신의 역할을 수행하고 정당한 보상을 얻는 것이다. 메인넷2.0에 도입된 엣지캐스트 기술은 엣지 노드들(Edge nodes)을 향상시켜 사용자가 이를 이용해 초과 대역폭을 분배하면서 라이브 비디오와 캐시를 캡처하고 라이브 스트림 비디오 데이터를 릴레이할 수 있게 하는데, 2023년 7월, 10만 개 이상의 엣지 노드들이 실행되었다.

[그림 5] 쎄타 프로토콜의 노드 운영 보상 시스템

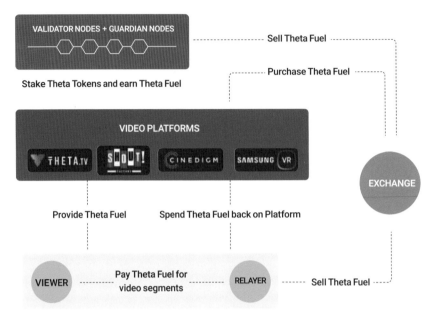

출처: 쎄타랩스 홈페이지; 한국경제, 2022.2.23. 재인용.

쎄타 프로토콜의 캐싱 노드 보상으로 쎄타(THETA)가 아닌 쎄타퓨엘(TFUEL)이 지급되는 이유는 멀티 토큰 구조를 가지기 때문이다. 기본 토큰인 쎄타토큰은 검증 노드와 가디언 노드의 스테이킹, 프로토콜 보안에만 사용되고, 수백만 건에 달하는 동영상 거래와 캐싱 노드 운용 보상에는 유동성이 높은 거래 토큰인 쎄타퓨엘을 활용할 수 있도록 설계되었다. 이 때문에, 쎄타 플랫폼 참여자들은 P2P 캐싱 노드로서 보유한 대역폭을 공유하여 토큰 보상을 얻어 수익을 창출하고, 쎄타는 참여자들로부터 공유받은 대역폭을 활용해 운영 비용을 절감하게 한다.

쎄타가 멀티 토큰 구조를 가진 이유는 안정적 운영과 보안 유지를 위해서이다. 실제로 쎄타는 쎄타토큰(THETA), 쎄타퓨얼(TFUEL), 감마토큰

(Gamma) 등 세 가지 네이티브 토큰으로 실행된다. 플랫폼에는 거래를 촉진하고 프로토콜 변경에 대해 투표하는 데 사용되는 쎄타토큰과 거래 실행을 위해 사용되는 쎄타퓨얼이 있다. 2018년 코인 공개(ICO)를 하는 동안 구매한 사람들에게 ERC-20 토큰으로 배포된 쎄타토큰의 판매는 2018년 1월에 시작되었고, 이더리움의 ERC-20 토큰으로 사용되었다. 쎄타퓨얼은 비디오의 소액 결제 통화이다. 자신의 스트림을 다른 사람과 공유하려는 사용자는 쎄타퓨얼로 엣지 노드를 지불하고 스트리밍 목적으로 쎄타에서 사용할 수 있다. 한편, 거버넌스 목적으로만 존재한 감마토큰은 메인넷 출시 시점에 보유하고 있는 쎄타토큰 한 개당 다섯 개의 수로 비례하여 발행되었다.

이렇게 구축된 쎄타의 토큰 구조 하에서 콘텐츠 제공자는 자신의 콘텐츠를 공유하고 시청자들과 상호작용하면서 보상받을 수 있고, 시청자들은 광고를 시청하거나 코인을 스테이킹하면서 보상받을 수 있다. 즉, 쎄타의 보상 대상은 시청자와 메모리 및 대역폭 제공자, 콘텐츠 창작자, 광고주 등 다양하다. 시청자는 쎄타의 동영상을 보는 것만으로도 인센티브를 얻고, 컴퓨터 성능 제공자들은 컴퓨터 성능을 공유함으로써 보상받으며, 콘텐츠 창작자는 유튜버처럼 영상 수익을 얻는다. 광고주는 별도로 얻는 보상은 없지만, 유튜브 광고에 비해 더 효율적인 광고를 집행할 수 있어서 비용 절감 효과를 얻을 수 있다.

거버넌스의 탈중앙화 측면에서 보면, **쎄타**는 점진적인 탈중앙화 특징을 보인다. 멀티 토큰 구조에서 쎄타토큰의 총 공급량은 10억 개로 제한되어 쎄타 팀뿐만 아니라 모든 네트워크 참가자들에게 다양한 비율로 배분되고, 적은 규모의 할당량 및 기타 초기 할당량이 이에 해당한다. 한편, 쎄타퓨엘은 마치 ETH '가스비'와 유사한 방식으로 트랜잭션에 전력을 공급하는 데 사용되며,

총 50억 개가 공급되었다. 쎄타의 초기 토큰은 쎄타랩스와 팀 멤버, 커뮤니티 보상, 조기 투자자 등에게 할당되었다.

결론적으로, 라이브피어와 쎄타 모두 사용자로 하여금 P2P 기반으로 리소스와 콘텐츠를 공유하도록 지원하는 웹3.0 CDN에서부터 비즈니스 설계를 시작하였다. 하지만, 쎄타는 다양한 유형의 파트너십과 개발자 보상을 통해 생태계 성장과 발전을 더 모색하고 있다. 2020년 3월 웹3.0 VSP인 디라이브와의 파트너십을 통해 쎄타의 CDN 기술을 디라이브에 적용했고, 6월에는 구글클라우드와의 파트너십을 통해 인프라 간 협력으로 네트워크 성능과 확장성을 개선한다. 또한, 개발자 보상을 위해 같은 해 4월에는 쎄타드랍(Theta Drop)이라는 NFT 마켓플레이스를 출시해 개발자들의 NFT 생성과 거래를 지원하기 시작한다. 다양한 토큰 보상 시스템을 통해 사용자들에게 참여와 기여를 장려하고, 네트워크의 분산화와 안정성을 강화하며, 사용자들로 하여금 유틸리티 토큰을 보유하고 활용함으로써 네트워크에 기여하고 이익을 얻을 수 있게 한 쎄타의 토큰 용도도 비즈니스의 다변화와 함께 거래와 교환, 스테이킹과 보상, 콘텐츠 제공자 보상, 시청자 보상, NFT마켓플레이스 거래 등으로 지속적으로 다변화되고 있음을 보게 된다.

참고문헌

비인크립토, "탈중앙화 비디오 스트리밍 네트워크 '쎄타'(THETA) 집중 분석," https://kr.beincrypto.com/learn-kr/%ED%83%88%EC%A4%91%EC%95%99%ED%99%94-%EB%B9%84%EB%94%94%EC%98%A4-%EC%8A%A4%ED%8A%B8%EB%A6%AC%EB%B0%8D-%EB%84%A4%ED%8A%B8%EC%9B%8C%ED%81%-AC-%EC%8E%84%ED%83%80theta-%EC%A7%91/, 2023. 3. 11.

비즈워치, "쎄타퓨엘 코인, 새 메인넷 앞두고 눈길," https://news.bizwatch.co.kr/article/mobile/2022/11/02/0020, 2022. 11. 2.

비티씨씨(BTCC), "쎄타(Theta)란? 업비트 THETA 코인 일시 급등…2024년 전망?" https://www.btcc.com/ko-KR/academy/crypto-basics/theta-and-theta-coin, 2024. 4. 29.

비티씨씨(BTCC), "라이브피어(Livepeer)란? LPT 코인 시세 및 2024년 전망," https://www.btcc.com/ko-KR/academy/crypto-basics/livepeer-and-lpt, 2024. 2. 20.

빈기범, 장호규, "블록체인과 암호화폐: 경제/재무학적 이슈와 연구동향," 렐코저널, 2018.

아시아경제, "OTT 업체 출혈경쟁 중인데…돈 버는 회사는 따로 있다?" https://www.asiae.co.kr/article/2022092808402153289, 2022. 9. 28.

엘지씨앤에스(LGCNS), "인프라로 활용되는 웹 3.0, 글로벌 사례로 확인해 보세요!" https://m.post.naver.com/viewer/postView.naver?volumeNo=36758212&memberNo=62742422, 2023. 10. 20.

천혜선, "미디어 산업 지형 전환에 따른 규제 프레임워크 개편," Media Issue & Trend, Vol. 48, 1~2월호, 한국방송통신전파진흥원, 2022. 2.

코인라이브, "Livepeer: 이더리움 기반 탈중앙화 비디오 스트리밍 프로토콜," https://www.coinlive.com/ko/news/livepeer-a-decentralized-video-streaming-protocol-based-on-ethereum, 2024. 6. 27.

코인리더스, "비트토렌트, 탈중앙 라이브 스트리밍 플랫폼 '디라이브(DLive)'인수합병," https://www.coinreaders.com/6333, 2020. 1. 3.

한국경제, "탈중앙 스트리밍 네트워크 '쎄타(THETA)'[블록체인 Web 3.0 리포트]," https://www.hankyung.com/article/202202220297g, 2022.2.23.

A.A. Nair, et al., "dStream - Decentralized Streaming Platform using Livepeer Network and CDN," working paper, School of Computer Science and Engineering, REVA University, 2022.

Blockchainnews, "What is DTube?" https://blockchain.news/wiki/what-is-dtube, 2020.9.19.

Businesswire, "Livepeer Raises $20 Million With Backing From New Investors Alan Howard, Tiger Global as Web3 Infrastructure Momentum Grows," https://www.businesswire.com/news/home/20220105005146/en/Livepeer-Raises-20-Million-With-Backing-From-New-Investors-Alan-Howard-Tiger-Global-as-Web3-Infrastructure-Momentum-Grows, 2022.1.5.

Bybitlearn, "What Is Livepeer Token (LPT): Making Video Services Decentralized," https://learn.bybit.com/web3/livepeer-token-lpt-crypto/, 2023.9.13.

CoinGecko, "Top Decentralized Social Media in 2023," https://www.coingecko.com/research/publications/top-decentralized-social-media, 2023.7.11.

Dailycoin, "Decentralized YouTube Alternatives: Video Streaming Sites You Need to Know," https://dailycoin.com/decentralized-video-streaming-platforms-best-alternatives-to-youtube/, 2023.6.20.

Github, "Livepeer Streamflow Paper," https://github.com/livepeer/wiki/blob/master/STREAMFLOW.md, 2018, 2024.12.6.(검색일).

Medium, "The social blockchain: a new model for social media," https://dtube.medium.com/the-social-blockchain-a-new-model-for-social-media-45dd4729d39b, 2019.8.20.

Medium, "Theta Network: Fundamentals, technicals, tokenomics and future outlook discussed," https://medium.com/@abhinav.bheema/theta-networkfundamentals-technicals-tokenomics-and-future-outlook-discussed-a45ac672900b, 2021.12.21.

Medium, "THETA NETWORK (THETA): A Web3 Blockchain Infrastructure for Video, AI and Entertainment," https://medium.com/coinmonks/theta-network-theta-a-web3-blockchain-infrastructure-for-video-ai-and-entertainment-20a23561b9b6, 2023.12.12.

Medium, "Video Streaming and Blockchain: A Tale of Two Paradigm Shifts," https://medium.com/the-capital/video-streaming-and-blockchain-a-tale-of-two-paradigm-shifts-75a8bcfe6d3f, 2019.11.1.

Mojom3dia.io, "8 Disruptive Web3.0 Video Platforms You Need to Know About," https://www.mojom3dia.io/blog-posts/revolutionizing-video-streaming-8-disruptive-web-3-0-video-platforms-you-need-to-know-about, 2023.4.27.

Miles Jennings of Andreessen Horowitz (General Counsel of a16zcrypto), "Decentralization for Web3 Builders: Principles, Models, How," https://a16zcrypto.com/decentralizationforbuilders. PDF paper, 2022.4.

M.Z. Song, "Web3.0 Video Streaming Platform from the Perspective of Technology, Tokenization & Decentralized Autonomous Organization," *International Journal of Internet, Broadcasting and Communication (IJIBC),* Vol.16, No.2, pp.149-160, 2024.5.

Next-Blockchain, "Blockchain Theory: IPFS (Inter-Planetary File System)," https://next-block.tistory.com/entry/IPFSInterPlanetary-File-System, 2023.1.20.

Openware, "What Are the Different Types of Digital Assets?" https://www.openware.com/news/articles/what-are-the-different-types-of-digital-assets, 2022.7.12.

Pintu, "Livepeer (LPT): Pioneering Decentralized Video Streaming," https://pintu.co.id/en/academy/post/what-is-livepeer-lpt, 2023.9.11.

Securities.io, "Investing in Theta Network (THETA) - Everything You Need to Know," https://www.securities.io/investing-in-theta/, 2023.9.6.

Thenewscrypto, "Theta Network (THETA) Price Prediction 2023 - Will THETA Hit $2 Soon?" https://thenewscrypto.com/theta-network-theta-price-prediction/, 2023.1.3.

Theta, "White Paper," Version 2.0, 2018.11.11.

Upsocial, "Top 5 Web3 Video Platforms for 2023," https://upsocial.com/web3-video-platforms/, 2023.3.12.

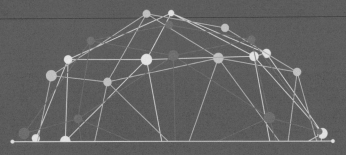
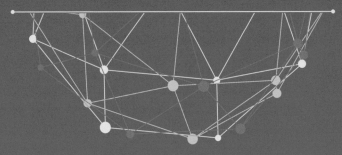

WEB3.0 MEDIA BUSINESS

웹3.0 게임
미디어 비즈니스

웹3.0 게임 미디어 비즈니스

웹3.0 게임 비즈니스 모델 이해

아래 **[그림 1]**은 블록체인을 활용한 게임이 등장하면 비즈니스 수익 구조에 어떤 변화가 일어날지에 대해 예상해 본 그래프이다. 우측의 신규 모델은 모든 매출이 카드 결제 없이 인게임(In-game) NFT와 유틸리티 토큰(Utility token) 거래로만 이루어진다고 가정한 것이다. 좌측의 기존 모델인 웹 2.0 게임 매출에서는 보통 플랫폼에 30%, 게임사에 70%로 나뉘는 수익구조이며, 퍼블리셔가 따로 있다면 개발사 35%, 퍼블리셔 35% 수준이다. 이에 비해, 블록체인 활용 게임의 경우에는 이 매출액에 더해 유틸리티 토큰 거래액에 대한 수수료가 플랫폼, 게임사의 수익모델에 추가된다. NFT 거래 수수료가 5%, 유틸리티 토큰 거래 수수료가 0.9%라고 가정해 본다면 거래액 발생분에 대해 이용자 몫은 95%, 게임사의 몫은 5%가 된다. 만약 게임사가 자체 플랫폼이 아닌 타사 플랫폼에 입점한 경우와 퍼블리셔가 별도로 있는 경우에는 5%보다는 작아질 것이다.

[그림 1] 블록체인 활용 게임 매출구조

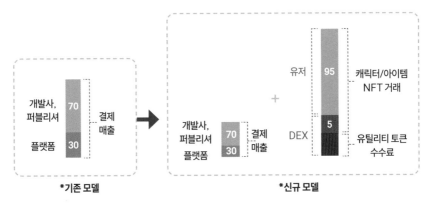

출처: 미래에셋증권 리서치센터, 2022.3.18.

이러한 가정으로 보아, 웹2.0 플랫폼들이 5%의 NFT 수수료 수익으로 70%를 가져가던 수익을 올리기 위해서는 기존 대비 14배의 거래액이 발생해야 한다는 결론에 이르게 된다. 유틸리티 토큰의 거래 수수료분을 포함해도 5배 이상 거래액이 발생해야 한다. 웹2.0 개발사나 퍼블리셔, 플랫폼들은 유틸리티 토큰의 기능이 DeFi 영역으로 확장될 수만 있다면 통화의 승수 효과에 따른 추가 수익 가능성을 기대할 수 있다. 따라서, 게임 개발에서 '재미' 요소가 물론 가장 중요한 경쟁력이지만, 웹3.0 비즈니스에서는 지속 가능한 수익구조 설계가 더 중요해질 수도 있다. 왜냐하면 NFT 홀더나 P2E 이용 등 새로운 이해관계자들과 마주해야 하기 때문이다.

이처럼 웹3.0 게임 비즈니스에서는 콘텐츠의 본원적 가치인 '재미' 외에 토큰 경제(Token economy) 시스템이 작동하게 된다. 즉, 웹3.0 플랫폼에서도 재미있는 게임 콘텐츠가 이용자 유입을 유도하는 것은 변함없지만, 플랫폼의 일등 공신인 이용자의 경제적 이득으로 이어져야 비즈니스의 지속성을 담보하게 된다. 웹2.0에서는 메이플스토리(Maple Story)나 월드 오브 워크래프트

(World of Warcraft) 등이 수십 년간 안정적인 인게임 경제를 유지해 왔고, 타 게임 업체들은 이들을 벤치마킹하여 비즈니스 모델을 구축하려 노력했다. 하지만, 디지털자산의 한 유형으로 불리는 유틸리티 토큰의 등장으로 기존 게임에서 구축했던 수익구조에 변화가 일어나게 된다. 게임 내에서만 통제되었던 재화의 유출이 가능해진 것이다. 현재로서는 NFT를 도입한 스타트업 게임사가 이용자의 아이템 소유권을 제공한다는 점을 내세우지만, NFT 판매는 아이템 판매라는 비즈니스 모델일 뿐이며 지속적 매출을 창출하는 수익구조 설계에는 사실상 한계가 있다. 이런 한계점에도 불구하고 메타데이터 기반의 NFT 수익 구조는 토큰 경제로 인정받으며 다양한 NFT 프로젝트들의 탄생 배경이 되고 있다.

웹3.0 비즈니스를 개화시킨 NFT 다음에 선보이는 유틸리티 토큰 경제가 아이템 NFT 소유를 넘어 이용자에게 인게임 통화 소유권을 보장해 줄 것으로 기대된다. 이에, 디센트럴랜드($MANA), 더샌드박스($SAND) 같은 게임사들은 이러한 토큰 구조를 가지게 된다. 아래 [그림 2]는 유틸리티 토큰에 거버넌스 토큰(Governance token) 기능이 포함된 게임의 토큰 구조를 도식화한 것이다. 이용자는 게임 내에서 토큰을 획득하거나 거래소에서 직접 토큰을 구매하여, 게임 내의 아이템 NFT 구매 등과 같은 경제 활동에 참여하며, 토큰 보유자는 기업 의사 결정에도 참여한다. 이는 유틸리티 토큰이 거버넌스 토큰 기능을 함께 하는 **싱글 토큰 구조**를 가지기 때문이다.

[그림 2] 싱글 토큰 구조

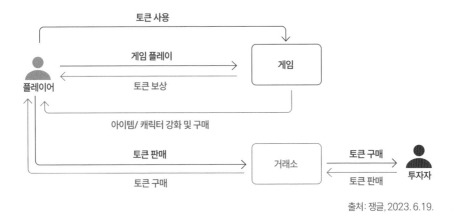

출처: 쟁글, 2023. 6. 19.

2장에서 논의한 DAO는 일부 권한을 이 거버넌스 토큰 소지자에게 분배한다. 탈중앙화된 투표 수단을 통해 프로젝트 미래를 총괄하는 절차를 '온체인 거버넌스(On-chain governance)'라 한다. 프로젝트 리더가 변경할 수 있는 매개변수를 결정하고 승인 절차 작동 방식을 규정하는 과정에서 투표 칩 역할을 하는 거버넌스 토큰은 특정 프로젝트에 연결된 ERC-20 토큰으로, 토큰 소지자는 조직의 미래에 대한 발언권을 갖는다. 토큰 소지자에게 지정된 투표권 할당량에 따라 프로젝트 변경 여부 및 변경 사항이 결정되는데, 토큰 소지자는 집단적 의사 결정에 영향을 미치거나 변경도 제안할 수 있다. 가장 많은 토큰을 소지한 사람이 가장 큰 영향력을 행사하는데, 대개 프로젝트 설립자, 팀, 투자자가 여기에 해당한다. 거버넌스 토큰은 의결권 부여 외에도 스테이킹(Staking), 대출 및 차입, 파밍(Farming), 수수료를 통한 현금 흐름 같은 다양한 방법으로도 사용된다. 즉, 거버넌스 토큰 소지자는 프로젝트 방향에 영향을 미치고, 서비스 이용자가 내는 수수료 일부를 배분받을 수 있어서 주식의 지분 개념과 매우 유사하다.

이러한 거버넌스 토큰 기능을 가진 유틸리티 토큰 구조를 싱글 토큰 구조라 부르며, 이의 장점은 개발자들이 게임을 비교적 쉽게 개발, 유지할 수 있고, 이용자 경험도 향상시킨다는 점이다. 하지만, 이의 단점은 주식의 특성이 강하게 작용할 수 있어서, 인게임 자원 대비 투자자에 의한 외부 유출이 자유롭다는 점이다. 게임이 흥행하거나 투자 환경이 좋을 때는 토큰 가격이 상승하지만, 게임의 인기가 떨어지거나 투자 환경이 나빠질 경우에는 토큰 가치가 급락하며, 이로 인해 실제 이용자들이 손해를 보고 생태계를 이탈할 수도 있다. 이러한 싱글 토큰 구조를 가진 게임 비즈니스 모델을 DeFi 특성이 강하다 하여 게임파이(GameFi)라고도 부르고 있다.

싱글 토큰 구조의 단점을 보완하기 위해 이 둘을 겸하지 않고 분리한 듀얼 토큰(Dual token) 등 멀티 토큰(Multi token) 구조가 등장하게 된다. 이는 자산의 유출 문제를 해결하려는 의도로 탄생되었다. 아래의 **[그림 3]**은 유틸리티와 거버넌스 토큰 역할을 분리한 **멀티 토큰 구조**를 도식화한 것이다. 인게임 토큰 보상 시스템과 거버넌스 토큰 판매 시스템이 분리되어 있다. 멀티 토큰 구조에서는 유틸리티 토큰이 게임 내에서 취득 가능한 인게임(In-game) 토큰이 되며, 이는 주로 아이템 거래 등에만 활용된다. 한편, 거버넌스 토큰은 거버넌스 투표권을 부여하는 토큰으로만 사용된다. 이러한 거버넌스 토큰의 주식 특성을 갖는 증권성 우려와 매도 압력을 최소화하기 위해서 해당 프로젝트 측에서는 거버넌스 토큰에도 육성이나 NFT 추첨, 결제 등의 다양한 유틸리티 토큰 기능들을 부여하기도 한다.

[그림 3] 멀티 토큰 구조

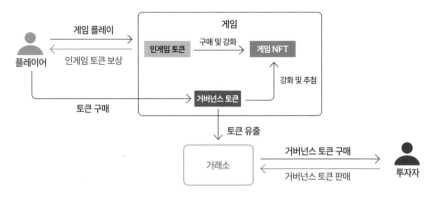

또 다른 토큰 구조 유형은 메인넷을 구축하는 플랫폼-인게임 토큰 구조이다. 아래 **[그림 4]**에서 보듯이, **플랫폼-인게임 토큰 구조**에서는 거버넌스 토큰과 유틸리티 토큰이 1:1로 대응하는 멀티 토큰 구조와 달리, 하나의 대표성을 띠는 플랫폼 토큰과 여러 게임의 인게임 토큰이 연동되기 때문에 1:N으로 발전한다. 이때 플랫폼 토큰은 기축 통화 역할을 하며, 각 게임마다 상위토큰의 개념으로 인게임 토큰을 관리하게 된다.

[그림 4] 플랫폼-인게임 토큰 구조

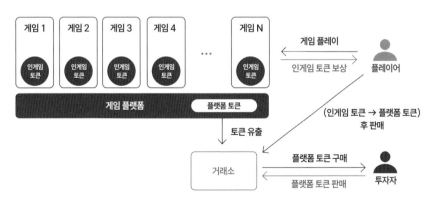

이러한 플랫폼-인게임 토큰 구조에서 플랫폼 토큰은 다시 두 가지 유형으로 나뉜다. 하나는 플랫폼 토큰이 퍼블리셔 유틸리티 토큰을 가지는 경우로, 인게임 토큰 교환을 통한 현금화와 NFT 구매 등이 가능하다. 이의 예로 갈라 게임즈(Gala Games) 같은 웹3.0 네이티브 토큰과 뒤에서 논의할 마브렉스(MARBLEX; MBX)와 네오위즈(Neowiz) 같은 게임사가 있다. 다른 하나는 메인넷을 구축한 플랫폼 토큰으로, 퍼블리셔 역할과 함께 네트워크 보안 유지를 함께 담당한다. 뒤에서 논의할 위믹스(WIMIX), 엑스플라(XPLA) 등이 대표적이다. 이러한 구조는 주로 웹2.0 게임사의 가치사슬 확장에 유효하다. 아래 **[그림 5]**에서 보듯이, 퍼블리셔 플랫폼은 게임 DApp부터 퍼블리셔와 플랫폼까지 전담하며, 메인넷을 가진 플랫폼은 인프라까지도 담당한다.

[그림 5] 게임사의 가치사슬 확장: 퍼블리셔 플랫폼과 메인넷 플랫폼

출처: 삼정KPMG경제연구원; 쟁글, 2023. 6. 19. 재인용.

플랫폼-인게임 토큰 구조에서는 이용자들이 게임을 통해 인게임 토큰을 획득한다. 이용자가 토큰을 현금화하려면 플랫폼 토큰으로 교환해 거래소에서 판매해야 하며, 게임 내에서 추가적 아이템을 구매하려면, 거래소에서 플랫폼 토큰을 구매한 후 플랫폼 내 인게임 토큰으로 교환해 사용해야 한다. 이처럼 플랫폼-인게임 토큰 구조는 플랫폼 토큰과 인게임 토큰 간의 유기적인 상호작용을 통해 게임 내 경제 생태계를 구축하게 된다.

플랫폼-인게임 토큰 구조가 게임사에 주는 첫 번째 장점은 '통화 거리두기'이다. MBX의 경우, 인게임 토큰을 현금화하려면 MBXL이라는 브릿지 토큰으로 교환한 후 다시 MBX로 변환해야 하며, 이는 자금 유출을 어렵게 만들어 인게임 토큰은 인게임 활용만 가능하게 한다. 두 번째 장점은 다양한 지식재산권인 IP를 활용해 게임 가치를 상위 토큰인 플랫폼 토큰에 집중시킬 수 있다는 점이다. 인게임 토큰은 플랫폼 토큰과의 정해진 교환비에 따라 교환되므로 인게임 경제의 안정성이 보장된다. 위믹스(WIMIX) '미르4(Mir4)'의 경우, 플랫폼 토큰인 WEMIX 가격 변동성은 크지만, 인게임 토큰인 드레이코(DRACO)는 정해진 교환비를 통해 WEMIX와 교환되기 때문에 WEMIX 가격 변동이 인게임 경제에 미치는 영향은 줄어든다. 마지막 세 번째 장점은 플랫폼 토큰을 통해 바텀업(Bottom-up) 프로젝트가 가능하다는 점이다. 예로, 갈라게임즈 같은 웹3.0 프로젝트들이 이를 적용해 10억 달러 생태계 펀드를 출시해 개발자 교육과 프로젝트 유치에 활용하고 있다.

이러한 플랫폼-인게임 토큰 구조도 한계점을 갖는다. 첫째, 한 개 플랫폼에서 다수 게임이 동시에 이루어져 거래 지연 문제가 발생한다. 이로 인해 게임사들은 각 게임을 개별 프라이빗 체인에서 운영하려 하지만, 이는 이용자 소유권을 보장하는 웹3.0 핵심 가치를 보장하지 못한다. 둘째, 플랫폼 토큰의 가치가 주로 인기 있는 게임에 연동된다는 점이다. 인기 게임의 성공에 따라 토큰 가치가 결정되므로 인기가 덜한 게임들의 인게임 토큰은 이용자 수에 비해 과도한 교환 비율을 보여 인게임 경제에 부정적 영향을 미칠 수 있다.

이상에서 웹3.0 게임 비즈니스 모델을 토큰 구조 유형별로 관찰하였다. 웹3.0 진화 과정을 밟고는 있으나, 각 게임사는 자신들이 지닌 게임 장르와 특성, IP 보유 수 등에 따라 토큰 구조를 선택하게 된다. NFT 기반은 토큰 발행이 부담스러우나 NFT 발행에 긍정적인 기존의 웹2.0 게임사나 웹3.0 게임 프로젝트에게 유효하고, 싱글 토큰 구조는 생명주기가 짧은 캐주얼 게임에 유효하며, 주요 IP를 활용한 게임사에게는 멀티 토큰 구조가, 다수 IP를 보유한 게임사에게는 플랫폼-인게임 토큰 구조가 주를 이룬다. 이러한 게임 토큰 구조는 계속 진화할 것이며, 웹3.0 비즈니스 모델 혁신을 유형화하는 데도 도움을 준다.

웹3.0 게임 비즈니스 모델 혁신 유형

기존 게임사가 인식하고 있는 웹3.0은 이용자에게 보상과 권한 등 주권이 넘어가는 탈중앙화된 웹 생태계이나, 그 핵심이 이용자의 '소유권'에 있다는 사실이 이들을 매우 불편하게 한다. 웹3.0 기술을 활용해 데이터의 저장과 사용, 소유를 이용자가 갖게 한다면 게이머들이 참여하고 창작하는 게임 생태계가 만들어질 수 있다는 구상은 좋으나, 웹3.0이 웹2.0 환경의 패러다임 대 전환을 동반하는 만큼 한계도 존재하는 게 사실이다. 특히 국내에서는 환금성 이슈 때문에 P2E가 금지된 상황에서 게이머에게 더 큰 역할과 이익을 부여하는 웹3.0 구상이 합리적 혁신임에도 불구하고, 실제로 웹3.0을 어느 수준까지 구현할 수 있을 까에 대한 의문은 여전하다.

국내의 웹2.0 게임사들은 초기 접근 방법으로 대체불가 토큰인 NFT를 도입하고, 점차 웹3.0으로의 전환을 시도하려는 움직임을 보인다. 기존 게임사들이 내놓는 서비스가 웹3.0 기반으로 전환되면, 그동안 게임사 몫이었던 아이템이나 데이터도 이용자의 몫이 된다. 아이템은 NFT가 되어 이용자 소유가 되고, 이용자가 게임 내에서 확보한 스킬이나 데이터는 토큰 형태의 보상으로 사용자에게 지급된다. 이 때문에 기존의 게임사 입장에서는 무턱대고 추진하는 웹3.0으로의 전환을 효율적 선택이라고 여기지 않는다. 따라서, 게임사들은 저마다 처한 환경에 맞게 속도를 조절하는 웹3.0 비즈니스 모델 혁신 과정을 밟는다.

정도의 차이는 있지만, 게임사들이 웹3.0 전환을 선언하는 이유는 대략 세 가지이다. 가장 큰 이유는 웹2.0에서 웹3.0으로 넘어가는 흐름을 탈수밖에 없다는 점이다. 이용자는 게임도 즐기면서 돈도 벌고 아이템도 소유하는 웹3.0 게임을 선호할 수밖에 없다. 웹2.0을 주도하고 있는 선두 게임사 입장에서 속도 조절을 하지만, 다른 게임사에 비해 열위에 있는 위메이드(Wemade) 등은 오히려 웹3.0 게임들을 적극 출시한 이후 더 많은 이용자를 유치하였다.

게임사들은 여러 게임에서 이미 시도한 NFT를 통해 하나의 생태계로 묶을 수도 있다. 아이템을 NFT로 만들면, 적어도 동일 블록체인 네트워크를 기반으로 하는 게임에서는 상호 호환이 가능해져 A게임에서 얻은 아이템을 B게임에서도 사용할 수 있게 된다. 기존 게임처럼 하나의 게임에서만 한시적으로 사용할 수 있는 게 아니라, 기술적으로 연동될 수 있는 게임이라면 다른 게임에서도 얼마든지 사용할 수 있다는 뜻이다. 출시 게임 수가 많은 대형 게임사들은 이 같은 NFT 아이템의 장점을 누릴 수 있다. 이에, 아이템을 NFT로 만들 경우 소유권을 사용자에게 부여해야 함에도 불구하고 게임사들은 NFT를 적극 도입하기 시작한다.

또한, 6장에서 논의했듯이, 차세대 게임 환경이라 할 수 있는 메타버스로 나아가는 데 있어 웹3.0은 필수불가결한 요소가 된다. 최근 등장한 메타버스 게임 플랫폼들은 NFT와 암호자산을 적극적으로 도입하고 있다. 우선 메타버스 내 경제활동이 활발히 이뤄지는 데 NFT가 기여하는 바가 크다. 메타버스 내 재화로서 NFT가 거래될 경우, 해당 NFT의 소유권과 거래 과정이 블록체인에 기록되기 때문이다. NFT를 거래하는 데는 암호자산, 즉 플랫폼 내 유틸리티 토큰이 이용된다. 따라서 메타버스로 진출하려는 게임사들은 자연스럽게 웹3.0 게임 비즈니스 모델로의 혁신을 고려하게 된다.

게임사가 자체적으로 메타버스 플랫폼을 우선 구축하게 되면, 새로운 수익모델을 만들 수 있다. 미디어 엔터테인먼트 기업, 패션 기업 등 메타버스 플랫폼을 필요로 하는 기업들과 협업하면서 새로운 수익을 창출할 수도 있다. 설사 이용자에게 아이템 소유권과 토큰 보상을 주면서 기존 수익모델을 잃는다고 해도 그 반대 급부로 새롭게 수익을 창출할 수 있게 되는 것이다. 이에 메타버스 플랫폼인 더샌드박스(The Sandbox)는 워너뮤직(Warner Music), 큐브엔터테인먼트(CUBE Entertainment) 등 유명 엔터테인먼트 기업들과 협업하기 시작했다. 엔터테인먼트 기업에 소속된 아티스트들이 공연 장소로 메타버스 게임 플랫폼을 선택하기 때문이다.

웹2.0 게임사가 비즈니스 모델 혁신을 통해 성장을 주도하고자 한다면, 먼저 몇 가지 질문에 직면할 것이다. 혁신 노력의 범위는 대체 어느 정도일지, 이를 위해 웹2.0 기업으로서 감수해야 할 적절한 위험 수준은 어느 정도일지, 일회성일지 지속적인 역량을 요구하는 것일지 등이다. 이러한 질문에 답을 주는 비즈니스 모델 혁신 유형 모델을 보스턴 컨설팅 그룹(BCG)이 아래 [그림 6]과 같이 내놓았다.

[그림 6] 비즈니스 모델 혁신 유형

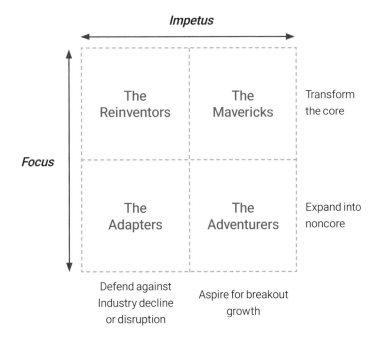

출처: BCG, 2014.10.8, 2023.8.1.

핵심 비즈니스 인접 영역으로만 방어적으로 확장하는 **어댑터(The Adapters)** 접근법은 핵심 비즈니스가 재창조되더라도 근본적 파괴를 막을 수 없을 것 같은 경우에 사용된다. 어댑터는 핵심 비즈니스와 인접한 시장을 탐색하고, 어떤 경우에는 점차 기존 핵심 비즈니스에서 빠져나오려는 노력도 한다. 이를 위해 어댑터는 성공적인 "새로운 핵심" 영역을 찾기 위해 실험을 계속 추진하게 하는 혁신 엔진을 만들어야 한다. 어댑터 방식과 마찬가지로 방어적이지만 핵심 비즈니스를 혁신하려는 **재창조자(The Reinventors)** 접근법은 현재 비즈니스 모델이 천천히 쇠퇴하고 성장 전망이 불투명하거나 새로운 규제와 같은 산업 정책적 과제를 고려하면서 추진된다. 이 경우에 기업은 고객 가치 제안을 재창조하고 새로운 우수한 상품을 수익성 있게 제공하기 위해 운영을 재조정해야 한다.

공격적 방식도 둘로 구분된다. 먼저, **모험가(The Adventurers)** 접근법은 공격적이지만, 핵심 비즈니스에 인접한 영역을 탐색하거나 모험해 보면서 기업의 입지를 공격적으로 확장하려 한다. 이 접근법이 새로운 웹3.0 시장에서 성공하기 위해서는 기업의 진짜 경쟁 우위를 잘 이해하고 그 이점을 새로운 응용 분야에 베팅해야 한다. 다른 공격적 방식은 **이단자(The Mavericks)** 접근법이다. 이는 비즈니스 모델 혁신을 구현하여 잠재적으로 보다 성공적인 핵심 비즈니스를 확장하는 방식이다. 이단자는 신생 기업이나 반항적인 기성 기업이 될 수 있는 핵심 이점을 활용해 산업을 혁신하고 새로운 기준을 설정하게 되고, 이를 위해서는 비즈니스의 경쟁력이나 이점을 지속적으로 발전시켜 성장을 주도할 수 있는 능력이 필요하다.

모든 게임사의 비즈니스 모델 혁신 노력이 동일한 것은 아니라는 것을 전제로 하여 네 가지 접근 방식에 국내 게임사들을 매핑할 수 있겠다. 비즈니스 모델 혁신 유형을 어댑터, 모험가, 재창조자, 이단자로 명명하고, 국내 웹2.0 게임사들의 비즈니스 모델 혁신 유형을 분석하였다. 2023년 상위권 기업들을 살펴보면, 아래 **[표 1]**과 같이 시장 규모로 6대 국내 게임사가 나열된다. 분석한 결과부터 말하면, 방어적 비즈니스모델 사례로 넥슨과 넷마블이 있고, 나머지 네 개 게임사들은 공격적 비즈니스 모델 사례가 된다. 다음에서는 이들에 대해 좀 더 살펴보고자 한다.

[표 1] 웹3.0을 시도 중인 국내 6대 게임사

Country	Company	Market Cap*	Blockchain Project
South Korea	Nexon	$20.9B	MapleStory N
	Netmarble	$4.0B	Marblex, ITAM Games
	Kakao Games	$3.6B	BORA
	Neowiz	$0.71B	NEOPIN, Intella X
	Com2uS	$0.65B	XPLA
	Wemade	$0.5B	WEMIX Play

*2023.1.30일 기준 시가 총액

출처: Song, 2023. 2.

웹3.0 게임의 방어적 비즈니스 설계

아래 [그림 7]에서 보듯이, 지난 20여 년간 장수 게임들을 만든 넥슨은 이용자들의 평균 연령이 높아지면서 지속 성장을 위하여 변화가 필요함을 느낀다. 이에 넥슨은 **어댑터**로서 자사의 핵심이자 초대형 지식재산권(IP)인 메이플스토리(MapleStory) 유니버스에 웹3.0 요소를 도입하게 된다. NFT 거래를 통한 아이템의 유용성을 위한 포럼(Forum), 이용자의 2차 콘텐츠 창작을 위한 팬 크리에이션(Fan creation), 편리한 이용자 경험을 위한 파생 앱들(Derived apps)을 구성한 생태계를 갖추기 위해 넥슨은 먼저 폴리곤(Polygon) 블록체인을 2022년에 도입하였고, 이어서 넥스페이스(NEXPACE)라는 자회사를 설립하였다.

[그림 7] 넥슨의 웹3.0 비즈니스 모델 혁신 구도

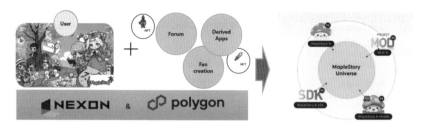

출처: Song, 2024.2.; 송민정, 2023.6.27.; 인벤, 2022.6.8.

[그림 7]에서 제시된 네 가지 비즈니스 모델들을 보면, 먼저 IP에 기반한 '메이플스토리N'은 원작에 NFT와 폴리곤 블록체인 기술을 접목한 다중 사용자 온라인 롤플레잉 게임(Massively Multiplayer Online Role-Playing Game; MMORPG)이다. 원작과 달리, 이용자는 게임 플레이를 통해 아이템, 토큰을 획득할 수 있고, 획득한 아이템들을 NFT로 만들어 그 소유권을 가지며 NFT 아이템을 자유롭게 거래하거나 이전할 수 있다. 넥슨은 이때 수수료만 수취한다. '메이플스토리 N SDK'는 메이플스토리 유니버스에서 획득한 NFT를 활용해 NFT 기반의 다양한 앱을 만들 수 있게 하는 제작 툴이다. 'MOD N'은 PC와 모바일 겸용 개발이 가능한 블록체인 게임 제작 샌드박스 플랫폼이다. MOD N 제작 게임은 크리에이터의 소유이며, 제작된 게임은 다른 이용자도 즐길 수 있고, 인기에 따라 메이플스토리 유니버스 내 기여가 측정되어 보상을 받을 수 있다. 여기서는 메이플스토리의 3천만 개 IP 자산이 제공된다. 마지막으로 '메이플스토리 N 모바일'은 '메이플스토리N'에서 플레이한 캐릭터 NFT를 가져와 언제 어디서든 모바일 플레이를 가능하게 한다.

정리하면, 어댑터로서의 넥슨은 메이플스토리에 블록체인과 토큰, 그리고 인센티브 구조라는 웹3.0 요소를 접목시켜 메이플스토리 유니버스를 출시하는데, 그 이유는 기존과 마찬가지로 무한한 콘텐츠 공급과 신규 비즈니스 모델을 계속해서 만들어 나가려는 의도이다. 메이플스토리 유니버스는 크리에이터가 되는 이용자에게 토큰이라는 인센티브를 제공해 콘텐츠 생성 유인을 높일 수 있으며, 크리에이터가 된 이용자는 인게임 생태계 내에서 창작에 대한 보상을 토큰으로 받게 된다. 이는 기존보다 보상이 높고, 더욱 투명하게 이뤄질 것으로 기대되어 결과적으로 더 많은 콘텐츠 공급이 이뤄질 수 있는 토대가 될 것이다.

다음은 미래에 대한 불안함으로 사업 운영 중단에 대비하려는 방어적 자세이면서도 핵심 사업을 혁신해 보려는 **재창조자로 넷마블**이 있다. 넷마블은 별개의 핵심 게임 비즈니스로 **마브렉스(MABLEX)**를 재창조했다. 아래 **[그림 8]**에서 보듯이, 마브렉스는 게임 퍼블리셔로서 새로운 핵심 IP에 블록체인을 도입하고 게임 이용자를 위한 웹3.0 접근성에 초점을 맞추고 있으며, 니어 프로토콜(Near Protocol), BNB 체인, 클레이튼(Klaytn) 등 MBX 스테이션과 MBX 멀티체인을 확장하게 된다. 인프라인 멀티체인에 대해서는 13장에서 자세히 다루기로 한다.

[그림 8] **마브렉스의 웹3.0 비즈니스 모델 혁신**

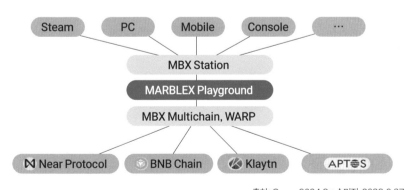

출처: Song, 2024.2.; 송민정, 2023.6.27.

마브렉스는 MBX 토큰과 NFT 두 축을 중심으로 움직인다. 먼저, 자사 플랫폼 중심 생태계 구축을 통해 다양한 메인넷과 연결하는 멀티체인 파트너십(MBX Multichain; WARP)으로 MBX 유니온 토크노믹스를 실현하고자 한다. [그림 8]에서 보면, MBX 스테이션은 개발사가 담당하고, 블록체인 접점은 마브렉스 플랫폼(MBX3.0)이 제공하는 구조이다. 2023년 4월 해외에 출시된 '모두의 마블2: 메타월드(Metaworld, my city; 메타월드)'의 개발을 넷마블의 다른 자회사인 넷마블엔터가 담당하였다. 기존 보드 게임에 가상 부동산 관리 콘텐츠가 가미되었고, 토큰과 연동된 P2E 요소가 있어 MBX 토큰경제를 실현하게 된다. 다양한 게임 토큰들은 MBX로 직접 교환이 안 되기 때문에, MBX 토큰 경제 시스템인 'MBX 유니온 토크노믹스'를 통해 브릿지 토큰인 MBXL로 먼저 교환해야 한다. 마블러십이라는 멤버십 NFT를 통해 이용자들의 커뮤니티 참여가 가능하며, NFT 보유자는 스테이킹을 통해 MBX 수령이 가능하다.

웹3.0 게임의 공격적 비즈니스 설계

혁신적 성장을 꿈꾸면서 동시에 비(非) 핵심 분야인 인접 비즈니스 영역으로의 확장을 꿈꾸는 **모험가**에는 카카오게임즈와 네오위즈가 해당한다. 먼저, **카카오게임즈**의 캐주얼 및 블록체인 게임 자회사인 **메타보라(METABORA)**는 2022년 보라2.0(BORA2.0)을 토대로 크로스체인 블록체인을 구축한다. 인프라인 크로스체인에 대해서는 13장에서 다룰 것이다. 폴리곤에 이어 니어 프로토콜(Near Protocol; Near)과 크로스체인을 구축한 메타보라는 기존 IP를 사용해 캐주얼 게임과 대규모 다중 이용자(MMO)와 역할 게임(RPG)의 합성어인 MMORPG(Massively Multiplayer Online Role-Playing Game) 라인업을 제공하기 시작한다. 서로 다른 블록체인을 연결해 주는 크로스체인 기능이 적용되면서 네트워크 확장성이 높아지게 된다. 이에 온보딩 파트너들은 글로벌 이용자 및 유동성 접점 확대 등의 이점들을 갖게 된다. 2023년 7월, 카카오프렌즈 IP를 활용한 캐주얼 골프게임인 '버디샷(BirdieShot Enjoy & Earn)', 2020년에 카카오게임즈가 인수한 게임 개발사인 엑스엘게임즈(XLGAMES)의 아키에이지(ArcheAge) IP를 활용한 MMORPG인 '아키월드(ArcheWorld)' 라인업이 시작되었다.

또 다른 **모험가**인 **네오위즈**의 게임 블록체인 자회사로 P2E 플랫폼인 **인텔라X(Intella X)**는 글로벌 웹3.0 게임 생태계 구축을 목표로 게임, 플랫폼, 보안, 투자 등과 관련한 다양한 파트너사들과 협력한다. 일례로 2023년 5월에 일본 웹3.0 전문 마케팅 기업인 퍼시픽메타(Pacific Meta)와, 10월에 웹3.0 게임 자격증명 플랫폼인 카브(Carv)와 파트너십을 맺었다. 인텔라X도 크로스체인 블록체인을 도입한다. 2022년 폴리곤에 이어 2023년 아발란체를 크로스체인화 하는데, 그 주된 이유는 코딩이 필요 없는 구독형 블록체인 서비스인 '아바클라우드(AvaCloud)' 등을 아발란체가 지원하기 때문이다.

이상의 모험가와 비교해, 더욱 획기적인 성장을 꿈꾸면서 동시에 핵심 비즈니스 혁신을 꿈꾸는 **이단자**로는 위메이드와 컴투스가 있다. 이들은 핵심 비즈니스 변혁자로서 블록체인 인프라를 전면 도입하게 된다. 먼저, 다수의 게임 IP를 보유 중인 **위메이드**가 개발한 **위믹스(Wemix)**는 위믹스 메인넷을 가지고 플랫폼-인게임 토큰 구조를 발표하였다. 하지만, 2024년 위믹스 코인 유통량 조작 혐의로 인해 불확실성이 제기되면서 같은 해 7월에 위믹스 네트워크 강화를 위한 새로운 생태계 구조가 제시된다.

시기적으로 보면, 위믹스 초기에는 클레이튼 사이드체인 형식으로 운영되다가, 위믹스 3.0으로 업그레이드되면서 자체 메인넷을 가지게 된다. 위믹스3.0은 지분증명(PoS) 방식과 권위증명(PoA) 방식이 결합된 지분 기반 권위증명(Stake-based Proof of Authority; SPoA) 방식을 채택해 높은 보안성과 최대 4천 초당 거래(Transactions per Second; TPS)에 이르는 빠른 속도를 보장한다. 위믹스3.0 생태계의 중심축으로 블록체인 게임 플랫폼인 위믹스플레이(WEMIX PLAY), DAO 및 NFT 플랫폼인 나일(NILE), DeFi 플랫폼인 위믹스파이(WEMIX.Fi)가 있다. 위믹스 자체 메인넷 네트워크 내부에는 기축 통화인 위믹스 토큰($WEMIX)이 존재한다.

아래 [그림 9]는 2024년 7월에 개편된 위믹스의 생태계 방향성을 보여준다. 핵심은 위믹스 페이(Wemix Pay)이며, 이를 기반으로 하여 위믹스 토큰 유틸리티를 강화하고 궁극적으로 생태계 기여자들의 참여가 토큰 유틸리티로 이어지는 선순환 구조를 통해 생태계의 지속 가능성을 확보하는 것이다. 위믹스 플레이 이용자는 위믹스 페이를 통해 위믹스 토큰($WEMIX)으로 게임 콘텐츠를 결제할 수 있다. 위믹스 페이의 토큰 결제는 법정화폐 결제 솔루션 기업을 거치지 않는 자체 결제이기 때문에, 이용자에게 수수료를 낮게 책정할 수 있다는 장점을 가진다. 법정화폐 결제 솔루션 수수료가 통상 20~30% 수준인데 비해, 위믹스 활용 시에 수수료를 거의 0%에 가깝게 책정해 이용자가 같은 지출에도 더 많은 게임 내 혜택을 얻을 수 있도록 설계되었다. 위믹스 페이 발생 매출의 4~5%는 위믹스 토큰 바이백에 사용된다. 이는 공격적으로 이용자를 확보하고 생태계를 부흥하기 위한 것으로, 위믹스 페이를 통한 바이백 구조는 위믹스 토큰 가치 유지에 영향을 미칠 것이다.

[그림 9] **네트워크 강화를 목표로 하는 위믹스**

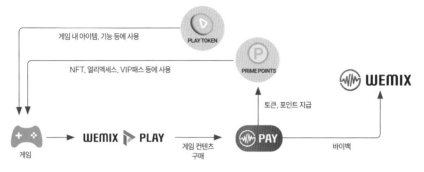

출처: 쟁글, 2024. 7. 22.

위믹스 페이 내에는 플레이 토큰(PLAY)과 프라임 포인트(Prime Points)가 있다. 플레이 토큰은 위믹스 플레이에서 위믹스 토큰으로 결제할 때 얻는 암호화폐이다. 위믹스 토큰 결제 시에 결제 금액의 1%에 해당하는 플레이 토큰이 발행되는데, 이 토큰은 게임 내 수집품, 특수 아이템, 기능 등에 사용할 수 있다. 게임 내에서 사용된 플레이 토큰은 소각되어 재유통되지 않는다. 한편, 위믹스 마일리지 시스템인 프라임 포인트는 위믹스 플레이 내 소비량에 기반해 지급된다. 포인트 누적으로 레벨을 올릴 수 있고, 레벨에 따라 VIP 패스, NFT, 에어드롭, 게임 얼리 액세스(Early Access) 등 혜택을 얻는다. 위믹스는 부가 서비스를 중지하고, 주요 게임인 나이트 크로우(NIGHT CROWS), 미르4(Mir4) 등에 집중하는 전략을 취하기 시작했다. 나이트 크로우와 미르4는 출시 이후부터 현재까지 높은 사용자 수를 유지하고 있는 게임으로서, 위믹스 플레이 이용자의 대부분을 차지하고 있다.

또 다른 **이단자인 컴투스의 엑스플라(XPLA)**는 자체 인프라인 XPLA 메인넷을 기반으로 한 웹3.0 게임과 NFT 마켓플레이스 등에 주력한다. XPLA는 과거에 테라(Terra) 체인 위에 온보딩한 C2X 프로젝트로 시작하였다가 테라

붕괴 이후에 리브랜딩을 통해 탄생한 자체 메인넷 체인이다. 당시 테라의 붕괴는 C2X에 상당한 타격을 주었지만, 컴투스 그룹은 노련한 대처 능력과 충분한 개발 인력을 토대로 XPLA를 출시해 위기를 기회로 바꾸었다. 2023년 EVM을 탑재하여 가장 많은 이용자와 DApp을 보유하는 이더리움과의 상호 운용성도 확보하였다.

XPLA는 인터체인인 코스모스(Cosmos) SDK를 활용해 엑스플라 메인넷을 구축한 후, P2O(Play to own) 게임, NFT 마켓플레이스 등을 추진한다. 인터체인에 대해서는 13장에서 다룰 것이다. XPLA 메인넷의 핵심 DApp은 엑스플라게임즈(XPLA GAMES)이다. 이의 '게임 런처(Game Launcher)'는 게임이 블록체인상에 온보딩 되는 과정에서 중요한 역할을 한다. 게임 개발사는 게임 출시 전의 베타 테스트 단계에서 NFT 형태의 게임 팬 카드를 판매하고, 이용자는 베타 테스팅 기회나 게임 관련 정보에 접근한다. 플레이어는 게임 팬 카드를 구매해 게임 온보딩에 대한 투표에도 참여하고, 그 이후에 게임을 지속할 의사가 있다면 게임 팬 카드를 계속 보유하고, 그렇지 않으면 참여를 중단하고 돌려받을 수 있다. 게임은 팬 카드의 특정 판매 목표를 달성해야 플랫폼에 성공적으로 런칭되며, 게임이 온보딩에 성공하면 팬 카드 NFT를 보유하고 있는 이용자는 개발사로부터 다양한 혜택을 부여받는다. 이는 게임 개발사와 플레이어 모두에게 게임 출시 전의 혜택을 제공하는 독특한, 기존에는 찾아볼 수 없던 시스템이다.

이처럼 C2X 플랫폼의 '베타 게임 런처'에서 출발하여 엑스플라게임즈의 '게임 런처'로 발전한 이용자 주도의 게임 온보딩 시스템은 게임 내 아이템의 소유권을 명확히 하고, 플레이어를 단순한 소비자에서 창작자로 전환시킨다는 웹3.0 철학을 보여주고 있다. 즉, 엑스플라는 먼저 자체 메인넷을 통해 내·외부적 상호운용성을 확보하고, 다양한 블록체인 네트워크들과의 협력을 통해 웹3.0을 구현하고자 하였으며, 그 이후에는 게임 런처를 통해 사용자 주도의 게임 온보딩을 가능하게 하여 게임 개발과 출시 과정에서의 리스크를 줄이고, 플레이어와 게임 개발사 모두에게 혜택을 제공한다는 의지를 보여주고 있다.

참고문헌

경기신문, "넷마블 자회사 마브렉스, MBX 생태계 '유니온 토크노믹스'공개," https://www.kgnews.co.kr/mobile/article.html?no=745253, 2023.4.21.

그린포스트코리아, "넷마블 자회사 마브렉스, '메타월드: 모두의 마블' 공개," http://www.greenpostkorea.co.kr/news/articleView.html?idxno=204890, 2023.1.12.

디지털데일리, "사용자와 수익 나눠야 하지만…게임사가 '웹 3.0'으로 나아가는 세 가지 이유," https://m.ddaily.co.kr/page/view/2022020114523725662, 2022.2.2.

디지털투데이, "넷마블 마브렉스-니어 재단, MBX 생태계 위한 전략적 파트너십 구축," https://www.digitaltoday.co.kr/news/articlePrint.html?idxno=478251, 2023.6.5.

미래에셋증권, "게임: 블록체인 시대, 플랫폼 가치에 주목," https://securities.miraeasset.com/bbs/board/message/view.do?messageId=2287791&messageNumber=397&messageCategoryId=0&startId=09bA7%7E&startPage=11&curPage=11&searchType=2&searchText=&searchStartYear=2021&searchStartMonth=06&searchStartDay=03&searchEndYear=2022&searchEndMonth=06&searchEndDay=03&lastPageFlag=&vf_headerTitle=&categoryId=1525, 2022.3.18.

부산일보, "거버넌스 토큰이란," 2023.2.2.

비즈워치, "'메이플'과 '모두의 마블'은 왜 블록체인을 만났나," http://news.bizwatch.co.kr/article/industry/2023/07/12/0032, 2023.7.12.

비즈한국, "게임사 앞다퉈 도입하겠다는 '웹3.0' 실체는?" https://www.bizhankook.com/bk/article/23568, 2022.4.13.

삼성증권, "뉴 골드러시, 돈 버는 게임은 지속 가능할까?" 2022.4.21.

송민정, "Web3.0 비즈니스 모델," KRnet 발표문, 2023.6.27.

NH투자증권, "위메이드," 2014.8.27.

이투데이, "마브렉스, NFT 멤버십 '마블러십' 본격화…커뮤니티 충성도·참여도 높인다," https://www.etoday.co.kr/news/view/2220839, 2023.2.10.

인벤(Inven), "넥슨, 메이플스토리 IP 활용한 NFT 프로젝트 4종 공개," https://www.

inven.co.kr/webzine/news/?news=272633&vtype=pc, 2022.6.8.

쟁글, "메이플스토리 유니버스, 베일 벗은 토크노믹스와 생태계," https://xangle.io/research/detail/2091, 2024.9.2.

쟁글, "Adoption 2023 시리즈 3편: 게임," https://xangle.io/research/detail/1285, 2023.7.17.

쟁글, "XPLA Games, Web3.0 플랫폼으로의 도약," https://xangle.io/research/detail/1658, 2023.11.15.

쟁글, "Wemix Day - 드디어 발표된 위믹스의 방향성," https://xangle.io/research/detail/2068 2024.7.22.

하나금융경영연구소, "산업융합시리즈 10호 - 토큰 이코노미와 암호화폐," 2019.10.15.

Altcoinbuzz, "An Introduction to Marblex's Meta World: My City," https://www.altcoinbuzz.io/blockchain-gaming/an-introduction-to-marblexs-meta-world-my-city/, 2023.5.8.

BGC homepage, "Business model innovation", https://www.bcg.com/capabilities/innovation-strategy-delivery/business-model-innovation, 2023.8.1.(검색일).

M.Z. Song, "Web3 Business Model Innovation Approach and Cases of Korean Game Giants," *International Journal of Internet, Broadcasting and Communication (IJIBC)*, Vol.16, No.1, pp.241-252, 2024.2.

Openware, "What Are the Different Types of Digital Assets?" https://www.openware.com/news/articles/what-are-the-different-types-of-digital-assets, 2022.7.12.

PWC, "Digital Assets - an emerging trend in capital markets," 2022.

Smarttimes, "MARBLEX partners with Aptos Foundation for gaming expansion," http://www.smarttimes.co.kr/news/articlePrint.html?idxno=10988, 2023.8.24.

Z. Lindgardt and M. Ayers, "Driving Growth with Business Model Innovation,"BCG Analysis, https://www.bcg.com/publications/2014/growth-innovation-driving-growth-business-model-innovation, 2014.10.8.

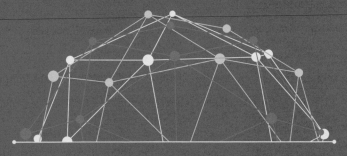
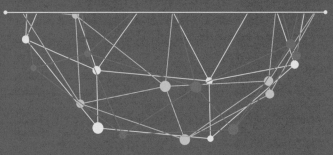

WEB3.0 MEDIA BUSINESS

웹3.0 창작경제 미디어 비즈니스

10

웹3.0 창작경제 미디어 비즈니스

웹3.0 창작경제 비즈니스 모델 이해

현재 유지되고 있는 웹2.0 시대에 의미하는 창작경제(Creator economy)는 창작자로 하여금 자신의 작품에서 가치를 창출해 유튜브(YouTube)나 인스타그램(Instagram) 등에서 플랫폼 수익을 배분받게 하는 비즈니스 모델을 뜻한다. 창작자는 자신의 팬이 직접 지불하는 콘텐츠 비용을 일부 보상받아 꾸준히 콘텐츠를 창작하며, 크리에이터(Creator)나 유튜버(YouTuber), 인플루언서(Influencer) 등으로 불리고 있다. 현재의 창작경제 일등 공신이 유튜브이기 때문에 유튜버가 직업으로 인정받을 만큼 창작경제가 성장하게 된다. 2007년부터 '유튜브 파트너스 프로그램(YouTube Partners Program; YPP)'에 가입한 유튜버들은 제작 광고나 브랜드와의 협업을 통한 브랜디드 콘텐츠(Branded content), 구독 멤버십, 미디어 커머스(Media commerce), 지식재산권(IP)을 활용한 다양한 기획 등의 수익 모델들이 탄생하였다.

최근에는 숏폼(Short form) 콘텐츠가 각광을 받으면서 유튜브는 쇼츠

(Shorts)를 시작하였다. 초기에는 YPP에 아직 가입하지 않은 쇼츠 창작자를 위한 쇼츠펀드(Shorts Fund)를 조성해 가장 많은 참여와 조회수를 올린 쇼츠 창작자에게 새로운 보상을 하였다. 인스타그램의 릴스도 이와 유사한 행보를 보이기 시작했다. 릴스는 '기프트(Gifts)' 기능을 도입했다. 팬들은 앱에서 '스타(Star)'를 구매하여 좋아하는 창작자를 응원한다. 또한, 창작자를 팔로우하지 않더라도 시청 중인 릴스 하단에 있는 '기프트 보내기'를 통해 쉽게 창작자를 후원할 수 있다. 더 나아가 인스타그램 구독 기능을 통해 창작자는 구독자에게 릴스, 라이브, 스토리 등 독점 콘텐츠를 제공할 수 있고, 구독 요금은 창작자인 크리에이터가 직접 설정하면 된다. 요금을 지불한 구독자는 댓글이나 다이렉트 메신저(Direct Messenger; DM)에 보라색의 왕관 모양 구독자 배치가 표시되어 일반 이용자와 구분된다.

이러한 웹2.0 창작경제가 성장하면서 창작물 유통 플랫폼도 유튜브나 인스타그램에 머물지 않고 콘텐츠 창작에서 결제까지 지원하는 다양한 대안 플랫폼들이 등장하였다. 플랫폼 간 경쟁은 더욱 심화되었으며, 지원 시스템 도입도 더욱 활기를 띠게 된다. 예로, 미국의 창작자 후원 멤버십 서비스인 **패트리온(Patreon)**은 팬이 창작자인 크리에이터를 직접 후원할 수 있게 지원하는 플랫폼이다. 여기서는 이용자가 직접 작가나 팟캐스터, 유튜버 등을 찾아 후원할 수 있고, 크리에이터는 후원금을 관리하거나 팬들과 소통하게 된다. 이처럼 단순한 파괴적 비즈니스 모델만으로 패트레온은 2022년 기준 1억 달러 투자금을 유치하였으며 40억 달러의 기업 가치를 인정받았고, 21만 명의 크리에이터가 활동 중이다. 후원자는 600만 명 이상인 것으로 파악되었다. 국내의 네이버도 2022년 3월, 이 팬십(Fanship) 후원 플랫폼인 패트리온에 118억 원을 투자한 바 있다.

이러한 웹2.0 창작경제 플랫폼들의 부단한 노력에도 불구하고 창작자들이 정당한 대가를 받지 못하고 있다는 지적은 여전하다. 이코노미스트(Economist)에 따르면, 페이스북(Facebook)은 2021년 5월 사용자들이 올린 게시글 옆 공간을 광고 배너로 판매하며 연간 920억 달러를 벌었지만, 사용자에게는 그 어떤 보상도 지급하지 않았고, 엑스(X)(구 트위터)도 3억 5천만 사용자들이 올린 트윗 사이에 광고를 배치해 연간 34억 달러 매출을 올렸지만, 사용자에게는 그 어떤 혜택도 돌아가지 않았다. 유튜브 경우에도 구독자 100만 명을 가진 유튜버의 연간 광고 수익은 6만 달러에 불과하다. 로열티도 문제이다. 스토티파이(Spotify)에서 활동하는 700만 명 이상의 뮤지션 중 0.2%만이 로열티로 연간 5만 달러 이상을 벌고 있다고 한다.

이처럼 많은 웹2.0 플랫폼들이 창작자 작품을 통해 많은 돈을 벌지만 창작자들은 노력에 상응하는 대가를 받지 못하고 있으며, 플랫폼들의 '갑질'도 이슈화된 지 오래이다. 작은 알고리즘 변경이나 근거 없는 계정 정지로 창작자들은 퇴출될 수 있는데, 정지나 계정 해킹은 이를 직업으로 삼는 창작자에게는 치명적이다. 많은 창작자들이 플랫폼의 무단 차단으로 게시물을 작성하기 위해 자신의 계정에 접근할 수 없고 수익도 막히는 경우가 비일비재하다. 이에 계정 차단이나 해킹 사태를 대비해 창작자에게 보험을 제공하는 비즈니스 모델도 생겨날 정도이다. 또한 무단 복제 등 크리에이터들에게 손해를 끼치는 행위에 대한 어떤 규제도 존재하지 않는다. 일부 이용자들은 게시된 콘텐츠를 이차적으로 재게시하여 돈을 벌지만, 일차 창작자들로서는 이를 플랫폼에 신고하거나 내려달라고 요구할 수 있는 방법도 없다.

이러한 웹2.0 창작경제의 지속 가능성에 의문이 제기된다. 보통 전업으로 하는 창작자들의 평균 경력은 5년 정도인데, 언제라도 자신의 직업이 사라질 수 있다는 점을 걱정하고 있다. 상위권 인플루언서를 제외한 창작자 경력은 향후에 어떻게 될지에 대한 어떠한 보장도 없다. 이 상황에서 창작자들의 권익을 위해 미국에서는 비영리 단체인 크리에이터스닷오알지(creators.org), 미국크리에이터스길드(Creator Guild of America) 등이 설립되어 창작자 대상으로 멤버십을 운영 중이다. 아직 이들이 갖는 거대 플랫폼과의 협상력은 미미하지만 창작자들의 통일된 목소리를 규합하는 데 주력하였다는 데에 그 의미가 있다.

이러한 상황에서 웹3.0 기술인 블록체인이 주목받기 시작한다. 2018년 미국 MIT 슬로안 매니지먼트 리뷰에서 20개 미디어 기업들의 블록체인 활용 비즈니스 모델 개발 의사가 있는지에 대한 인터뷰가 진행되었다. 기존 기업이 할 수 있는 기회인 존속적 비즈니스 모델과 위협이 된다고 보는 파괴적 비즈니스 모델로 구분되었다. 아래 [표 1]에서 보면, 기존 미디어 기업들이 받아들이는 기회가 되는 **창작경제의 존속적 비즈니스 모델**은 지식재산권(IP) 보호, 음악 가치사슬의 디지털화, 게임과 거래 등의 유형으로 나뉘며, 각각의 서비스 주체와 제공 서비스, 그리고 블록체인 활용 방법 등이 제시되고 있다.

먼저, **지식재산권인 IP 보호 비즈니스 모델**의 경우, 서비스 주체는 디지털 콘텐츠 창작자이고, 제공되는 가치 제안은 단순화된 저작권 등록과 콘텐츠 유통이며, 블록체인 활용 방법은 타임 스탬핑(Time-stamping)과 스마트자산(Smart property)이다. 타임 스탬핑이란 실제 정보를 타임 스탬프 형식으로 기록하는 것을 말하며, 한 예로 2021년 3월 타임(Time) 매거진이 자체 NFT 컬렉션인 '타임피스(TIME Piece)'를 출시한 바 있다. 타임 매거진의 표지에서 영감을 받은 독특한 디지털 아트워크들이 선보였고, NFT 보유자는 자신의 전자 지갑을 타임 매거진의 웹사이트에 연결하고 구독 등을 통해 콘텐츠에 접근할 수 있다. 또한, 디스코드(Discord) 채널에 개설한 타임피스 커뮤니티를 통해서도 최신 정보와 토큰 소식을 공유할 수 있다.

[표 1] 기존 기업에게 기회인 창작경제의 존속적 비즈니스 모델

	BUSINESS MODELS	WHO IT SERVES	WHAT IT PROVIDES	HOW IT USES BLOCKCHAIN	VALUE IT GENERATES FOR THE COMPANY
SUSTAINING BUSINESS MODELS (OPPORTUNITIES)	Protecting intellectual property	· Digital content creators	· Simplified copyright registration and distribution of digital content	· Time-stamping · Smart property	· Transaction fees, commissions
	Digitizing the music value chain	· Existing music value chain players	· Reduce transaction costs · Speed up revenue distribution	· Smart contracts · Smart property · Blockchain content ledger	· Services around an open-source platform
	Playing and trading	· Mobile gamers	· Full off-game ownership of game assets, tradeable and sellable with cryptocurrency	· Smart property · Cryptocurrency	· In-game asset sales

출처: Dutra, A. et al., 2018.

이어 타임 매거진은 법정화폐로 NFT를 구입할 수 있도록 블록체인 결제 플랫폼인 문페이(MoonPay)와 제휴하는 등 커뮤니티 고도화를 추진했다. 2022년 10월 기준으로, 타임 매거진의 인쇄판 평균 독자는 50대 남성, 온라인판 평균 독자는 40대 여성, 타임 소셜피드 참여자 중의 62%가 35세 미만이었고, 디지털 월 구독료는 약 24달러 선이었다. 타임피스의 NFT 평균 가격이 약 1천 달러에 이르면서 일부에서는 탐욕의 커뮤니티라는 지적을 했지만 타임피스는 기존 독자층보다 강력한 관계를 형성하기 시작했다.

음악 가치사슬의 디지털화 비즈니스 모델의 경우에는 서비스 주체가 기존

의 음악 가치사슬의 플레이어이고, 제공되는 가치 제안은 거래 비용의 절감과 신속한 수익 배분이며, 블록체인 활용 방법은 스마트계약, 스마트자산, 그리고 콘텐츠 렛저(Ledger)이다. 한 예로, 2023년 2월에 미국 방송사인 폭스(Fox)가 폭스엔터테인먼트의 자회사인 '블록체인 크리에이티브 랩(Blockchain Creative Labs; BCL)'을 통해 음악 팬과 함께하는 온라인 커뮤니티인 '마스크 싱어 경험(The Masked Singer Experience)' 서비스를 시작했다. 이는 미국판 '복면가왕'으로서 리얼리티 TV 쇼 프로그램에 속한다.

BCL은 다양한 속성을 기반으로 하는 디지털 소유권의 파괴적 잠재력을 실험한 초기 사례로 꼽히게 되었고, TV 네트워크 폭스와 BCL은 블록체인 결제 플랫폼인 문페이, 웹3.0 개발자 플랫폼인 알체미(Alchemy), 지갑 인프라 기술 기업인 웹3아우스(Web3Auth) 등과 협력해 대화형 경험 플랫폼인 더마스크버스(The Maskverse) 플랫폼을 개발하였다. 마스크 싱어 프로그램 팬들은 메타마스크 같은 암호화폐 지갑을 연결하거나 소셜미디어 계정을 사용해 무료로 커뮤니티에 가입할 수 있다. 방송 동안에 팬들은 QR 코드 스캔으로 다음 라운드에 진출할 것으로 생각하는 캐릭터에 투표하고 참가 가수들의 비하인드 스토리가 담긴 독점 콘텐츠를 볼 수 있으며 보유 포인트를 디지털 상품으로 교환할 수 있다. 투표 횟수와 다음 라운드 진출자 예측 정확도에 따라 포인트를 부여받는다. **게임과 거래 비즈니스 모델**에 대해서는 앞서 9장에서 기존 게임 기업의 웹3.0 비즈니스 모델 혁신에서 논의한 바 있어서 생략한다.

다음은 아래 **[표 2]**에서 보듯이, 기존 기업에게는 위험이 되는 **창작경제의 파괴적 비즈니스 모델**이다. 이는 창작자의 콘텐츠 수익화와 원스탑 콘텐츠 숍 구축 등 두 가지 유형으로 구분되고 있다. 이들은 기존 기업의 파괴적 혁신일 수도 있겠지만, 대부분은 스타트업들이다.

[표 2] 기존 기업에게 위협인 창작경제의 파괴적 비즈니스 모델

	BUSINESS MODEL	WHO IT SERVES	WHAT IT PROVIDES	HOW IT USES BLOCKCHAIN	VALUE IT GENERATES FOR THE COMPANY
DISRUPTIVE BUSINESS MODELS (THREATS)	· Monetizing content for both creators and curators	· Social media users · Content creators and curators	· Monetary incentives for posting and voting · A decentralized, censorship-free platform	· Blockchain content ledger · Micropayments · Cryptocurrency	· Selling the power to influence · Transaction fees, commissions
	· Building a one-stop content shop	· Digital content creators · Digital content consumers	· Single place for publishing, distributing, and consuming content · Direct transactions between creators and consumers	· Smart contracts · Smart property · Cryptocurrency	· Transaction fees, commissions · Selling original content · Platform licensing · Services around the open-source platform

출처: Dutra, A. et al., 2018.

먼저, **창작자의 콘텐츠 수익화 비즈니스 모델**의 경우, 서비스 주체는 소셜미디어 이용자와 콘텐츠 크리에이터 및 큐레이터이고, 제공되는 가치 제안은 포스팅 및 보팅에 대한 금전적 보상과 탈중앙화된 검열 없는 플랫폼이며, 블록체인 활용 방법은 콘텐츠 렛저, 소액 결제, 암호화폐 등이다. 콘텐츠 수익화를 '다이렉트투컨슈머(Direct to Consumer; D2C)' 비즈니스 모델이라 칭하기도 한다. 이의 특징은 세 가지로, 첫째는 웹3.0 기술을 활용한 새로운 형태의 콘텐츠 제작이다. 웹3.0은 콘텐츠 제작 프로세스 자체를 크게 변화시키기 시작했다. 6장에서 논의한 메타버스라 불리는 가상현실(VR)/증강현실(AR), 5장에서 논의한 인공지능 기반의 창작자 저작 도구가 활성화되면서 크리에이터들은 이미지와 동영상, 텍스트, 오디오 등 다양한 형식의 콘텐츠를 보다

쉽게 제작할 수 있게 되었다.

　　D2C 비즈니스 모델의 둘째 특징은 인터넷상의 커뮤니티 확장이다. 웹 3.0은 크리에이터와 팬 커뮤니티 간의 직접적 관계를 형성하고 확장하는 수단이 된다. 기존의 일방적 소비 형태와 달리 웹3.0 환경에서는 팬은 크리에이터와 적극적으로 교류하고 가치를 창출한다.

　　D2C 비즈니스 모델의 마지막 특징은 NFT와 디지털자산 토큰 등의 새로운 이익공식이다. 소셜토큰(Social token)은 커뮤니티 중심 가치 네트워크를 토큰화해 웹3.0 경제구조를 만들어낸다. 소셜토큰은 창작자로 하여금 새로운 방식의 직접 수익을 창출하는 수단이다. 연예인, 유튜버, 작가, 스포츠 스타 등 다양한 창작자들이 팬덤 기반으로 토큰을 발행해 유통함으로써 팬 커뮤니티를 활성화하고 자신의 활동에 대한 더 많은 수익을 기대할 수 있다. 팬 커뮤니티도 일방적 소비를 넘어 창작자와 적극적으로 상호작용해 보상을 받을 수 있으며, 크리에이터의 인기가 높아질수록 토큰 가치가 올라가게 된다. 이에 대해서는 12장에서 자세히 다루기로 한다.

　　원스탑 콘텐츠 숍 구축의 비즈니스 모델에서는 서비스 주체가 디지털 콘텐츠 창작자와 소비자 모두이고, 제공되는 가치 제안은 콘텐츠 게시와 유통, 소비를 위한 싱글 플랫폼 구축과 창작자와 소비자 간의 직접 거래이며, 블록체인 활용 방법은 스마트계약, 스마트 자산, 암호화폐 등이다. 벤처투자사들은 창작경제와 웹3.0의 결합을 통한 새로운 기회에 기대를 걸기 시작했는데, 특히 편리성 제공에 대한 관심이 크다. 벤처캐피탈인 레러 히포(Lerer Hippeau)의 한 투자자는 창작자가 이벤트나 콘서트 참석, 상품 지출, SNS 참여 등을 기준으로 가장 충성도가 높은 팬을 확인해 보상을 줄 수 있게 하는 웹3.0 툴에 대한 기대감을 표시했다. 또한, 인덱스 벤처스(Index Ventures)의 한 투자자도 웹3.0과 창작경제의 결합으로 VR/AR과 노우코드(No-code) 플랫폼같이 새로운 형태의 표현을 가능하게 하는 창작 도구와 함께 창작자가 온라인에서 오디언스를 확장하기 위한 도구, NFT와 디지털자산 토큰 등 창작자의 수익 창출을 지원하는 도구 등에서 새로운 기회가 생겨날 것으로 예상했다.

원스탑 서비스의 한 예로, 로즈버드인공지능(Rosebud AI)은 AI 기술을 이용해 창작자들이 애니메이션 이미지를 만들 수 있도록 지원하는 구독 기반 앱인 토킹헤드(TokkingHeads)를 운영하는 스타트업으로 시작해, 2021년 창작자들이 사용할 수 있는 NFT 개발 비즈니스 모델로 전환했다. 그 이후 벤처캐피탈 기업이자 블록체인 게임 기업인 애니모카브랜드(Animoca Brands)가 주도하는 투자 라운드에서 660만 달러 조달에 성공한 로즈버드AI는 창작자가 가상 세계와 게임 속에서 사용할 수 있는 캐릭터와 풍경 등 디지털자산을 생성하는 데 활용되는 기술을 제시했다. 웹과 모바일 앱을 통해 창작자는 예컨대 "미래지향적 생쥐 DJ" 같은 설명을 넣기만 하면 해당되는 디지털 이미지를 무료로 얻을 수 있고, 해당 이미지를 블록체인상에서 인증된 NFT로 변환시키고 싶으면 로즈버드AI 서비스를 통해 구현할 수 있다. 생성된 NFT에 대해 창작자는 로즈버드AI에 수수료를 낸다.

웹3.0 창작경제 비즈니스 모델 유형

웹3.0 창작경제 비즈니스 모델의 핵심은 플랫폼에서 창작자로의 권력 이동이다. 2022년 3월 조사된 144개 웹3.0 창작경제 플랫폼 조사에서 유형화된 비즈니스 모델은 직접 수익화와 콘텐츠 창작도구 제공으로 나타났다. 이는 앞서 언급한 2018년 MIT의 블록체인 활용 의사에 대한 설문 조사 결과에서 제시된 파괴적 비즈니스 모델 유형과 유사하게, B2C와 B2B 모델로 대별된다. 아래 [그림 1]에서 보면, 직접 수익화 플랫폼인 **B2C** 예로 커뮤니티 토큰, NFT 마켓플레이스, 메타버스, P2E(Play To Earn), 음악, 콘텐츠 등이 있다.

[그림 1] 웹3.0 창조경제 플랫폼 유형: 직접 수익화

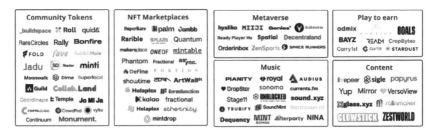

출처: Antler, 2022.3.

먼저, 콘텐츠(Content)를 보면, 예로 이더리움 기반 블로그 플랫폼인 미러(Mirror)가 있다. 이는 블로거로 하여금 자신의 블로그 소유권을 NFT 콘텐츠로 거래하는 플랫폼으로, 작성된 글은 발행과 동시에 NFT로 변환된다. 이용자인 독자는 이 NFT 콘텐츠를 완전 구매하거나 지분만 매입할 수 있다. 완전 구매한 NFT는 다른 독자에게 재판매되어 차익 실현도 가능하다. 지분만 매입한 경우에는 콘텐츠 수익을 배분하게 된다. 미러의 장점은 간단한 대시보드에서 쉽게 NFT를 발행할 수 있고 크라우드 펀딩(Crowd funding)이 가능하다는 점이며, 단점은 ENS(Ethereum Name Service)에 고유한 도메인 이름을 등록하는 데 약 100달러의 가스비가 든다는 점이다. 2020년 10월에 시작한 미러는 일 년 사이에 일억 달러의 투자를 받았고, 유니언스퀘어벤처스(Union Square Ventures)와 안데르센 호로위츠(Andreessen Horowitz) 등의 벤처 캐피탈(Venture capital)이 미러 투자에 참여했다.

메타버스(Metaverse)를 보면, 유명인사 아바타를 제작하는 메타버스 플

랫폼인 제니즈(Genies), 블록체인 기반의 음악 로열티 마켓플레이스인 로열(Royal) 등이 있다. 이들 중 상당수는 설립된 지 5년 미만이고 시리즈B까지의 투자 라운드를 통해 자금을 조달했다. 한편, 조사된 2022년 이후에 사업을 중단한 랠리(Rally) 같은 플랫폼은 2023년 2월 사이드체인 운영을 중단하고 NFT를 소각한 바 있다.

한편, 아래 [그림 2]에서 보면, 콘텐츠 창작도구 플랫폼으로는 로우/노우 코드(Low/No code) 툴, 관리, 팬 상호작용, 결제, 디자인 플랫폼 등이 있다. 로우/노우코드의 한 예인 민트게이트(MintGate)가 허용하는 기능은 토큰 소유자만 방문할 수 있는 링크를 생성할 수 있는 토큰 보호 페이지를 통해서 콘텐츠와 커뮤니티의 가치를 잠금 해제하는 것이다. 민트게이트는 PDF, 4K UHD 영화, 팟캐스트, 음악, 오디오북, 웹사이트, 디지털 다운로드 등 다양한 콘텐츠 포맷을 지원하게 된다.

[그림 2] 웹3.0 창작경제 플랫폼 유형: 콘텐츠 창작도구

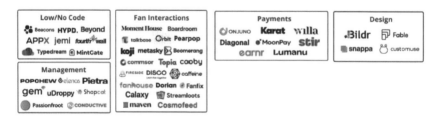

출처: Antler, 2022.3.

2023년 초에 개최된 소비자가전전시회인 CES(Consumer Electronics Show) 2023에서는 창작경제를 산업으로 다루었으며, 웹3.0 창작경제와 기업화되는 창작자 트렌드 분석 등을 포함한 "크리에이터와 NFT(Creator

Economy and NFTs)"라는 세미나도 개최되었다. 이로써 웹3.0 창작경제가 NFT를 시작으로 열리게 된다. 이 세미나에서는 웹2.0 환경에서 창작자가 누릴 수 있는 혜택을 저해하는 장애물로 창작자 자신의 콘텐츠에 대한 소유권을 주장할 수 없는 점, 창작자의 창의성을 효과적으로 현금화하기 어려운 점, 창작자가 자신의 개인 데이터를 통제하기 어려운 점 등이 한계로 제시되었다.

이처럼 웹2.0 플랫폼의 비즈니스 모델 한계에 대항하는 파괴적 혁신이 필요하다. 1997년에 나온 파괴적 혁신 이론은 웹1.0과 웹2.0 시대의 비즈니스 전략에 놀라울 정도로 큰 영향력을 발휘한 바 있다. [그림 3]에서 보인 **파괴적 혁신 모델**은 제품이나 서비스 성능의 궤적(시간이 지남에 따라 제품이나 서비스가 어떻게 개선되는지 보여주는 빨간색 점선)과 **고객 수요의 궤적**(고객의 성과에 대한 지불 의사를 보여주는 회색 선)을 대조하고 있다.

[그림 3] **파괴적 혁신 모델**

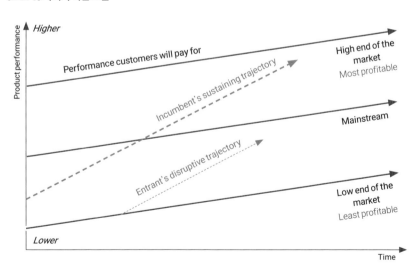

출처: Christensen and Raynor, 2003. ; Christensen, Raynor, and McDonald, 2015.12.

상단의 빨간색 굵은 점선은 기존 기업의 지속적 성장 궤적(Incumbent's sustaining trajectory)을 보여준다. 기존 기업들은 수익성이 가장 높은 시장의 고급화를 위해 고품질의 제품이나 서비스 도입하면서 저 사양 고객과 많은 주류 고객의 요구를 초과 달성하게 된다. 이때 스타트업 기업은 기존 기업이 소홀히 하고 있는 수익성이 낮은 부문에서 기회를 보게 된다. 즉, 하단의 빨간색 가는 점선은 신규 진입자의 파괴적 혁신 궤적(Entrant's disruptive trajectory)을 보여주고 있다. 신규 진입자는 제품 및 서비스의 성과를 개선하고 수익성이 높은 시장으로 이동해 기존 기업의 지배력에 도전하게 된다. 이 파괴적 혁신 모델은 2003년 저서에 다시 제시되면서 저가형 파괴와 신시장 파괴의 두 가지 유형으로 나뉜다. 각 유형에 대해 제품 및 서비스 목표 성능, 목표 고객 애플리케이션, 필요한 비즈니스 모델에 미치는 영향 등 세 가지 요소가 논의되었다.

아래 **[그림 4]의 좌측**은 맥킨지(McKinsey)가 2022년 9월에 제시한 웹3.0 펀더멘탈인 블록체인, 스마트계약, 디지털자산을, **중앙**에는 웹3.0 시나리오를 도식화해 보여주고 있다. 시나리오의 수직축은 점진적 가치와 변혁적 가치 제안으로 구분하고 있으며, 수평축은 시장(상품 및 서비스) 중심과 고객 중심으로 구분하고 있다. 점진적 가치이면서 시장 중심은 추가(Addition) 시나리오, 점진적 가치이면서 고객 중심은 디자인(Design) 시나리오, 변혁적 가치이면서 시장 중심은 시스템(System) 시나리오, 변혁적 가치이면서 고객 중심은 파괴(Disruption) 시나리오이다.

[그림 4] 웹3.0 시나리오와 신시장 파괴 분석 범위

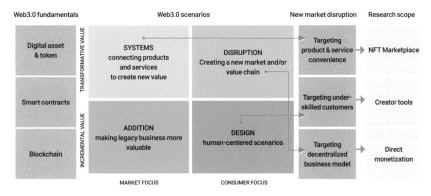

출처: McKinsey, 2022.9.26.; Medium Ana Andjelic, 2022.1.28.; Song, 2024.3.

이상의 네 가지 웹3.0 시나리오를 앞서 언급한 신시장 파괴적 혁신의 세 가지 요소들에 대입시키면 [그림 4]의 우측과 같다. 이에 세 가지 웹3.0 창작경제 비즈니스 모델 유형으로 제품과 서비스 편의성을 타겟한, 시장 중심의 시스템 시나리오로 'NFT 마켓플레이스(Marketplace)', 숙련도가 부족한 고객을 타겟한, 고객 중심의 디자인 시나리오로 '창작자 툴(Creator tools)', 탈중앙화된 비즈니스 모델을 타겟한, 고객 중심의 파괴 시나리오로 '직접 수익화 (Direct monetization)'가 있다. 이를 다시 두가지로 유형화하면, 'NFT 마켓플레이스'와 '직접 수익화'는 B2C 모델로, '창작자 툴'은 B2B 모델로 구분할 수 있다.

앞서 [그림 1]과 [그림 2]에서 살펴보았듯이, 2022년 3월 전 세계 144개 웹3.0 창작경제 비즈니스 모델을 개발한 스타트업 플랫폼들을 보면 이미 웹 2.0을 주도하고 있는 미국 기업들이 대부분을 지배하고 있는 상황이며, 유럽에 본사를 둔 스타트업들은 18개에 불과하다. 이에, 미국 기업보다는 유럽의 대표기업들 중심으로 어떤 스타트업들이 B2C 비즈니스 모델인 'NFT 마켓플

레이스' 및 '직접 수익화'를, B2B 비즈니스 모델인 '창작자 툴' 플랫폼을 운영
하고 있는지 살펴보는 것이 더 의미 있다고 판단되어, 유럽의 대표사례 중심
으로 웹3.0 창작경제의 비즈니스 모델 설계에 대해 좀 더 깊이 들어가 보고자
한다.

웹3.0 창작경제의 B2C 비즈니스 설계

앞서 언급한 대로, 웹3.0 창작경제의 B2C 비즈니스 모델은 'NFT 마켓
플레이스'와 '직접 수익화'로 대별된다. 먼저, **제품과 서비스 편의성을 타겟한 시
장 중심의 '시스템 시나리오'로 'NFT 마켓플레이스' 비즈니스 설계**를 유럽 스타트업
중심으로 살펴보자. 창작자에게 창작물의 거래 편의성을 도모하는 시스템 시
나리오는 새로운 가치를 창출시키기 위해 창작물을 시장에 잘 연결시켜주는
것이다. 이미 아티스트 중심으로 NFT를 거래하는 많은 NFT 마켓플레이스들
이 등장하였으며, 이들은 특정 체인만을 지원할 수도, 멀티체인을 지원할 수
도, 또는 자체 토큰을 가지고 있을 수도 있다. 또한, 심사 과정을 두어 검증된
아티스트들만이 활동할 수 있는 큐레이션 기반으로 작동하게 하는 등 경쟁
력, 차별점, 선두주자 타이틀을 확보하기 위해 다양한 시도가 진행될 수 있다.

이러한 NFT 마켓플레이스들은 서로 경쟁하고 차별점을 내세워 서비스
를 발전시키려 할 것이고, 이는 분명히 창작자에게 선택의 여지가 많음을 의
미한다. 하지만, 이러한 유익함에도 불구하고, 거래소인 마켓플레이스들이
너무 많아지면 NFT를 거래하려는 창작자 입장에서는 결정 장애를 겪지 않
을 수 없다. 이러한 문제를 해결해주기 위해 2021년 1월, 전 세계 NFT 마켓
플레이스들의 어그리게이터(Aggregator)로 포지셔닝한 벨기에의 스타트업인
젬(Gem)이 등장한다. 젬의 비즈니스 설계는 마치 한군데에 모아 보기 쉽게,

거래하기 쉽게 만들어주는 '다나와(Danawa)' 사이트와도 같다.

크리에이터들의 이더리움 가스비를 절약하게 할 목적으로 분석 도구, 희귀 등급, 번들 구매 등 광범위한 NFT 관련 서비스를 제공하는 NFT 어그리게이터로 등장한 젬은 출시 이후 1년이 지난 2022년 4월 글로벌 NFT 마켓플레이스인 오픈씨(OpenSea)에 인수되기에 이른다. 젬이 오픈씨에 인수될 당시에 젬 이용자들은 이미 오픈씨를 비롯해 룩스래어(LooksRare), 엑스투와이투(X2Y2), 래러블(Rarible), 엔에프티엑스(NFTX), NFT20, 라바랩스(Larva Labs) 등 7개 NFT 마켓플레이스의 컬렉션을 보유하고 있는 상황이었다. '시스템 시나리오'로 보면, 젬의 서비스 특징은 보기 쉽고, 찾기 쉽고, 사기 쉽고, 팔기 쉽고, 예쁘고, 한 번에 다 쓸어 담을 수 있고, 편하다.

아래 [그림 5]에서 보듯이, 젬에는 내가 구매하고 싶은 NFT가 어디에 등록되어 있고 내가 낼 금액은 얼마인지 직관적으로 제시되어 있다. NFT를 구매하려는 이용자는 젬의 '발견' 페이지로 이동해 원하는 컬렉션을 찾는다. 판매 중인 NFT는 "나의 목록"에 있고, 이용자는 이를 관리하거나 마켓에서 삭제할 수도 있으며, 구매한 토큰을 다른 이용자에게 기부할 수도 있다. 창작자도 필터와 검색을 사용해 컬렉션을 검색할 NFT마켓플레이스를 설정하고 이더리움에 표시되는 최대 값을 설정할 수 있다. 토큰에 대한 설명이 포함된 페이지에서 사용자는 토큰의 가치, 특성, 설명, 저자 및 제작자 이름, 거래 내역을 찾을 수 있다. NFT를 판매하려는 창작자는 지갑에 있는 여러 토큰 중 하나를 선택하고 해당 토큰을 배치할 NFT 마켓플레이스를 선택할 수 있다.

[그림 5] NFT 어그리게이터, 젬

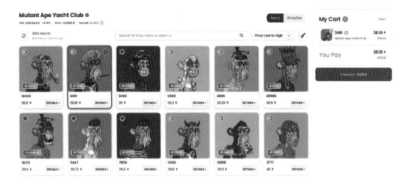

출처: gem.xyz; 케이크, 2022.4.27.

또한 아래 [그림 6]은 젬의 편의성을 시사하는 대표적 예로 '바닥쓸기 모드(Sweep mode)'를 보여주고 있다. 검색 바 우측에 빗자루 모양의 아이콘이 있는데, 자금이 풍부한 이용자들은 자신이 가지고 있는 창작자 NFT 프로젝트가 잘되길 바라면서, 바닥 가격을 높여보려고 바닥쓸기를 하는 경우가 있다. 젬이 제공하는 바닥쓸기 모드를 켜면 최대 바닥 가격에서부터 몇 개의 NFT를 구매할 것인지 등을 설정할 수가 있다. 예컨대 제일 낮은 가격에 등록되어 있는 MAYC부터 차례로 구매가 되게끔 만들어져 있다.

[그림 6] 젬이 제공하는 바닥쓸기 모드(Sweep mode) 사례

출처: gem.xyz; 케이크, 2022.4.27.

아래 **[그림 7]**은 젬에 제휴된 룩스레어의 등록 NFT 거래 예시를 보여준다. 룩스레어는 플랫폼 거래 수수료를 이용자들에게 토큰으로 보상해 준다. 즉, 젬에서 룩스레어 플랫폼에 등록되어 있는 NFT를 거래했을 때에는 룩스 토큰($LOOKS)을 받을 수 있다.

[그림 7] 젬에서 룩스레어 등록 NFT거래 예시

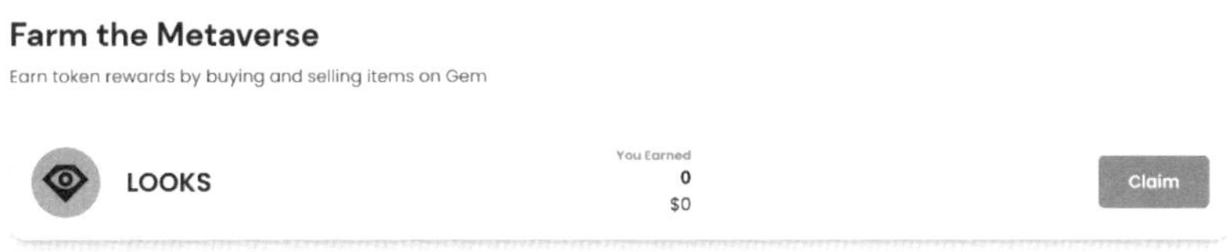

출처: gem.xyz; 케이크, 2022.4.27.

이상의 예시들처럼 젬은 NFT를 구매하려는 자와 판매하려는 창작자의 가려운 곳을 긁어 주고 이용자 진입 장벽도 낮추어 각 NFT 마켓플레이스들과 연동함으로써 수많은 마켓플레이스들이 풀지 못한 편의성 문제들을 보완하는 '시스템 시나리오'를 잘 보여주고 있다.

다음은 **고객 중심으로 변혁적 가치 제안을 표방하려는 '파괴 시나리오'**로 **'직접 수익화' 비즈니스 설계**를 유럽 스타트업 중심으로 살펴보자. 고객인 창작자가 팬들과 보다 매력적인 방식으로 소통할 수 있게 커뮤니티 토큰을 제공하는 플랫폼으로 영국에 본사를 둔 **크라우드패드(CrowdPad)**가 있다. 2021년 5월에 262만 달러를 투자받아 설립된 크라우드패드는 창작자로 하여금 한 곳에서 커뮤니티를 만들고, 발견하고, 관리할 수 있게 도와주는 커뮤니티 구축 지원 플랫폼이다. 창작자가 직접 토큰을 발행하고, 토큰을 보유한 사람들에게 혜택을 제공할 수 있다. 또한, 팬은 창작자의 독점 콘텐츠, 백 스테이지 패스 등에 대한 액세스 포인트를 얻을 수 있으며, 이를 통해 전통적인 창작자 커뮤니티 공간을 변혁할 수 있는 기회가 열린다.

솔라나(Solana) 블록체인 기반으로 창작자들의 소셜토큰을 관리해 주는 플랫폼으로 설계된 크라우드패드에서 사용자는 간단한 클릭 한 번만으로 나만의 소셜토큰을 만들고 관리할 수 있다. 크라우드패드가 창작자의 웹3.0 여정에 필수적이라고 보는 몇 가지가 있는데, 가장 먼저 고려하는 것은 사용자 친화적이어야 한다는 점이다. 웹2.0 유튜브의 유튜버가 기술에 익숙하지 못하기 때문에 '유튜브 파트너스 프로그램'의 도움을 받는 것처럼, 웹3.0 여정에 들어선 창작자도 마찬가지이다. 창작자는 자신이 가장 잘하는 일인 양질의 콘텐츠를 만드는 것에 집중해야 한다고 크라우드패드는 판단한 것이다. 따라서 크라우드패드 플랫폼을 통해 창작자는 간단한 이용자 인터페이스(UI)를 사용해 토큰을 관리할 수 있다. 나만의 소셜토큰을 만들려면 지갑을 만들어 버튼 하나만 누르면 되는 것이다.

이러한 크라우드패드는 특히 속도와 비용 측면에서 경쟁력을 갖는다. 대부분의 소셜토큰은 이더리움 기반으로 구축되어 있는데, 크라우드패드는 솔라나 기반으로 구축되어 있기 때문이다. 솔라나의 장점을 보면, 이더리움에 비해 사용자가 자신의 소셜토큰을 생성하고 관리할 수 있는 더 빠른 속도와 더 낮은 거래 비용을 제공한다. 즉, 이더리움에서 거래를 수행하려면 수백 달러의 가스비를 지불해야 하지만, 솔라나 기반을 사용하는 것은 창작자에게 좋은 옵션이 된다. 올인원 플랫폼인 크라우드패드를 사용하는 창작자는 자신만의 소셜토큰을 만들 수 있을 뿐만 아니라, 토큰 보유자, 투표, 디스코드 커뮤니티 생성 등의 이벤트들도 관리할 수 있다. 또한, 사용자 친화적인 UI를 사용해 몇 번의 클릭만으로 이러한 이벤트를 관리할 수도 있다. 크라우드패드는 크라우드패드 코인이라는 자체 네이티브 토큰을 보유하고 있으며, 이 코인은 유틸리티 토큰으로서 플랫폼에서 다른 창작자의 토큰을 구매하는 데에 사용될 수 있다.

소셜토큰 플랫폼에 대해 12장에서 따로 구분하여 다룰 것인데, 이상에서 설명했듯이, 크라우드패드는 창작자로 하여금 퍼스널 토큰을 포함한 커뮤니티 토큰 비즈니스를 잘 설계하여 직접 수익화할 수 있게 도와주는 플랫폼 역할을 하고 있다. 즉, 창작자로 하여금 하나의 플랫폼에서 자신의 소셜토큰을 생성하고 관리할 수 있게 해줌으로써 크라우드패드는 창작자의 소셜토큰 수익화 비즈니스 모델을 타겟한 고객 중심의 '파괴적 시나리오'를 잘 보여주고 있다.

웹3.0 창작경제의 B2B 비즈니스 설계

웹3.0 창작경제의 B2B 비즈니스 설계로 **숙련도가 부족한 고객인 창작자를 타겟한 고객 중심의 점진적 가치를 표방하는 '디자인 시나리오'로 '창작자 툴' 비즈니스 설계**가 있다. 노우코드(No-code) 툴의 등장으로 창작자는 코딩에 대한 지식이나 경험이 없더라도 누구나 웹 앱과 소프트웨어를 만들 수 있는데, 이는 기술 장벽을 제거함으로써 더 많은 사람들이 자신의 창의적 아이디어를 실현할 수 있는 기회를 얻게 한다. 이러한 툴은 주로 시각적 개발 환경을 활용해 사용자가 요소를 드래그 앤 드롭(Drag and Drop)하여 인터페이스와 워크플로우를 설계할 수 있도록 한다.

웹3.0 창작경제에 등장한 노우코드 툴은 기술적 코딩 능력 없이 블록체인 기술과 상호작용하고 복잡한 코딩이 필요한 작업을 쉽게 할 수 있도록 준비된 인터페이스와 워크플로우를 제공해 스마트계약을 생성하고, DApp을 구축하며, 탈중앙화 금융인 DeFi 거래를 실행하게 하는 등의 기능을 수행할 수 있게 한다.

노우코드 툴이 주는 몇 가지 장점들을 살펴보면, 먼저 접근성 측면에서 노우코드 툴은 코딩 기술과 관계없이 누구나 기술을 활용할 수 있어서 DApp 개발을 민주화해 누구나 창작자가 될 수 있게 한다. 효율성 측면에서는 노우코드 인터페이스의 드래그 앤 드롭(Drag and drop)기능이 디자인과 개발 과정을 가속화해 코딩 시간을 줄임으로써 개발 속도와 생산성을 향상시킨다. 비용 절감 측면에서는 전문 프로그래머에 대한 의존도를 줄여 개발 비용을 절감하게 하고, DApp을 신속하게 구축하고 업데이트하여 리소스 사용도 줄일 수 있게 한다. 그 외에도 이용자 친화성 측면에서 이 툴은 빠른 수정과 업데이트를 가능하게 해 비즈니스 모델 혁신에 신속하게 대응할 수 있게 하여 전통적인 프로그래밍보다 뛰어난 민첩성을 제공해 비즈니스가 더 빠르게 변혁할 수 있게 도와준다.

하지만, 이러한 노우코드 툴과 관련된 몇 가지 한계점들도 있다. 먼저, 제한된 맞춤화라는 점이다. 이 툴은 다양한 기능을 제공하지만 프레임워크의 제한으로 인해 매우 구체적이거나 복잡한 요구를 충족시키지는 못할 수도 있다. 또 데이터 보안 문제도 있다. 접근이 더 용이한 개발 환경으로 인해 개인정보 보호 기준을 엄격하게 준수하지 않을 수 있고, 툴 자체가 강력한 보안 조치를 갖지 않으면 보안 위협이나 데이터 유출도 발생할 수 있다. 벤더(Vendor) 의존성도 문제다. 이 툴을 사용하는 것은 특정 벤더에 의존한다는 의미이기도 하다. 플랫폼의 문제, 업데이트, 가격 변경 또는 회사의 폐업 등이 발생했을 때, 개발된 DApp의 사용과 지속 가능성에 큰 영향을 미칠 수 있다. 마지막으로 확장성 문제도 있다. 이 툴은 중소형 DApp을 효율적으로 처리할 수 있게 지원하지만, 높은 컴퓨팅 파워가 필요한 프로젝트나 방대한 데이터 세트의 복잡성을 처리해야 하는 경우에는 어려움에 직면할 수도 있다.

유럽의 노우코드 툴 사례로 영국의 **빌더(Bildr)**를 소개한다. 이는 사용자가 코드를 작성하지 않고도 웹 앱을 만들 수 있는 DApp을 구축하게 하는, 창작자 타겟 노우코드 툴 플랫폼이다. 2022년 1월, 빌더는 사용자를 위한 NFT 세트를 출시하여 웹3.0과 노우코드 툴을 통합한 기업 중 하나가 된다. 그 배경을 보면, 2006년 공동 창립자 중 한 사람인 마크 맥너슨(Mark Magnuson)이 먼저 자체 개발한 노우코드 툴을 사용해 컨설팅 결과를 제공했다. 그는 고객이 노우코드 툴이 지원할 수 없는 것을 요청할 때마다 그 툴을 업그레이드하게 되면서 플랫폼 수준을 더욱 높이게 된다. 다른 공동 창립자인 드류(Drew)도 같은 시기에 컨설팅 기업을 창립하였는데, 노우코드 툴 플랫폼을 만들지는 않았지만, 노우코드 툴들을 공유할 수 있게 도와주는 '노우코드 리스트(No-code list)'를 만들게 된다. 이 리스트는 점차 인기를 끌기 시작한다. 한편, 노우코드 툴을 발전시킨 마크가 2020년 노우코드 툴을 제작하는 빌더 팀을 이끌 디자이너를 찾기 시작했고 드류에게 연락했고, 드류가 기꺼이 합류하게 된다.

이렇게 출시된 빌더가 다른 노우코드 툴과 차별되는 점은 코드 위에 계층을 두고 있다는 점이다. 일반적인 도구보다 학습 곡선은 가파르지만 구축할 수 있는 것에 거의 제한이 없어서 웹3.0에 진입하는 데 큰 역할을 한 빌더는 2021년 말에 사용자를 위한 NFT 컬렉션도 출시하게 된다. 유틸리티에 초점을 맞추고 있는 NFT 패스 중에서 '스튜디오 패스' NFT 보유자는 빌더 제품에 평생 접근할 수 있고, NFT 구매자는 이 패스에서 아트워크를 선택할 수 있다. 이 기능은 사용자가 토큰을 생성하는 과정에 참여하게 하여 많은 사람들이 구매한 콘텐츠를 공유할 수 있도록 유도한다. '스튜디오 패스' 소유자가 빌더를 떠나기로 결정하면 판매 시에 자금을 회수할 수도 있다.

결론적으로, B2B 비즈니스 설계의 대표격인 노우코드 툴을 제공하는 빌더는 직관적인 시각적 인터페이스를 통해 웹을 위한 모든 것을 만들 수 있는 창작자 툴 지원 플랫폼으로서, 소프트웨어 스킬이 부족한 창작자를 타겟한 '디자인 시나리오'를 잘 보여준다. 웹앱과 DApp, 서비스형 소프트웨어(Software as a Service; SaaS) 제품 구축부터 NFT 발행 사이트 개발에 이르기까지 지원이 가능한 빌더를 사용하면, 창작자는 광범위한 코딩 지식 없이 아이디어를 설계하고 개발할 수 있어서 창작관련 비즈니스 설계에 더욱 집중할 수 있게 한다.

참고문헌

고팍스아카데미, "No-code 툴은 Web3를 어떻게 변화시키고 있을까요?" https://academy.gopax.co.kr/no-code-tuleun-web3reul-eoddeohge-byeonhwasikigo-isseulggayo/, 2024.9.9.

김용순, 송민정, 크리에이터 미디어 실전, 박영사, 2023.

뉴스원, "네이버, 美 창작자 후원 플랫폼 '패트리온'에 118억 투자," https://www.news1.kr/it-science/general-it/4608156, 2022.3.8.

송민정, "Web3.0 비즈니스 모델," KRnet 2023 컨퍼런스 발표문, 2023.6.27.

송민정, "Web3.0 시장과 비즈니스 모델," 웹3.0포럼 창립총회 컨퍼런스 발표문, 2023.4.12.

시사비전, "오픈씨, Gem 서비스 인수, https://www.sisavision.com/news/articleView.html?idxno=91077, 2022.4.26.

애플경제, "크리에이터 '착취'하는 '크리에이터 경제'?" https://www.apple-economy.com/news/articleView.html?idxno=72558, 2024.1.15.

케이크, "NFT 마켓플레이스계의 다나와, GEM," https://maily.so/cake/posts/b53f7b39, 2022.4.27.

퍼블리시뉴스와기술연구소, "스트리밍 경쟁보다 웹3 주도할 때다," https://publishinstitute.org/news/web3-community-legacy-media/, 2023.3.8.

하나금융, "크리에이터 이코노미," http://mail.hanaif.re.kr/boardDetail.do?hmpeSeqNo=35388, 2022.9.30.

한국블록체인스타트업협회, "Web 3.0 시대, 크리에이터 이코노미의 기회와 전망 진단" https://www.kbsa.kr/notice/nft-sosig/web-3-0-sidae-keurieiteo-ikonomiyi-gihoewa-jeonmang-jindan, 2022.5.19.

한정훈, "완성도를 높여가는 웹 3.0 엔터테인먼트 비즈니스 모델: '커뮤니티'와 '새로운 경험'," Media Issue & Trend, 한국방송통신전파진흥원, 2022년 9~10월호.

한정훈, "2023년에도 크리에이터 이코노미는 계속된다," Media Issue & Trend 49 2023.1×2, Vol.54, 한국방송통신전파진흥원(KCA) 2023.2.

한정훈, "2023년에도 크리에이터 이코노미는 계속된다," Media Issue & Trend, 한국방송 통신전파진흥원, 2023년 1~2월호.

A. Dutra, et al., "Blockchain Is Changing How Media and Entertainment Companies Compete," MIT Sloan Management Review, 2018.

Add3.io, "No-Code for Web3 is Bringing a Revolution," https://www.add3.io/blog-posts/no-code-for-web3-is-bringing-a-revolution, 2023.1.10.

Antler, The New Creator Economy: A guide on Web3 creator platforms, https://www.antler.co/blog/the-new-creator-economy-a-guide-on-web3-creator-platforms, 2022.3.30.

Bildr, "One Pass. Unlimited Possibilities," https://web3.bildr.com/, 2023.9.4. (검색일).

Ccn.com, "7 Steps To Build A Web3 App With No Coding Skills," https://www.ccn.com/education/7-steps-to-build-a-web3-app-with-no-coding-skills/, 2024.3.4.

C.M. Christensen, M.E. Raynor, and R. McDonald, "What Is Disruptive Innovation?," Harvard Business Review, 93, No. 12, pp.44-53, 2015.12.

C.M. Christensen, and M.E. Raynor, The innovator's solution, Harvard Business School Press, 2003.

Crunchbase, "Gem.xyz," https://www.crunchbase.com/organization/gem-xyz, 2023.9.4. (검색일).

Cryptodefix, "Gem.xyz," https://cryptodefix.com/project/gem, 2023.9.4. (검색일).

Cryptotvplus, "Opensea Launches Pro, a powerful NFT aggregator," https://cryptotvplus.com/2023/04/opensea-launches-pro-a-powerful-nft-aggregator/, 2023.4.5.

D. Tapscott and A. Tapscott, "Blockchain Could Help Artists Profit More From Their Creative Works," Harvard Business Review, 2017.3.22.

E. Warnock, "Meet 18 of Europe's newest creator economy startups," https://sifted.eu/articles/europe-creator-economy, 2022.3.30.

EU-Startups, "10 European creator economy startups to watch in 2023 and beyond," https://www.eu-startups.com/2023/05/10-european-creator-economy-startups-to-watch-in-2023-and-beyond/, 2023.5.10.

Forbes, "Top NFT Marketplaces Of August 2023," https://www.forbes.com/advisor/investing/cryptocurrency/best-nft-marketplaces/, 2023.8.1.

Forbes Middle East, "CrowdPad Raises $2.5M In Latest Funding Round—Here Are The Details," https://www.forbesmiddleeast.com/innovation/startups/crowdpad-raises-%2425m-in-latest-funding-round-heres-why, 2022.4.30.

Fuzen, "How to Build a Web3 App - Web3 No Code App Builders," https://fuzen.io/how-to-build-a-web3-app-web3-no-code-app-builders/, 2024.3.26.

HackerNoon, "An Overview of No-Code Tools for Web3," https://hackernoon.com/an-overview-of-no-code-tools-for-web3, 2022.8.22.

Hexn, "No-Code Tools in Web3: Benefits, Limitations, and Best Practices," https://hexn.io/blog/what-are-no-code-tools-1371, 2024.4.24.

McKinsey, "Web3 beyond the hype," 2022.9.26.

Medium, "CrowdPad Deep Dive — New Generation of Creator's Economy," https://medium.com/@lianxiongdi/crowdpad-deep-dive-new-generation-of-creators-economy-e9cac5bb39fe, 2022.5.27.

Medium, "Web3 & No-Code," https://medium.com/nerd-for-tech/web3-no-code-1b5e346b2a98, 2022.2.2.

M.Z. Song, "A Study on Trust ICT Business Models: Based on Disruptive Innovation Theory," *Journal of Engineering and Applied Sciences (JEAS),* Vol. 13, Issue 3, pp.667-672, 2018.

M.Z. Song, "European Creator Economy's Web3.0 Business Model Case Study," *International Journal of Advanced Smart Convergence (IJASC),* Vol.13, No.1, pp.57-68, 2024.3.

Openware, "What Are the Different Types of Digital Assets?," https://www.

openware.com/news/articles/what-are-the-different-types-of-digital-assets, 2022.7.12.

P. Vivoli, "The New Creator Economy: A Guide to Web3 Creator Platforms," https://www.speedinvest.com/blog/the-new-creator-economy-a-guide-to-web3-creator-platforms, 2022.3.30.

Prathiksha BU, "How CrowdPad wants to empower content creators using blockchain," https://yourstory.com/the-decrypting-story/crowdpad-tokenised-community-tool-creator-economy-web3, 2022.6.2.

Product hunt, "2022 No Code Trends Report," https://www.producthunt.com/products/2022-no-code-trends-report, 2024.9.18. (검색일).

Sifted, "13 European Web3 startups to watch," https://sifted.eu/articles/web3-startups-to-watch, 2022.6.30.

Sifted, "Meet 18 of Europe's newest creator economy startups," https://sifted.eu/articles/europe-creator-economy, 2022.3.30.

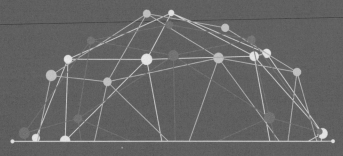
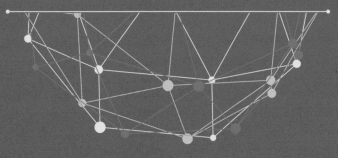

WEB3.0 MEDIA BUSINESS

웹3.0 스포츠 미디어 비즈니스

웹3.0 스포츠 미디어 비즈니스

웹3.0 메타버스 스포츠 비즈니스 유형

6장에서 논의한 바와 같이, 메타버스와 웹3.0의 융합이 소유권과 거래, 온라인 커뮤니티 및 비즈니스 운영 방식을 변화시킬 것으로 예상된다. 메타버스는 가상 세계이고, 웹3.0은 네트워크와 온라인 공간의 탈중앙화를 촉진해 디지털 및 실물자산의 토큰화를 가능하게 하며 사용자가 보안과 개인 정보를 새로운 차원으로 끌어올릴 수 있도록 지원할 것이다. 아래 [그림 1]에서 보면, **메타버스를 구성하는 네 가지 경제 원칙**으로 마켓 플레이스로서의 디지털 공간(Digital space), 경제 주체로서의 디지털 신원(Digital identity), 소유권 인증서로서의 NFT, 그리고 결제 수단으로서의 암호화폐(Cryptocurrency)가 있다. **디지털 공간**의 장점은 대화형 3D 환경을 통한 높은 수준의 참여와 몰입이고, **디지털 신원**의 장점은 다중성을 허용한다는 점이며, **NFT**의 장점은 브랜드 이름, 로고, 음악, 등록 색상을 포함한 모든 종류의 디지털 아이템을 보호하는 데 사용될 수 있다는 점이고, **암호화폐**의 장점은 중개자 없이 행위자 간의 직접 거래가 가능하고 여러 디지털 신원이 병렬 거래를 할 수 없도록 이중 지출을 방지한다는 점이다.

[그림 1] 메타버스의 네 가지 경제 원칙

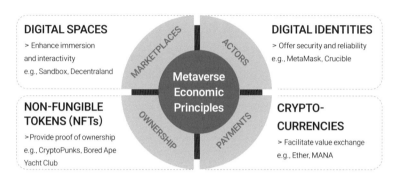

출처: LSE blog, 2023.10.3.

또한, 웹3.0을 수용하는 메타버스의 비즈니스 모델 논리는 중개자의 부분적 제거와 효율성 향상, 네트워크 효과 실현, 그리고 기술 표준의 상호운용성을 도모하게 된다는 점이다. 아래 [그림 2]에서 보면, 웹3.0을 수용하는 메타버스의 네 가지 경제원칙별로 **웹3.0 메타버스 비즈니스 모델 기회들**이 생겨난다. 7장에서 비즈니스 모델의 핵심 구성 요소로 가치 제안과 이익 공식에 대해 언급하였다. 가치사슬상에서 보면, 비즈니스 모델의 가치 창출(Value creation)은 고객이 가치 제안이라고 부르는 특정 문제를 해결하거나 수행할 수 있도록 돕는 것이고, 가치 획득(Value capture)은 기업이 주어진 수익 모델과 비용 구조를 통해 이익 공식을 창출하는 것이며, 가치 전달(Value delivery)은 가치 제안에 필요한 것들을 수행하는 데 필요한 핵심 자원과 활동, 파트너를 필요로 하는 것이다. 이러한 비즈니스 모델의 3단계에서 네 가지 메타버스 경제 원칙들이 다양한 비즈니스 기회들을 주게 된다.

[그림 2] 웹3.0 메타버스 비즈니스 모델이 주는 기회들

	Value creation	Value capture	Value delivery
DIGITAL SPACES	Abandon limitations of the fiscal world > Offer large, integrated, dynamic, and open areas > Integrate fictional elements to create spaces that are meaningful to people Nike: Opens a virtual Metaverse store that has been visited by 7+ million people to date	Offer meaningful immersion > Offer exclusive content and leverage the potential of user-generated content > Allow toolbox for creative customizability > Connect relevant users in shared spaces Spotify: Brings new immersive experiences for fans and artists to Roblox as part of "Spotify Island"	Iterate between open and exclusive access > Openness can enable new forms of connectivity > Exclusivity can augment the type of experience arianee: Partners with Sandbox to make "Metaverse Ready" a reality
DIGITAL IDENTITIES	Constrain use, not users > Let users create their identities and secure only the technical backend > Let users be who they want, what they want, where they want > Allow users to create multiple identities Liquid Avatar: Provides users with digital identity services to manage, control, and benefit from digital identity	Make it personal and access specific data > Let users add payable features such as customizable avatars > Monetize supply- and demand-side access to content and data Crucible: Enables organizations to verify identity specifics, such as age requirements	Establish private connections with users who want to interact > Signal ad-hoc and lasting affiliations with customer groups at high interoperability > Tailor offers to customer groups that matter Gather: Make virtual interactions more human using digital identities in the Metaverse
NON-FUNGIBLE TOKENS (NFTs)	Create assets that can be owned, traded, and used > Create opportunities for the use of NFTS in applications > Allow for adaptability > Ensure compatibility so that users enjoy seamless experiences The Sandbox: Provides a virtual gaming world where players can play, build, own, and monetize virtual experiences	Make it rare and control usage > Ensure rarity by restricting availability and/or access > Limit imitability by tying NFTS to use cases you control > Tie sales and resales to transaction fees GUCCI: Collaborates with SUPERPLASTIC to introduce SUPPERGUCCI, an ultra-limited NFT of 500 mints	Foster a creative community that benefits you through network effects > NFTs can be sourced directly from engineers, designers, and artists > Personalization options delivered directly provide immediate added value SmartPixels: Allows users to capture fashion products and create digital twins
CRYPTO-CURRENCIES	Leverage the potential of peer-to-peer financial services > Offer payment services directly to customers without bothering with financial institutions or foreign exchange > Leverage low-cost and accessible microfinance options > Ensure high level of privacy for sensitive transactions Aave: Introduces an open-source liquidity protocol to earn interest, borrow assets, and build applications	Save costs and improve efficiency > Offer cheaper services directly to customers > Create faster transactions at higher volume that are automatically verified and secured NVIDIA: Plans to save costs in the Metaverse by simulating all factories, leading to significant waste reduction	Ensure seamless and secure value exchanges for users > Exchanges are immediate and fast > Transactions can occur without storing or accessing personal data, with exclusion of wallet addresses in public ledgers Roblox: Provides the Metaverse with a payment and settlement system called ROBX payment coin

출처: LSE blog, 2023.10.3.

여기서는 스포츠 미디어 분야에서 이러한 웹3.0 메타버스 비즈니스 기회들을 포착하기 위해 메타버스 경제 원칙들과 연계해 비즈니스를 유형화하고자 한다. 아래 **[그림 3]**의 좌측은 이상에서 언급한 네 가지의 메타버스 경제 원칙들 중에서 암호화폐를 제외한 세 가지 경제 원칙들에 대해 가치 창출, 획득, 전달이라는 비즈니스 모델 3단계에서 가능한 웹3.0 비즈니스 기회들을 정리하여 나열하고 있다. 가치 창출, 획득, 전달이라는 **비즈니스 모델 3단계에서의 핵심 기회**는 각각 소유권(Ownership), 정렬된 인센티브(Aligned incentive), 커뮤니티(Community)이다. **소유권**은 물리적 자산과 유사해, 소유자가 이를 어디서든 사용할 수 있고 언제든지 다른 사람에게 양도할 수 있다. 이러한 소유권에 **정렬된 인센티브**를 토대로 하여 소비자는 기업의 파트너가 될 수 있다. **커뮤니티**는 소유권 및 정렬된 인센티브와 분리된 법인이지만, 나머지 핵심 기회 요소들과 깊이 얽혀 있다. 즉, 디지털자산 토큰을 통해 창출된 인센티브가 잠재적으로 더 가치 있는 커뮤니티를 만드는 데 기여하고, 비즈니스는 새로운 유형의 슈퍼 로열티(Loyalty)를 달성할 수 있는 기회를 가질 수 있으며, 커뮤니티는 창작자를 지원하는 동영상, 사진, 게시물 등 n차 창작물들을 생성해 나갈 수 있다.

[그림 3] 메타버스 경제 원칙, 비즈니스 모델로 본 웹3.0스포츠 비즈니스 유형과 사례

Economic principles of the Metaverse	Decentralized Ways of the Web3.0 Business Model			
	Value Creation: Ownership	Value Capture: Aligned Incentives	Value Delivery: Community	Web3.0 Sports Landscape: Metaverse
Digital Spaces as Marketplaces	Integrate fictional elements to create spaces being meaningful	Allow toolbox for creative customizability	Iterate between open and exclusive access	Metaverse Experience / Research Targets: Three Startups
Non fungible tokens (NFTs) as Ownership Certificates	Create assets that can be owned, traded, and used	Make it rare and control usage	Forster a creative community benefiting users thru network effects	
Digital Identities as Economic Actors	Let users create their identities and secure technical backend	Let users add payable features like customizable avatars	Establish private connections with users who want to interact	

출처: LSE blog, 2023. 10. 3. ; Song , 2024. 8.

[그림 3]의 우측은 먼저 웹3.0 스포츠 지형 중 메타버스 경험 분야의 실제 사례들을 보여주고 있다. 웹3.0 스포츠 지형은 크게 순간 포착(Moments), 트레이딩 카드 및 게임(Trading card and games), 메타버스 경험(Metaverse experience), 팬 및 운동선수 토큰(Fan and athlete tokens), 웨어러블 및 팬 장비(Wearable and fan gear), e스포츠 분야로 나뉘어져 있다. 메타버스 경험 분야의 사례들과 메타버스 경제 원칙인 디지털 공간, NFT, 디지털 신원을 연계해 본 결과, 각각에 대표성을 가진 루트모굴(Lootmogul), 스포츠아이콘(SportsIcon), 스타디움라이브(StadiumLive)가 도출된다. 이들에 대해 자세히 살펴보자.

웹3.0 스포츠 공간 비즈니스 설계

메타버스 경험을 위한 가치 있는 디지털 공간을 만들기 위해서는 메타버스를 가상공간이 많은 탈중앙화 시스템으로 만들고 가상 요소들을 통합해 몰입과 상호작용성을 향상시키는 것이 중요하다. 2020년 설립된 미국 스타트업인 **루트모굴(Lootmogul)**은 생성형 AI, 멀티플레이어 블록체인 미니게임, 기업 브랜드와 플레이어를 위한 이커머스샵, 가상 부동산, 트레이닝 아카데미, 현실 세계의 디지털 컬렉션을 기반으로 하는 운동선수 중심의 스포츠 플랫폼이다. 이 디지털 공간에서 운동선수들은 토지, 스튜디오, 경기장, 체험 허브를 소유하며, 런앤언(Learn & Earn) 모델을 통해 팬들과 소통하여 평생 로열티를 받는다. 팬들은 아이돌과 함께 새 스킬 세트를 배우고, 보상을 받고, 실제 VIP 이벤트 및 한정판 상품을 이용할 수 있다.

먼저 **가치 창출** 단계에서 루트모굴은 참가할 가치가 있는 디지털 공간에 가상 요소들을 통합함으로써 개방 역학(Open dynamics)을 만드는 데 중점을 둔다. 디지털 공간을 구동하는 가상 요소는 가상 부동산, 트레이닝 아카데미, 브랜드와 운동선수를 위한 메타샵(Metashop) 등이다. 루트모굴은 스포츠 홍보대사와 인플루언서를 위해 아이템 상점, 엔터테인먼트 아일랜드, 트레이닝 아카데미 또는 게임 콘테스트를 제작할 수 있도록 설계되어 있다.

예컨대, 프로 농구 선수인 알렉스 벤틀리(Alex Bentley)는 2022년 6월에 기능적 유틸리티(Functional utility)와 실생활 혜택이 제공되는 NFT 광고 공간과 좌석을 구매했으며 NFT마켓플레이스 중 하나인 오픈씨(OpenSea)에서 NFT를 거래할 수 있다. 이 광고 공간의 소유자들은 자신들의 브랜드를 홍보하고, 이미지들과 아바타를 사용해 자신들의 좌석을 고객맞춤화하고, 좋아하는 스포츠 인플루언서와 접촉하고, 플레이투언(P2E) 게임을 하고, 실제 보상(Real-life rewards)을 받고, 현실세계의 라이브 이벤트와 매장에 접근하며, 브랜드 후원을 통해 수익을 얻을 수 있다.

또 다른 예는 2022년 9월에 농구 라이프스타일 브랜드인 홉컬처(Hoop Culture)와의 네이밍 권리 계약(Naming right deal)이다. 루트모굴은 홉컬처로 하여금 올랜도의 '메타버스 아레나(Metaverse Arena)' 네이밍 권리를 획득할 수 있도록 허용했다. 이 계약에는 홉컬처가 루트모굴 메타버스 내 5개 경기장에 5개의 소매점 및 체험형 매장을 배치하는 것이 포함된다.

다음으로 **가치 획득** 단계에서 루트모굴은 디지털 공간에서 수익을 창출해 사용자 간에 창의적 고객맞춤화를 허용하는 데 중점을 두고, 전미농구협회(National Basketball Association; NBA), 전미여자농구협회(Women's National Basketball Association; WNBA), 내셔널풋볼리그(National Football League; NFL), 메이저리그베이스볼(Major League Baseball; MLB), 메이저리그사커(Major League Soccer; MLS), 내셔널하키리그(National Hockey League;

NHL), 국제크리켓협의회(International Cricket Council; ICC), 종합격투기 (Mixed Martial Arts; MMA) 등 다양한 스포츠 리그에서 인기 있는 스포츠 인플루언서들의 한정판 NFT를 구매하고 거래할 수 있는 몰입형 플랫폼을 제공한다. NFT를 통해 소비자는 최고의 실제 이벤트와 VIP 게임 콘테스트에 접근할 수 있다. 사람들은 게임을 플레이하고, 실물자산과 디지털 수집품들을 수집하며, 디지털자산을 거래하여 수익을 창출할 수 있다. 이를 위해 루트모굴은 스포츠 인플루언서들과 팬들이 인기 게임을 사용해 암호화폐, 현금, NFT를 획득할 수 있는 게임 플랫폼 역할을 한다.

2022년 8월, 루트모굴은 네이티브 유틸리티 토큰과 인게임 통화(In-game currency)를 생성하기 위해 사용하기 쉬운 오픈소스 블록체인인 디지털비츠(DigitalBits)를 선택했다. 모굴토큰(MOGUL)은 토지, 웨어러블, 수집품, 게임 파워 아이템, 콘테스트 참가, 독점 NFT, VIP 이벤트 및 프리미어, 만남과 인사, DAO 투표, 로열티 및 지명을 경험하는 데 사용할 수 있다. 디지털비츠는 완전히 오픈 소스로 제공되며 초당 최대 10,000건의 거래량을 처리할 수 있는 용량으로 기업 확장성 요구 사항에 맞게 설계되었다. 플랫폼 기능 중 흥미로운 것은 좋아하는 운동선수나 팀에 대한 개방적 접근과 독점적 접근을 반복하는 것이다. 사람들은 이러한 팀에 참여하여 현금, 토큰 또는 NFT를 획득할 수 있다.

마지막으로 **가치 전달** 단계에서 루트모굴은 운동선수, 인플루언서, 마케터, 팬들과 파트너십을 맺어 개방 및 독점 커뮤니티를 반복하는 데에 중점을 둔다. 2022년 6월, 루트모굴은 NBA, NFL, MLB, e스포츠 등의 184명 이상의 전문 선수들과 150만 명 이상의 고등학교 및 대학 운동선수들과 파트너십을 맺었다. 모든 참가자들은 커뮤니티를 위해 NFT 경기장, 좌석, 배너, 유명인의 아바타, 게임 파워, 웨어러블 등을 소유하거나 임대할 수 있으며, 실제 현실세계의 스포츠 유명인과 함께 NBA 올스타 주말, NFL 슈퍼볼, 월드 챔피언십 등 특별 이벤트를 개최할 수 있다.

루트모굴은 다양한 파트너십을 지속적으로 설계한다. 예컨대, 2022년 1월, 더샌드박스(The Sandbox)가 콘테스트 플랫폼인 루트모굴과의 파트너십을 통해 루트모굴이 진행하는 여러 시합에 대해 스폰서로 참여하며 인플루언서를 통해 진행되는 시합에서 승자에게 지급되는 토큰에 샌드토큰(SAND)을 추가하였다. 더샌드박스가 루트모굴 플랫폼 스폰서로 참여하는 첫 번째 토너먼트(Tournament: 승자전) 동안에 참여자들은 총 5만 샌드토큰에 달하는 상금 풀을 두고 다양한 경합을 벌였다.

또한, 루트모굴은 글로벌 스포츠 판권 및 마케팅 에이전시인 식스스포츠(Six Sports)와의 파트너십을 통해 2023년 1월 유럽으로도 사업을 확장한다. 스포츠 판권 획득, 상용화 및 유통을 전문으로 하며, 잉글랜드 축구 리그(England Football League; EFL), 국제축구연맹(Fédération Internationale de Football Association; FIFA), 유럽축구연맹(Union of European Football Association; UEFA), e스포츠인 W2C, 럭비 풋볼 리그, 프리미어 리그 등 스포츠 분야 유명 기업들과 협력하는 식스스포츠와의 파트너십을 통해, 팬들은 경기를 보거나 뉴스 기사를 읽는 것을 넘어 좋아하는 스포츠와 소통할 수 있는 가상 이벤트, 상품, 티켓팅 옵션 등 몰입형 독점 인터랙티브 경험을 쌓을 수 있게 된다.

이처럼 루트모굴은 다양한 파트너십들을 통해 기존의 웹2.0 게이머와 스포츠 애호가들을 메타버스 공간으로 끌어들여 웹3.0 커뮤니티를 확장하게 된다. 2022년 12월 기준으로 200명 이상의 프로 운동선수와 NBA, WNBA,

NFL, MLB, 미국종합격투기 단체(Ultimate Fighting Championship; UFC) 등 16개 스포츠 리그에 2년 계약으로 가입한 루트모굴은 앞서 언급했듯이 150만 명 이상 고등학교 및 대학 선수를 온보딩하는 작업을 시작했고, 팬, 운동 선수, 브랜드를 위한 스포츠, 커머스, 트루 인 리얼 라이프(True In Real Life; TIRL) 보상에 더욱 중점을 두게 된다.

결론적으로, 웹3.0 스포츠 공간 비즈니스를 설계한 루트모굴은 가상 부동산, 트레이닝 아카데미, 블록체인 게임, 메타샵을 통합해 가치를 창출하고 다양한 스포츠 리그에서 인기 있는 인플루언서의 한정판 NFT를 거래할 수 있는 수익 모델을 제공해 가치를 획득하며, 최고의 실제 이벤트와 VIP 게임 콘테스트 접근을 제공하고 팬들이 좋아하는 선수나 팀과 독점으로 게임을 플레이할 수 있는 커뮤니티를 구축해 가치를 전달하고 있다.

웹3.0 스포츠 NFT 비즈니스 설계

6장에서 논의했듯이, 메타버스 세상의 소유권은 디지털 소유권인 NFT 이다. 관련 항목의 식별자를 디지털 원장에 등록해 공개적으로 확인할 수 있는 소유권 증명서를 제공하는 NFT는 주로 지지자가 지불할 의향이 있는 가격에 따라 가치가 달라지는 스포츠 기념품과 자연스럽게 일치한다. 2020년 영국에서 창업한 **스포츠아이콘(SportsIcon)**은 스포츠 NFT를 통해 운동선수와의 협업과 전문가의 교훈을 바탕으로 더 많은 가치를 제공하는 것을 목표로 한다. 창업 당시의 스포츠아이콘은 NFT 열풍 최전선에 있었고, NBA 탑샷(TopShot)에 힘을 실어준 대퍼랩스(Dapper Labs) CEO의 지원을 받았으며, 전 NBA 선수인 앤드류 보것(Andrew Michael Bogut), 에니악 벤처스(Eniac Ventures)의 파트너인 니할 메타(Nihal Meta) 등의 자금을 지원받았다. 창업 초기, 스포츠아이콘은 운동선수들과 협업해 만든 15~20개 NFT를 출시할 예정이었는데, 이는 스포츠 경력에서 얻은 구체적이고 역사적인 순간을 기념하는 것이기도 했다. 이러한 NFT에 '2시간 마스터 클래스'가 함께 제공되기도 하는데, 이러한 접근 방식은 여러 에듀테크(Edutech) 스타트업들을 구축한 경험을 가진 공동 창업자들 때문이기도 하다.

먼저, **가치 창출** 단계에서 스포츠아이콘은 이용자에게 NFT 드롭에 참여하고, 유명 스포츠 선수들의 여정을 수집하며, 운동선수와의 직접 협업을 통해 다음 단계의 NFT 유틸리티를 통해 실제 경험을 실현할 수 있는 기회를 제공하는 데 중점을 둔다. 가치 제안은 독특한 고품질 콘텐츠를 제작하는 것이다. 독점적으로 제공할 영상 촬영은 두 번의 촬영일로 나뉜다. 첫째 날은 선수들의 여정과 과거에 대한 인터뷰이며, 둘째 날에는 선수들이 훈련장에서 촬영된다. 스포츠아이콘은 9개 챕터로 나누어 각 아티스트를 위한 27개 NFT를 제작하는 등 스포츠 NFT를 발행하며, 선수 여정이 진행됨에 따라 희귀성은 더욱 증가하게 된다. 스포츠아이콘은 각 에피소드에서 최고의 영화 품질을 특징으로 하는 선수들의 커리어 뒤에 숨겨진 최고, 최저, 동기에 초점을 맞추고 선수들의 스포츠 신체 기술을 소개한다. 스포츠아이콘은 팀, 선수, 스포츠 조직이 자신의 드롭을 큐레이팅하고 전용 NFT마켓플레이스에서 판매할 수 있는 생태계를 제공한다. 팬들이 아이돌과 소통할 수 있는 첫 번째 기회로 스포츠아이콘 라이온스 클럽이 있다. 이에 대해서는 뒤에서 다시 설명하겠다.

다음으로 **가치 획득** 단계에서는 NFT를 통해 선수들이 디지털 보안이 가능한 세상을 만들 수 있다. 스포츠 영웅의 팬들은 영웅의 이야기를 소유하고 수익을 창출하고자 한다. 스포츠아이콘은 가용성을 제한해 희귀성을 보장하는 데 중점을 둔다. 앞서 언급하였듯이, 창업 초기에 선수 및 스포츠 브랜드와 협력해 스포츠 경력의 역사적 순간을 기념하기 위해 27개 NFT를 만든다. 그 후에는 NFT 아트를 경매에 부칠 수 있고, NFT 수집가는 10달러에서 999달러까지 구매할 수 있다. 일부 NFT 팩에는 서명된 기념품이나 경기 박스 시트 같은 실제 상품이 포함되기도 한다.

앞서 잠깐 언급한 파트너십을 통한 첫번째 프로젝트인 '스포츠아이콘 라이온스 클럽'은 축구 경기 티켓, NBA, NFL 등과 같은 실제 유틸리티를 통해 더 많은 팬들을 온라인 스포츠 커뮤니티로 끌어들이기 위해 고안된 혁신적 프로젝트이다. 스포츠아이콘 라이온스 클럽의 회원은 스타 선수와 함께 독점 웨비나를 이용할 수 있고, 실제 스포츠 이벤트 티켓 같은 추가적 가치를 얻을 수도 있다. 라이온스를 구매하는 소비자는 클럽에 속하며, 스포츠 선수와의 줌(Zoom) 채팅, VIP 스포츠 이벤트 이용, 비공개 디스코드(Discord) 채널 이용 등 독점적 가치를 함께 제공받는다. 스포츠아이콘 라이온스 클럽의 회원들은 2021년 10월 28일 NBA 스타인 바론 데이비스(Baron Wallet Louis Davis)와 독점 웨비나 및 질의응답 세션을 진행한 바 있다.

마지막으로 **가치 전달** 단계에서 스포츠아이콘은 파트너십을 통해 개인화 옵션으로 즉각적인 부가가치를 제공하는 데 중점을 둔다. NFT가 제공하는 맞춤형 영화 영상을 통해 팬과 슈퍼팬을 스포츠 영웅과 연결시키는 스포츠아이콘은 NFT 소유자와 운동선수를 위한 보다 참여적인 환경을 개발할 수 있게 된다. 또한, 스포츠 산업에 혁명을 일으킨 위대한 운동선수들과 파트너십을 맺어 나간다. 앞서 언급한 '스포츠아이콘 라이온 클럽'은 역대 최고의 스포츠인과 팬들을 연결하여 매우 성공적이었다. 그 외에도 스포츠아이콘은 2017년 설립된 MMA 리그인 프로페셔널 파이터스 리그(Professional

Fighters League; PFL)와 파트너십을 맺어 2022년 11월에 PFL MMA 메타버스를 만들었다. 이 파트너십은 세계 2위 MMA 리그를 웹3.0 메타버스로 확장한 것으로, 몰입형 방식으로 팬들과 소통할 수 있게 하였다.

결론적으로, 스포츠아이콘은 역대 최고 선수들과 함께 NFT를 제작하여 선수와 크리에이터가 프로필을 설정하고, 블록체인에 직접 NFT를 발행할 수 있도록 하는 것에서 출발해 점차적으로 스포츠 미디어에 혁명을 일으킨 위대한 운동선수들과 파트너십을 맺는다. 즉, 스포츠아이콘은 최고의 스포츠 맨들과 함께 NFT를 제작하면서, 몰입형의 예술적 영감을 주는 NFT를 통해 스포츠 영웅과 슈퍼 팬을 연결하게 되었고, 잠금 해제가 가능한 콘텐츠를 통해 그들 사이에 끈끈한 커뮤니티를 만들 수 있도록 노력하게 된다.

웹3.0 스포츠 아바타 비즈니스 설계

가상 세계, 아바타, 프로필 사진(PFP) NFT 컬렉션, 디지털 패션 등으로 분류되는 디지털 신원 환경에서는 아바타(Avatar)가 주요 역할을 한다. 대부분 기업들이 실제 인간과 같은 아바타를 통해 실제 기능을 가상으로 표현하는 데 집중하고 있는 와중에, 보다 혁신적인 기업들은 자기 표현, 다양성 및 상호작용 가능성에 대한 새로운 관점을 가능하게 하기 위해 창의적 자유를 열어주는 국경 없는 아바타로 나아가고 있다. 디지털 패션 기업들이 선두적으로 가상 세계에서 자기 표현을 가능하게 하는 방법을 제공하기 시작했고, 그 뒤를 이어 스포츠 부문이 따라간다. 스포츠의 디지털 신원은 특히 보안과 신뢰성을 제공하는 데 중요한 아바타 비즈니스 설계에 초점을 둔다.

Z세대의 스포츠TV 시청률 감소로 소셜미디어와 비디오 스트리밍 플랫폼들이 젊은 스포츠 팬들이 가장 좋아하는 미디어가 되고 있다. 이러한 환경

에서 스포츠 팬덤을 게임화하고 Z세대 스포츠 팬들을 위한 일종의 디지털 놀이터를 구축하기 위해 2020년에 캐나다에서 설립된 **스타디움라이브(Stadium Live)**는 12세 이상 이용자로 하여금 자신만의 아바타를 맞춤화하고, 디지털 수집품을 구매하고, 라이브 경기와 스포츠 스트리밍 중에 팀을 구성해 경험 포인트(Experience point; XP)를 얻고, 친구들과 팀을 구성하고, 일일 라이브 스트리밍, 여론 조사, 퀴즈 등에 참여하며, 같은 생각을 가진 선수들과 채팅할 수 있게 해주는 스포츠 커뮤니티 플랫폼이다. 2022년 7월, 50만 명 이상의 이용자를 모은 스타디움라이브는 2021년 10월부터 2022년 4월까지의 NBA 시즌 기간 동안 월평균 30%씩 성장했다. 또한, 일일 활성 이용자는 경기 중이든, 스트리밍 시청 중이든, 친구와 상호작용하든 앱에서 하루에 약 35분을 소비하는 것으로 나타났다.

먼저, **가치 창출** 단계에서 스타디움라이브는 웹2.0 환경의 무료 앱에서 출발하게 된다. 디지털 아바타를 제공하는 데 중점을 두어, 구글플레이(Google Play)와 애플 앱스토어(Apple Appstore)의 스포츠 및 e스포츠 팬을 위한 예측 및 마이크로 베팅(Micro betting) 앱을 개발한 스타디움라이브는 앱 이용자가 아바타를 만든 다음에 친구들과 함께 게임을 플레이하고 아이템을 잠금 해제할 수 있도록 지원한다. 스포츠 팬인 이용자는 앱을 다운로드하며, 이 플랫폼에서 자신만의 아바타인 디지털 신원을 생성한다.

생성된 아바타는 플랫폼 내 커뮤니티의 구성원들과 상호작용하고 스포츠 및 e스포츠를 이용한다. 이용자는 팀이 승리할지, 플레이어가 앱에서 탈락할지 여부를 선택하고 예측할 수 있으며, 자신의 성과에 따라 코인과 XP를 얻는다. 이는 마치 인터랙티브 게임 플레이와 같다. 플레이어로서 이용자는 매주 XP가 상위 10위 안에 드는 그룹(Squad)을 가질 수 있다. 예로, 2022년

7월 마지막 주 동안 "불멸(Immortal)"그룹이 596.54k XP로 1위를 차지했다. 일상 생활에서 플레이어는 게임을 하고, 코인을 얻고, 해당 코인과 XP를 사용해 레벨을 높이고, 아바타 아이템을 구매할 수 있다.

다음으로 **가치 획득** 단계에서 스타디움라이브는 맞춤화가 가능한 아바타 기능을 허용하는 데 중점을 둔다. 스타디움라이브가 다른 스포츠 아바타 앱과 차별되는 점은 2020년부터 시작된 이 맞춤화의 확대이다. 이용자는 아바타의 머리끝부터 발끝까지 모든 면을 고객맞춤화할 수 있다. 앱 사용 시점부터 이용자에게는 다양한 커스터마이징 옵션이 있다. 이용자는 경기를 통해 얻은 코인을 사용해 상점에서 아이템을 구매할 수도 있고, 좋아하는 노래를 자신의 프로필에 추가하고 항상 그 프로필에 들어가서 들을 수도 있다. 또한, 자신의 프로필에서 플레이한 모든 스포츠 게임들은 물론 자신이 즐기는 전체 통계와 업적 및 팀들을 볼 수도 있다.

2022년 7월부터 스타디움라이브는 팬들이 아바타 아이템으로 독특한 방을 만들 수 있는 기능인 '룸즈(Rooms)'를 제공하기 시작했다. 일부 아이템은 음악을 재생하는 스피커처럼 상호작용하고, 내장된 틱톡(TikTok), 스포츠 하이라이트 등이 있다. 스타디움라이브는 이용자가 이벤트를 개최하고, 파티를 관람할 수 있게 하는 등의 유틸리티를 제공한다. 플레이어들은 스타디움라이브 팀이 보유한 스포츠 스트리밍이나 실제 생활에서 코인을 획득하고 스포츠 스트리밍을 통해 XP를 획득하며, 일정액을 지불해 풋내기 선수(Rookie)에서부터 써포모어(Sophomore), 롤 플레이어, 올스타, 슈퍼스타, 최우수 선수(Most Valuable Player; MVP), 레전드, 역대 최고 선수(Greatest of All Time; GOAT)에 이르는 역할들을 레벨업해 획득할 수 있다.

마지막으로, **가치 전달** 단계에서 스타디움라이브는 새로운 스포츠 팬들에게 팬덤을 표현하는 모바일 앱을 제공한다. 이 앱을 통해 스타디움라이브는 특정 스포츠 및 문화 관련 주제를 중심으로 일종의 클럽 또는 마이크로 커뮤니티를 만들고자 한다. 궁극적으로 디스코드 채널의 공간 버전이 되려는 스타디움라이브는 고객 그룹에 대한 제안을 맞춤화하여 더 많은 하위 커뮤니티, 더 많은 리그, 패션 등의 타 산업으로 확장함으로써 마이크로 커뮤니티를 구축하는 데 중점을 둔다. 스타디움라이브를 통해 이용자는 자신이 속한 특정 주제에 대해 함께 룸을 만들 수도 있고, 질문이나 사소한 것들을 드롭(Drop)할 수 있는 클럽 소유자가 된다.

여기서도 리그나 타 산업의 기업들과의 파트너십들이 다수 목격된다. 리그의 예로, 팬들이 팀의 실시간 결정에 투표하는 대체 축구 리그인 팬 컨트롤드 풋볼(Fan Controlled Football; FCF)과 2022년 7월에 파트너십을 맺은 스타디움라이브는 리그가 디지털 방식으로 Z세대 팬들과 소통하는 방식을 강화하는 데 핵심적 역할을 하게 된다. 이 파트너십을 통해 스타디움라이브 앱은 FCF의 라이브 경기를 스트리밍하고, 팬들에게 질문을 던지고, 유니폼과 트로피 같은 FCF 아이템으로 구성된, 리그를 위한 공간을 확보할 수 있게 된다.

타 산업의 기업과의 파트너십 예를 보면, 2023년 3월, 스타디움라이브는 이용자를 위한 독특한 디지털 브랜드 경험 컬렉션을 제공하는 글로벌 의류 및 라이프스타일 브랜드인 루츠(Roots)와 파트너십을 맺었다. '스타디움라이브 루츠' 스토어에서 출시된 디지털 의류 및 액세서리 컬렉션과 디지털 퍼스트 컬렉션에서 영감받은 물리적 의류를 보여주려는 이 파트너십의 목적은 Z세대 이용자에게 루츠 브랜드와 상호작용하고 참여할 수 있는 독특한 방법을 제공하는 것이다. 스타디움라이브 플랫폼을 통해 루츠는 오프라인에서 디지털로의 원활한 경험 이전을 보장하며, 브랜드 노출을 물리적 환경을 넘어 디지털 고객과 소통할 수 있는 새로운 방법을 모색할 수 있다. 파트너십 기간 동안에 북미 전역에서는 75만 명 이상의 Z세대 이용자가 등록했고, 이용자는 스포츠 중심의 게임 플레이 및 라이브 스트리밍에 참여하고, 고유한 아이템과 상품을 수집하고, 다른 팬들과 채팅하고, 게임 내 아바타를 고객 맞춤화한다.

결론적으로, ESPN이나 야후 같은 전통적인 스포츠 앱이 주로 노년층의 열성 팬 대상으로 제공되어 Z세대 요구를 충족하는 플랫폼 시장에 공백이 생긴 틈을 탄 스타디움라이브는 특히 젊은 스포츠 팬들이 자신만의 아바타를 가지고 놀고, 어울리고, 표현할 수 있도록 고객 맞춤화할 수 있는 스포츠 아바타로 시작해, 2022년 8월 1천만 달러 시리즈 A 펀딩을 받는다. 스타디움라이브는 라이브 스포츠 이벤트를 스트리밍하면서 채팅방, 판타지 스포츠 게임, 디지털 수집품 등 다양한 기능들을 이용자에게 제공하는데, 스타디움라이브만의 차별점은 라이브 이벤트 시청 동안 소셜 및 인터랙티브 경험을 원하는 Z세대 스포츠 팬들의 요구를 충족시킨다는 점과 Z세대 사이에서 판타지 스포츠 게임과 디지털 수집품의 인기가 높아짐에 따라 이 기능을 웹 3.0 메타버스 스포츠 플랫폼에 통합한다는 점이다. 즉, 스타디움라이브는 젊은 스포츠 팬들이 자신만의 아바타를 가지고 놀고, 어울리고, 표현할 수 있도록 맞춤화할 수 있게 하였다.

참고문헌

더그루, "스타디움 라이브, 1000만 달러 규모 시리즈 A 펀딩 완료," https://www.
theguru.co.kr/news/article.html?no=39604, 2022.8.2.

미디엄, "더샌드박스, 루트모굴과 파트너십 체결," https://medium.com/thesandboxkorea
/%EB%8D%94-%EC%83%8C%EB%93%9C%EB%B0%95%EC%8A%A4-%EB%A3%A8
%ED%8A%B8%EB%AA%A8%EA%B5%B4%EA%B3%BC-%ED%8C%8C%ED%8A%B
8%EB%84%88%EC%8B%AD-%EC%B2%B4%EA%B2%B0-cebd73d455bf, 2022.1.12.

ADL (Arthur D. Little), "Web3 & Metaverse," https://www.adlittle.com/sites/default/
files/viewpoints/ADL_Web_3.0_metaverse_2023_0.pdf, 2023.

Agoracom, "Here Are 10 Web3 Sports Companies To Watch Out For," https://
agoracom.com/ir/GameOn/forums/discussion/topics/791657-industry-bulletin-
here-are-10-web3-sports-companies-to-watch-out-for/messages/2387339,
2023.6.16.

Appletld, "Stadium Live, ESPN for the new generation," https://appletld.com/
stadium-live-espn-for-the-new-generation/, 2020.1.19.

BCG homepage, "Business model innovation," https://www.bcg.com/capabilities/
innovation-strategy-delivery/business-model-innovation, 2024.1.31. (검색일).

Blockchain Research Lab, "Avatars: Shaping Digital Identity in the Metaverse," 2023.3.

Business of Esports, "Stadium Live Looks to Engage Gen Z Sports Fans," https://
thebusinessofesports.com/2022/08/16/stadium-live-looks-to-engage-gen-z-
sports-fans/, 2022.8.16.

Chainplay, "Stadium Live NFT Game," https://chainplay.gg/games/stadium-live/,
2022.8.3.

D. J. Teece, "Business models, business strategy and innovation," *Long Range
Planning,* Vol. 43, No. 2, pp.172-194, 2010.

Digital Catapult, "The future calls for a convergence of the metaverse and Web3," https://www.digicatapult.org.uk/expertise/blogs/post/the-future-calls-for-a-convergence-of-the-metaverse-and-web3/, 2023.7.19.

Digital Catapult, "The metaverse meets Web3: the state of convergence in the UK," A Digital Catapult report, 2023.7.

E. Giesen, E. Riddleberger, R. Christner, and R. Bell, "When and how to innovate your business model," *Strategy & leadership: a publication of Strategic Leadership Forum,* Vol. 38, Issue 4, pp.17-26, 2010.7.

Forbes, "Convergence Of Web3, AI And Metaverse: Navigating The Great Reset For Investors," https://www.forbes.com/sites/forbesfinancecouncil/2023/04/11/convergence-of-web3-ai-and-metaverse-navigating-the-great-reset-for-investors/?sh=106049e74e7e, 2023.4.11.

Garyfox, "Business Model Innovation: 7 Steps to Master BM Innovation," https://www.garyfox.co/business-model-innovation/, 2024.1.24(검색일).

Ledger Insights, "SportsIcon launches with documentary-like NFTs," SportsIcon launches with documentary-like NFTs - Ledger Insights - blockchain for enterprise, 2021.11.9.

LSE blog, "Will the metaverse render platforms obsolete?" https://blogs.lse.ac.uk/businessreview/2023/10/03/with-peer-to-peer-transactions-will-the-metaverse-render-the-platform-business-model-obsolete/, 2023.10.3.

Martechseries, "LootMogul Selects DigitalBits for Its Multi-chain Sports Metaverse," https://martechseries.com/sales-marketing/lootmogul-selects-digitalbits-for-its-multi-chain-sports-metaverse/, August 29, 2022.

Medium, "LootMogul, global sports metaverse company, expands in Europe through a strategic partnership with Six Sport," https://lootmogul.medium.com/lootmogul-the-global-sports-metaverse-company-expands-in-europe-through-a-strategic-partnership-fab7b027556b, 2023.1.31.

Medium, "Web3 and the Metaverse: The Future of Sports Entertainment," https://

medium.com/coinmonks/web3-and-the-metaverse-the-future-of-sports-entertainment-75aa1651376d, 2023. 1. 26.

M. Z. Song, "Meta's Metaverse Platform Design in the Pre-launch and Ignition Life Stage," *International Journal of Internet, Broadcasting and Communication (IJIBC)*, Vol. 14, No. 4, pp. 121-131, 2022. 11.

M. Z. Song, "Web3.0 Metaverse Business Model Innovation of Sports Media," *International Journal of Internet, Broadcasting and Communication (IJIBC)*, Vol. 16, No. 3, pp. 81-93, 2024. 8.

Newsfile, "SportsIcon Launches Innovative NFT Platform That Connects Fans with Exclusive Athlete Content," https://www.newsfilecorp.com/release/102416/SportsIcon-Launches-Innovative-NFT-Platform-That-Connects-Fans-with-Exclusive-Athlete-Content, 2021. 11. 8.

PC Newswire, "LootMogul, Sports Metaverse announces first naming rights deal to Hoop Culture," https://www.prnewswire.com/news-releases/lootmogul-sports-metaverse-announces-first-naming-rights-deal-to-hoop-culture-301633118.html, 2022. 9. 6.

Prnewswire, "Professional Fighters League Partners with SportsIcon to Create the PFL Metaverse Experience," https://www.prnewswire.com/news-releases/professional-fighters-league-partners-with-sportsicon-to-create-the-pfl-metaverse-experience-301674483.html, 2022. 11. 10.

PRnewswire, "Roots Partners with Stadium Live to Launch Digital Experience for Gen Z Sports Fans," https://www.prnewswire.com/news-releases/roots-partners-with-stadium-live-to-launch-digital-experience-for-gen-z-sports-fans-301761753.html, 2023. 3. 3.

PWC, "Demystifying web3," https://www.pwc.com/us/en/tech-effect/emerging-tech/what-is-web3.html, 2024. 1. 28. (검색일).

S. Jørgensen and L. J. T. Pedersen, "Redesign Rather than Standstill," RESTART

Sustainable Business Model Innovation, Palgrave Studies in Sustainable Business in Association with Future Earth, pp. 55-74, 2018.

S. Mystakidis, "Metaverse," Encyclopedia, 2, pp. 486-497, 2022.

Sports Business Journal (SBJ), "How Stadium Live Studios is aiming to appeal to the sports highlight generation with a gamified digital platform," https://www.sportsbusinessjournal.com/Journal/Issues/2023/04/24/Technology/stadium-live-studios.aspx?hl=How+Stadium+Live+Studios+is+aiming+to+appeal+to+the+sports+highlight+generation+with+a+gamified+digital+platform&sc=0&publicationSource=search, 2023. 4. 24.

Techcrunch, "Backed by Nas and Dapper Labs CEO, SportsIcon launches to deliver NFTs bundled with exclusive athlete content," https://techcrunch.com/2021/04/22/sportsicon-launches-to-bring-athlete-backed-nfts-to-fans-backed-by-nas-and-dapper-labs-ceo/amp/, 2021. 4. 22.

Techcrunch, "Sports community platform Stadium Live raises $10M to expand its digital world for Gen Z," https://techcrunch.com/2022/07/28/sports-community-platform-stadium-live-raises-10m-to-expand-its-digital-world-for-gen-z/, 2022. 7. 29.

The Week, "Alex Bentley buys 40k worth property in LootMogul Metaverse," 2022. 6. 30.

Tokenminds, "Web3 Metaverse: 5 Rationale This Evolution Will Break the Internet in A Good Way," https://tokenminds.co/blog/crypto-nft-agency/web3-metavese, 2023. 7. 27.

Tracxn "LootMogul Key Metics," https://tracxn.com/d/companies/lootmogul/__7blxiUt7xtcudOWyLxcVM5ofsajH79_2bshaXfvuA6U, 2024. 1. 2.

Trendhunter, "Athlete-Led Web3 Sports Platforms," https://www.trendhunter.com/amp/trends/lootmogul, 2023. 2. 10.

Trendhunter, "Stadium Live is Aiming to Entice Gen Z Consumers with Immersive

Experiences," https://www.trendhunter.com/trends/stadium-live, 2023. 1. 5.

Web3Studios, "Digital Identities," 2022. 8.

Web3Studios, "Sports in the Metaverse," 2022. 12.

Web3 Studios, "Sports in the Metaverse," https://assets-global.website-files.com/62f
4e01684d011324ec127a4/64500830f0a9b3cc2e7fe522_Metaverse%20Sports%20
Report.pdf, 2022. 12.

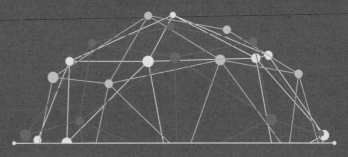
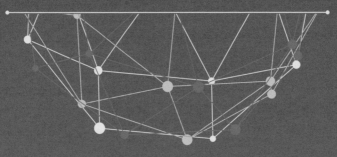

WEB3.0 MEDIA BUSINESS

웹3.0 소셜미디어
토큰 비즈니스

12

웹3.0 소셜미디어 토큰 비즈니스

웹3.0 소셜미디어의 소셜토큰 유형

웹3.0 비즈니스 모델을 주도하는 DeFi를 접목해 발전한 웹3.0 게임의 토큰화 및 게임파이(GameFi) 토큰 구조를 9장에서 설명하였다. 상기해보면 중앙은행의 독점적 화폐 발행과 인플레이션 유발, 일관되게 적용되지 않는 금융 문턱, 국가나 기관 간 자본 이동의 어려움, 금융기관의 모럴 해저드 등의 한계점이 드러나면서 DeFi가 등장했다. 개인은 DeFi에 토큰을 예치하고 이자를 받으며, 대출, 투자, 보험 등 서비스를 이용하고, 기업은 고객으로부터 예치된 디지털자산에 대해 이자를 지급하고, 필요한 곳에 유동성을 공급하면서 수익을 창출한다. 이러한 DeFi가 게임 미디어에 적용되어 게임파이라 부르고, 소셜미디어에 적용되어 소셜파이(SocialFi)라 부르게 된다.

이처럼 DeFi와 결합된 소셜파이에서 멤버십이나 이용권 제공이 주를 이루는 팬 커뮤니티 토큰, 참여와 기여에 대한 보상이 주를 이루는 소셜네트워크 토큰, 창작 커뮤니티 활성화에 따라 보상을 주는 창작 커뮤니티 토큰 등이 가능하다. 즉, 사용자 소유권, 검열 저항, 커뮤니티 거버넌스, 새로운 수익 창출 방법을 우선시하는 웹3.0 특성으로 인해 소셜미디어 플랫폼 이용자는 가치 있는 콘텐츠를 제공하고 커뮤니티와 소통하며 웹3.0 거버넌스에 참여하여 토큰을 획득할 수 있다.

토큰 이코노믹스(Token economics)의 줄임말인 토크노믹스(Tokenomics)는 토큰의 경제성을 포착하는 용어로, 토큰 생성 및 분배, 수요 및 인센티브 메커니즘, 토큰 소각 일정 등 토큰 사용과 가치에 영향을 미치는 요인을 설명한다. 이러한 토크노믹스에 의해 형성되는 소셜토큰(Social token)은 그 이용자에게 다양한 이점을 제공하고 기업 브랜드, 인플루언서, 크리에이터들로 하여금 자체 온라인 커뮤니티를 생성하고 수익을 창출할 수 있도록 지원함으로써 소셜미디어 플랫폼의 민주화를 이루게 하는 데 도움을 줄 수 있다.

소셜토큰은 3장에서 논의한 디지털자산 토큰화의 혁신 중 하나로 최근 몇 년 동안 크게 성장하고 있으며, 특히 예술이나 콘텐츠, 디자인, 게임, 음악, 스포츠 등 부문에서 조직 및 사람들이 만든 토큰이 주를 이룬다. 소셜토큰 소유에 대한 직접적 보상은 보통 토큰 설계자나 발행자에 의해 결정되며 새로운 콘텐츠에 대한 초기의 독점적 접근, '돈으로는 살 수 없는' 경험, 할인, 거버넌스 권한, 의사 결정에 대한 영향력 같은 혜택들이 포함될 수 있다. 더 나아가 토큰 소유에는 커뮤니티 내 지위 및 가치 성장과 같은 간접적 혜택도 함께 제공될 수 있다. 소셜토큰 비즈니스 유형은 퍼스널 토큰(Personal token), 커뮤니티 토큰(Community token), 그리고 생태계를 형성하는 소셜토큰 플랫폼(Social token platform)으로 구분된다.

앞서 설명한 토크노믹스의 주된 목표는 토큰 생성과 배포, 유통을 포함하며 참가자의 인센티브를 조정해 웹3.0 가치 중심의 토큰 경제를 만드는 것이며, 토큰은 웹3.0 생태계 내에서 소유권, 접근 권한 또는 기타 형태의 가치를 나타낼 수 있는 디지털자산으로, 제품이나 서비스에 대한 접근을 허용하는 교환, 가치 저장 수단 또는 유틸리티 토큰으로 사용된다. 이러한 토크노믹스는 현재 한계를 갖기 시작한 소셜미디어 환경을 변화시키고 참가자로 하여금 자신의 기여를 토큰화하고 가치 창출에 대한 보상을 받을 수 있게 하며, 토큰 자체가 가치를 획득하는 수단이 된다. 아래 **[그림 1]**은 **토크노믹스의 핵심 구성요소와 인센티브 구조**를 보여주고 있다. 먼저 **좌측**에서 보이는 **토크노믹스의** 핵심 구성 요소는 토큰의 공급(Supply), 수요(Demand), 배포(Distribution) 및 유틸리티(Utility) 등이다.

[그림 1] 토크노믹스의 핵심 구성요소(좌)와 인센티브 구조(우)

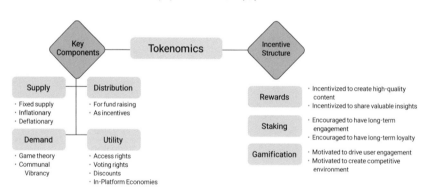

출처: Medium, 2023.10.23.; Rocknblock, 2024.2.17.; Blockpit, 2024.1.26.; Techopedia, 2024.1.15.; Song, 2024.9. 재구성.

토큰 공급(Supply)은 경제 모델에 따라 달라진다. 고정 공급(Fixed supply)은 존재하는 총 토큰 수가 미리 결정되어 변경할 수 없음을 의미한다. 이의 한 예로 비트코인(BTC)은 2,100만 개 코인을 고정 공급하는 암호화폐로서, 희소성을 촉진하고 가용성이 제한되어 있기 때문에 시간이 지나면서 비트코인 토큰 가치가 증대한다. 한편, 인플레이션 공급(Inflationary supply)에서는 시간이 지나면서 새로운 토큰이 발행된다. 예로 이더리움(ETH)에는 고정 공급 상한선이 없고, 네트워크 참여를 장려하고 지속적 보안과 네트워크 유지 보수를 보장하기 위해 채굴자에게 블록 보상으로 새로운 토큰이 발행된다. 반면, 디플레이션 공급(Deflationary supply)에서는 시간이 지나면서 토큰 공급이 감소한다. 스마트계약 개발을 통해 실행되는 토큰 소각 메커니즘을 통해 지정된 수량의 토큰을 접근할 수 없는 주소로 전송해 효과적으로 제거함으로써 토큰의 희소성을 높이고, 토큰 보유에 인센티브를 부여함으로써 잠재적으로 가치를 높이게 된다. 이의 한 예로 바이낸스 코인(BNB)은 주기적으로 토큰 공급의 일부를 소각해 전체 토큰 공급량을 줄여, 희소성 증가로 인해 잠재적으로 토큰 가치를 높이게 된다.

이러한 토큰 공급이 이루어진 후에 잘못된 수요 메커니즘이 토크노믹스를 약화시킬 수도 있기 때문에, **토큰 수요(Demand)**는 예상 혜택에 따른 합리에 결정을 안내하는 '게임이론(Game theory: 상호 의존적이고 이성적인 의사결정에 관한 수학적 이론)'에 의해 이루어진다. 게임이론에 의한 개발의 예가 스테이킹(Staking)이나 일드 파밍(Yield Farming: 이자농사) 개발이다. 스테이킹은 암호화폐를 블록체인에 예치하고 난 후 이에 대한 리워드를 지급받게 하는 것이고, 일드 파밍은 특정 프로젝트에 자산을 예치해 여기서 생성하는 토큰을 지급받게 하는 것이다. 거래하는 트레이더는 보상(Reward)을 받기 위해 암호화폐를 잠그는 방식으로 참여하게 된다. 이러한 락업(Lock-up) 기간이 길어지면 길어질수록 더 큰 수익을 기대할 수 있게 된다. 수요 관점에서 토큰 가치를 평가하는 가장 중요한 요소는 무엇보다도 프로젝트의 잠재력에 대한 집단적 믿음을 나타내 주는 활기찬 커뮤니티의 모습이다. 이는 마치 페이스북(Facebook)의 커뮤니티 참여처럼, 실제 혁신에 적극 참여하면 할수록 커뮤니티가 더 강화됨을 의미한다. 커뮤니티가 토큰을 가치 있는 것으로 인식한다면 토큰의 전망은 더 밝아지게 되는 것이다.

토큰 배포(Distribution)는 초기 토큰 수를 결정하는 것과 팀, 투자자, 어드바이저(Adviser), 커뮤니티 등 이해관계자에게 토큰을 배포하는 방법을 결정하는 것을 포함한다. 토큰은 자금 조달을 위해서는 투자자에게, 인센티브로는 팀원들에게 각각 배포된다. 암호화폐를 블록체인에 예치하고 이에 대한 리워드를 지급받는 스테이킹 리워드(Staking rewards), 자산을 예치해 해당 프로젝트가 생성하는 토큰을 지급받는 일드 파밍 리워드(Yield farming rewards), 암호화폐 소유자들에게 무상으로 코인을 배분해 지급하는 에어드랍(Airdrops), 마케팅 이니셔티브, 전략적 파트너십 등 다목적의 토큰 배포가 일어난다.

마지막으로 **토큰 유틸리티(Utility)**는 토큰을 위해 설계된 사용 사례라 보면 된다. 한 예로, 바이낸스 코인(BNB) 유틸리티는 BNB 체인에 전력을 공급하고, BNB 체인에서 거래 수수료를 지불하며, 거래 수수료 할인을 누리고, BNB 체인 생태계에서 커뮤니티 유틸리티 토큰 역할을 하는 것들을 포함한다. 사용자는 추가 수입을 얻기 위해 다양한 제품에 BNB를 스테이킹한다. 토큰 유틸리티는 사용자 경험을 개선하고 보유자에게 혜택을 제공한다. 토큰은 플랫폼 내에서 특정 기능, 서비스, 멤버십 권한, 독점 콘텐츠, 이벤트에 대한 접근 권한을 사용자에게 부여한다. 예컨대, 일정 수의 토큰을 보유하면 제품 또는 프리미엄 콘텐츠의 베타 버전에 대한 조기 접근 권한을 제공받는다. 토큰은 사용자에게 데이터 접근 권한도 부여한다. 즉, 사용자가 데이터, 정보 또는 디지털자산을 교환할 수 있도록 허용한다. 또한, 거버넌스 기능을 갖춘 토큰의 보유자는 프로토콜 업그레이드, 매개변수 조정이나 커뮤니티 거버넌스 이니셔티브 같은 의사결정 과정에 참여하는 의결권을 갖는다. 토큰 보유자는 제안에 투표하거나 의결권을 위임하거나 토큰을 스테이킹 해서 프로젝트의 미래 방향을 형성하는 데 목소리를 내는 것이다. 그 외에도 토큰 보유자는 제품이나 서비스에 대한 할인, 보너스, 수수료 인하 등의 혜택을 제공받을 수 있으며, 토큰을 교환 매체로 사용해 제품이나 서비스를 직접 거래할 수 있게 된다.

한편, [그림 1]의 우측은 **토크노믹스의 인센티브 구조**를 보여주고 있다. 토큰은 유동성 제공, 사용자 추천 또는 커뮤니티 활동 참여 같은 원하는 기여에 인센티브를 제공하는 데 사용될 수 있다. 세 가지 주요 인센티브가 있다. 첫째는 **보상(Rewards)**으로, 토큰은 소셜 플랫폼에서 활동한 사용자에게 보상을 제공하는 데 사용된다. 기여한 가치에 비례해 토큰을 배분함으로써 플랫폼은 사용자가 더 적극적으로 참여하도록 장려할 수 있다. 여기에는 콘텐츠 제작, 인사이트 공유, 신규 사용자 추천 같은 행동이 포함된다. 둘째는 특정 기간 동안 스마트계약에 토큰을 고정하는 것을 의미하는 **스테이킹(Staking)**이다. 토큰 스테이킹을 통해 사용자는 보상을 받거나 추가 기능과 혜택에 접근할 수 있다. 이는 장기적 참여와 충성도를 장려하는 역할을 한다. 마지막은 사용자가 특정 목표를 달성하도록 동기를 부여하는 데 적용할 수 있는 **게임화(Gamification)**이다. 플랫폼은 토큰 보상과 연계된 도전 과제, 리더 보드 및 성과를 도입함으로써 사용자 참여를 유도하고 경쟁 환경을 조성할 수 있다.

이상의 토크노믹스를 토대로 소셜토큰의 사례들을 관찰하여 유형화할 수 있다. 아래 **[그림 2]의 좌측**은 2023년 1월 기준으로 본 세 가지 소셜토큰 유형의 대표 사례들을 아래에서부터 퍼스널 토큰(Personal token), 커뮤니티 토큰(Community token), 그리고 소셜토큰 플랫폼(Social token platform)으로 구분하여 보여주고 있다. 퍼스널 토큰은 커뮤니티 토큰의 부분 집합이고, 퍼스널 토큰을 포함한 커뮤니티 토큰은 소셜토큰 플랫폼의 부분 집합이 된다.

[그림 2] 소셜토큰 비즈니스의 3대 유형별 사례와 분석 범위

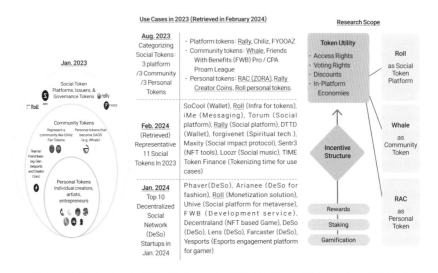

출처: Messari, 2023.1.; Gate.io, 2023.1.23.; Datawallet, 2023.8.21.; Tracxn, 2024.1.10.; Song, 2024.9. 재구성.

[그림 2]의 중앙에는 위에서부터 출처 기준으로 2023년 8월 기준의 소셜토큰 유형별 사례와 2024년 2월 검색 기준의 상위권 11개 소셜토큰들을 보여주고, 2024년 1월 기준의 시가총액 10위권을 보여주고 있다. 퍼스널 토큰이나 커뮤니티 토큰을 생성함으로써 개인이나 단체는 자신들만의 경제를 가질 수 있고, 이를 통해 창작자로서 대중의 지지를 얻을 수 있다. 이러한 퍼스널 및 커뮤니티 토큰은 모두 소셜토큰 플랫폼의 부분 집합이 된다. 뒤에서 제시할 유형별 사례의 비즈니스 설계를 소개하기 위해 찾아본 세 개의 출처에서 중복되어 나타난 랠리(Rally)와 롤(Roll) 등의 소셜토큰

플랫폼, 웨일(Whale) 같은 커뮤니티 토큰, 그리고 랙(RAC) 같은 퍼스널 토큰이 도출되었다. 2023년 1월부터 랠리의 사이드체인이 일몰되면서 사업이 폐쇄되었기 때문에 랠리는 제외되며, 롤을 대표적 소셜토큰 플랫폼으로 선택한다.

[그림 2]의 우측은 앞의 [그림 1]에서 설명한 토크노믹스의 핵심 요소 중 토큰 유틸리티와 보상, 스테이킹, 게임화 등 인센티브 구조를 간단히 재 도식화한 것이다. 앞서 언급했듯이, 사용자 경험을 향상시키고 토큰 보유자에게 추가 혜택을 주는 토큰 유틸리티에는 액세스 권한, 투표권, 할인, 플랫폼 내 경제 등의 특징이 있다. 토큰은 소셜미디어 내 독점 콘텐츠, 기능, 이벤트에 대한 접근 권한을 허용하며, 거버넌스 토큰 보유자는 의결권을 가지고 탈중앙화된 소셜미디어에서 의사결정 과정에 참여한다. 그 외에도 토큰 보유자는 소셜토큰 플랫폼에서 제공하는 제품이나 서비스에 대해 할인받을 수 있고, 토큰이 P2P 거래를 촉진할 수 있는 플랫폼 내에서 사용자는 토큰을 교환 매체로 사용해 제품이나 서비스를 거래할 수 있다.

웹3.0 퍼스널 토큰 비즈니스 설계

크리에이터 토큰(Creator token)이라고도 불리는 퍼스널 토큰은 사회에서 명망이 있는 개인이 발행하고 관리하는 소셜토큰이다. 창작자인 크리에이터는 유명 연예인, 기업가 또는 아티스트인 경우가 많다. 퍼스널 토큰은 한 사람의 개인에 의해 관리되는 ERC-20 표준 토큰이나 이와 유사한 토큰을 말한다. 토큰 보유자는 결정에 투표하거나 서비스를 위해 토큰을 교환할 수 있다. 개인은 자기 자신을 토큰화하여 청중을 구축하고 프로젝트 자금을 조달하기 위해 이익공식을 만들어 수익을 창출시킬 수 있다. 퍼스널 토큰 발행자는 스마트계약을 직접 디자인해 토큰의 수요와 공급을 제어하며, 디자인된 스마트계약이 토큰 수를 제한하고 컨설팅 서비스에 사용할 때 토큰을 소각한다. 크리에이터는 발행한 토큰을 사용해 자신의 팬 커뮤니티(Fan community)에 보상을 제공할 수 있다. 퍼스널 토큰은 디지털 예술 작품과 같이 표현되는 고유한 자산이다.

랙(Rac)이라는 예명을 가진 유명한 음악 NFT의 거장인 안드레 앨런 안조스(André Allen Anjos)는 2016년과 2017년 그래미(Grammy) 시상식에서 연속 베스트 리믹스(Best Remix) 어워드 후보에 올랐고 소셜토큰 플랫폼 중의 하나인 조라(Zora)에서 활동하며 토큰을 출시하게 되었다. 그래미상을 수상한 뮤지션이자 음반 프로듀서, DJ로서, 리믹스의 한계를 뛰어넘어 역사적으로 댄스 포워드(Dance-forward) 장르를 인디(Indie)와 록(Rock)으로 확장한 아티스트인 랙은 2024년 200개 이상의 리믹스를 발매하기에 이른다. 이는 사운드클라우드(SoundCloud)에서 들을 수 있다.

시기적으로 보면 랙은 더 신스(The Shins), 더 예예예스(The Yeah Yeah Yeahs), 테건 앤 사라(Tegan and Sara), 피닉스(Phoenix), 킹스 오브 레온(Kings of Leon), 라나 델 레이(Lana Del Rey) 등의 아티스트와 협업했고 자신의 솔로 앨범으로 스트레인저(STANGER 2014), 에고(EGO 2017), 보이(BOY 2020) 등의 세 장을 발매했다. 2020년에 랙은 테이프토큰($TAPE)으로 알려진 온체인의 토큰화된 카세트 테이프(Onchain, tokenized cassette tape)를 출시했고, 같은 해에 랙토큰($RAC)을 출시하는 등 암호화폐 생태계에서 활발하게 활동하게 된다. 음악과 암호화폐의 교차점이라 할 수 있는 오실레이터(Oscillator)라는 새로운 회사도 설립한 랙은 이더리움 블록체인에서 2017년 발매한 첫 번째 정규 앨범 '에고(Ego)'와 2020년 발매된 앨범 '보이(Boy)'를 팬들로 하여금 구매할 수 있도록 허용하기 시작한다. 아래 **[그림 3]**은 랙의 모습과 앨범 '보이'커버를 보여주고 있다.

[그림 3] 랙의 모습(좌측)과 그의 앨범 '보이' 커버(우측)

출처: Archetype, 2024. 4. 10.

랙은 자신의 ERC-20 표준 기반 토큰인 랙토큰($RAC)을 실험해보기 시작한다. 자신의 음악을 중심으로 커뮤니티를 강화하기 위해 패트리온(Patreon)과 디스코드(Discord) 채널들을 활용해 여러 개의 NFT들을 출시하기 시작했다. 2022년 2월, 랙이 출시한 아티스트와 팬이 제어할 수 있는 랙오에스(racOS)는 랙토큰 보유자들로 하여금 서로를 연결하고 수많은 경험을 접할 수 있는 공간을 제공한다. 랙오에스에 접근하는 랙토큰 보유자는 지갑을 연결해 보유 자산을 확인(Verify)시킨 후에 독점 음악 재생 목록을 포함한 혜택을 누리게 된다. 출시 초기에만 천만 개의 토큰이 출시되었다. 랙 상품 구매자와 트위치(Twitch) 서포터들이 랙토큰을 받을 수 있으며, 패트리온 구독료를 내는 랙 팬들에게는 특정 혜택들이 주어진다. 이러한 충성도 높은 팬들은 매월 오만 개의 랙토큰을 받는다. 또한, 랙은 자신의 트위치 채널에 토큰화된 광고 공간을 추가하였고, 랙토큰 보유자를 위한 랙 테마 상품에 대해 할인 행사를 개최하기도 했다.

2023년 5월, 랙은 팬들의 지갑에 있는 콘텐츠를 기반으로 시각적으로 변화하고 형태를 바꾸는, 장기적인 팬 참여에 기반하는 멤버십 패스로 '컬트 패스(CULT Pass)'를 출시한다. 랙의 음악 NFT를 소유한 팬들은 유기적인 '궤도(Orb)' 같은 물체의 고유한 이미지를 소유하게 된다. 이 이미지는 랙 팬들이 자신이 소유한 랙 노래와 라이브 스트리밍 참석, 콘서트 티켓 구매 등의 다른 웹3.0 상호작용을 기반으로 생성된다. 팬들이 랙과 지속적으로 상호작용함에 따라 이 궤도 이미지가 변화하면서 수집품이 되는 것이다. 그 결과, 수집품이 된 궤도 이미지는 소유주를 대표하게 되며 독점적 경험과 상품, 음악에 대한 액세스 권한을 갖게 된다. 이 프로젝트를 위해 랙은 기술 업체인 하이파이랩스(Hifi Labs)와 협력하였다. 아래 **[그림 4]**에서 보면, **'컬트 패스' 궤도 이미지**는 랙 팬클럽의 멤버십 토큰처럼 작동하도록 설계되었고, '컬트 패스' 프레임워크는 각 아티스트와 커뮤니티의 고유 표현을 반영하고 있다.

[그림 4] '컬트 패스' 궤도 이미지 변이

출처: Musically, 2023.5.5.; Song, 2024.9.

랙토큰을 수령하는 방식은 다양하다. 아직 출시되지 않은 독점의 음악 재생 목록과 3D 가상세계 브라우저 기반의 플랫폼인 '디센트럴랜드(Decentraland)' 경험에 접근할 수 있는 방식, 랙 패트리온 구독자가 매월 패트리온 멤버십 등급에 비례하는 랙토큰을 청구할 수 있는 방식 등이 있다. 랙토큰을 통해 팬들은 다양한 특전과 독점 콘텐츠에 접근할 수 있게 된다.

웹3.0 커뮤니티 토큰 비즈니스 설계

커뮤니티 토큰은 탈중앙화 자율조직인 DAO가 관리하는 그룹에 의해 발행되고 통제되는 토큰으로서 틈새 커뮤니티의 영향력과 함께 DAO의 거버넌스 권한이 추가된 퍼스널 토큰의 이점들을 모두 가진다. 주어지는 혜택에는 커뮤니티가 소유하거나 임대한 자산에서 수익을 얻거나 커뮤니티가 제공하는 서비스에 대한 결제권 등이 포함된다. 크리에이터 커뮤니티나 기업 브랜드에서 출시하는 커뮤니티 토큰은 팔로워나 고객에게 독점적 제품과 서비스, 경험 등의 혜택을 제공한다. 뒤에서 설명할 롤과 같은 소셜토큰 플랫폼에서 발행되는 다양한 퍼스널 토큰들과 차별되는 점을 보면, 커뮤니티 토큰 보유자는 의결권과 회사 수익 일부를 제공받는다. 그렇기 때문에 커뮤니티 토큰은 DAO에서 발행하게 되며, NFT를 비롯한 디지털자산 투자나 창작 활동을 커뮤니티 기반으로 운영하기 위해 존재한다.

유명한 커뮤니티 토큰 중 하나로 웨일(Whale)의 웨일토큰(WHALE)이 있다. 외재적 힘에서 가치를 도출하는 대부분의 암호화폐와 달리, 웨일토큰은 플랫폼의 NFT 아트 컬렉션인 "더볼트(TheVault)"에 보관된 희귀하고 가치 있는 NFT 자산에서 가치를 도출한다. 웨일토큰을 뒷받침하기 위해 NFT에 의존함으로써 프로젝트의 기본 가치 수준이 설정된다. 이는 마치 금본위제

(Gold standard)의 NFT 버전과 유사한 것이다. 웨일은 DAO로 운영되는 기업으로서, 소셜토큰을 보유한 NFT 애호가 커뮤니티를 뜻하며, 프로젝트 전략에 기여한다. 즉, 웨일은 DAO이면서 동시에 블록체인, 게임, 디지털 아트, 가상 부동산 등 가치 있는 NFT의 지원을 받는 커뮤니티 토큰이 된다.

웨일은 2019년부터 가장 가치 있는 NFT를 수집하고 보유하기 시작한 사회적 기업인인 가명의 웨일샤크(Whale Shark)에 의해 2020년 5월 출시된다. 웨일샤크가 웨일을 출시한 목적은 NFT 중심 조직의 활발한 회원이 될 만한, 같은 생각을 가진 NFT 수집가들의 커뮤니티를 육성하기 위함이다. 무료 NFT 대여, NFT 에어드롭, 독점 NFT 이용, 유동성 채굴 보상, 웨일 DAO 거버넌스 등의 혜택이 주어지는 웨일은 만 개 이상의 디지털 아트나 게임 아이템 NFT를 스마트계약에 묶어 두고, 이를 담보로 발행한 ERC-20 표준의 커뮤니티 토큰이다. 웨일토큰은 인지된 시장 가치에 따라 가치가 상승 및 하락하는 암호화폐와 보유 자산에 고정되는 스테이블코인 사이의 중간에 존재한다고 보면 된다.

웨일은 오픈씨(OpenSea)라는 NFT 마켓플레이스에서 공개적으로 감사되는 컬렉션인 "더볼트"에 보유된 NFT의 지원을 받는다. 이때 더볼트에 보유된 NFT는 토큰에 내재된 가치의 기본 수준을 제공하는 역할을 한다. 2020년 5월 웨일 출시 당시의 더볼트는 웨일샤크가 소유하고 관리하는 NFT 컬렉션이었는데, 웨일샤크가 자신의 성공을 커뮤니티인 '웨일 멤버스' 및 '웨일 DAO'와 공유하기로 결심하게 된다. 더볼트는 넌펀저블닷컴(NonFungible.com)의 정기 감사를 받으며, 그 내용은 온라인에서 공개적으로 볼 수 있게 되어 있다. 2021년 9월, 더볼트의 가치는 4,770만 달러였고 13,000개 이상의 개별 자산들을 보유하였다. 이에 웨일 프로젝트는 유기적인 성장, 새로운 수집품 추가, NFT 시장의 성숙을 통해 더볼트를 계속 발전하게 할 것으로 기대하게 된다.

웨일의 DAO 거버넌스 탄생 배경을 좀 더 살펴보면, 웨일샤크는 처음에 웨일토큰의 기본 가치를 창출하는 주요 원천이 될 NFT를 선별하는 역할만 담당하였다. 더볼트의 암호화폐 보관을 위해 중앙집중식 소스만으로 출시된 이후에 웨일은 프로젝트로서 더 효과적으로 성장하기 위해 DAO 거버넌스 구조로 바꾸어야 할 필요성을 가지게 된다. 이에 DAO 구조로 전환한 웨일 커뮤니티는 어떤 수집품을 구매, 판매, 임대할지를 집단적으로 결정할 수 있게 되었다. 하지만, 암호화폐 분야 전반에서 정교한 DAO 메커니즘을 지속적으로 개발하였음에도 불구하고 웨일은 점차 한계에 직면하게 된다. 이러한 한계를 대표하는 문제는 NFT 같은 고가 자산을 다룰 때 따르게 되는 소유물 임대의 기술적 성질(Technicality)과 보안의 위험 등이다. 이러한 초기 불확실성들에도 불구하고 웨일토큰 보유자들이 프로젝트의 커뮤니티, 예산, 이벤트 및 더볼트 내 자산 관리에 대한 집단적 통제권을 행사할 수 있도록 하는 명확한 목표를 토대로 웨일은 출시된 지 4개월 후인 2020년 9월에 웨일 DAO로 전환하게 된다.

웨일의 가치는 사회적 수용에서 나오기 때문에 인지도 외에도 실제적인 상거래에 의해 결정된다. 웨일의 **토크노믹스**를 보면, ERC-20 토큰 표준으로 구축된 웨일토큰은 우선은 더볼트에 저장된 NFT 컬렉션에 의해 뒷받침되며, 웨일의 2차 가치는 인식, 사용 사례 및 거래에 의해 결정된다. 이러한 토크노믹스는 주로 각 기본 네트워크의 사회적 수용과 사례에서 가치를 도출하는 비트코인 같은 전통 암호화폐의 가치평가 모델과 다르다. **토큰 공급**을 보면, 1천만 개의 웨일토큰이 최대 공급(Maximum supply)되었고 다음과 같이 할당되었다. 창립자와 창립 팀(2020년 5월부터 시작해 2년간 유효)에 10%가 적립되었고, 개인 판매 시 10%가 적립(20개월간 유효)되었다. 또한, 42.6%가 월 4만 개 웨일토큰의 비율로 커뮤니티에 배포되었고, 나머지 37.4%는 웨일 재단에 예약되어 있으며 120개월 동안 귀속되었다.

커뮤니티에 할당된 웨일토큰들은 웨일 볼트에 판매되거나 웨일 파트너가 보유한 참여 활동에 참여하는 등 몇 가지 제한된 방식으로 획득될 수 있다. 매월 커뮤니티 개발을 목표로 하는 4만 개의 웨일토큰 중 25%는 팀 및 파트너십 수당으로, 25%는 웨일 커뮤니티 보상으로, 그리고 나머지 50%는 "홀드-투-플레이(Hold-to-Play; H2P)" 보상으로 사용된다. 이러한 토큰은 필수 웨일토큰의 최소 임계값을 소유한 토큰 보유자에게 배포되며, 이를 통해 독점 디스코드 채널, 이벤트, 경품 등에 대한 접근 권한을 부여한다. 웨일 재단은 자선 신탁(Charitable trust)인데, 이는 취약 계층 여성과 어린이들에게 혜택을 주기 위한 것이다.

웨일 DAO로 전환한 이후부터 웨일 커뮤니티는 어떤 수집품을 구매, 판매, 대여할지를 결정할 수 있다. 웨일 DAO는 천 개의 웨일토큰을 잠근(locking) 회원에게만 개방되며, 이들은 월 2회 제안서를 게시하고 상원에서 투표할 수 있다. 한편, 'DAO 유권자(DAO Voter)'는 500개 웨일토큰을 잠근 회원으로서 상원에서 투표에 참여할 자격을 갖지만, 제안서를 제시할 수는 없다. 웨일 커뮤니티에서 웨일토큰 보유자는 다음과 같은 기능을 포함한 특별 혜택을 받을 수 있다. 예로 더볼트에서의 NFT 대여, 더볼트에서 선택한 NFT 구매, 웨일 전용 NFT 구매, 웨일 유동성 채굴 참여를 통한 보상 획득, 독점적 물리적 및 디지털 웨일 암호화폐 상품 구매, 그리고 프로젝트의 DAO에 투표하고 웨일 커뮤니티 거버넌스를 추진하는 것이다.

시장 활동에서 파생된 모든 자금은 더볼트를 위한 더 가치 있는 NFT 자산을 구매하는 데만 사용된다. 웨일샤크 자신도 자신이 보유 중인 퍼스널 토큰인 웨일토큰 자산을 자선 활동뿐만 아니라 웨일 커뮤니티와 NFT 전체를 성장시키기 위해 지원하는 데 전념하게 된다. 이는 웨일샤크의 퍼스널 토큰이 웨일 DAO로 전환되게 한 배경이 된다. 웨일샤크는 더볼트에서 보유 중인 NFT를 통해 초기 웨일토큰에 내재적 가치를 제공했다. 즉, 웨일샤크는 웨일 창립 시 자신의 NFT 자산을 기반으로 웨일토큰을 발행했고, 자신이 보유한 오천 ETH 상당의 NFT를 커뮤니티에 기부해 '웨일탱크'라는 엔젤투자 기금도 만들어 커뮤니티 지지를 얻었으며, 웨일토큰 가치를 지속적으로 유지하기 위해 희귀한 NFT를 더볼트에 추가하였다. 결국 웨일 DAO로의 전환을 통해 소수 참여가 아닌 모두가 참여하는 조직으로 발전하게 된 것이다.

이러한 스토리를 가진 웨일 DAO가 DAO 성공 사례로 소개되기 시작한다. 앞서 언급했듯이, 웨일 커뮤니티는 최소 천 개의 웨일토큰을 스테이킹한 웨일 DAO와 500개 이상의 웨일토큰 스테이킹을 요구하는 DAO로 분리된다. 2023년 4월 기준, 25,000명의 웨일 커뮤니티 회원들이 어떤 NFT를 사고 팔아야 하는지, 웨일의 월간 유통 예산을 어떻게 구성해야 하는지에 대해 결정을 내렸고, 더볼트에서의 NFT 대여와 독점적 웨일토큰 및 NFT 에어드롭 혜택을 누리게 되었으며, 웨일의 시가 총액은 미화 690만 달러로 평가되었다.

웹3.0 소셜토큰 플랫폼 비즈니스 설계

웹3.0 소셜토큰은 기업이나 창작자인 크리에이터가 블록체인을 사용하여 경험이나 서비스에 대한 비용을 지불할 수 있는 디지털 소유권으로, 팔로워나 고객 커뮤니티를 성장시키기 위해 기업이나 창작자가 만든 암호화폐

토큰이다. 앞에서 크리에이터 토큰으로 시작한 퍼스널 토큰과 커뮤니티 참여로 소셜토큰 가치가 시간이 지남에 따라 기하급수적으로 상승할 것이라는 믿음을 토대로 탄생한 DAO인 커뮤니티 토큰에 대해 설명하였다. 창작자가 게시한 콘텐츠에 대해 커뮤니티에 투표할 수 있는 기회를 제공하여 제작자와 커뮤니티 구성원 간의 신뢰와 참여를 구축하는 소셜토큰의 또 다른 목표는 콘텐츠 접근을 위한 웹2.0 수익모델인 구독 및 광고 수익모델을 대체하는 것이다. 유튜브 같은 혁신적인 소셜미디어 플랫폼은 콘텐츠를 통해 창출하는 수익 일부를 창작자에게 지불하기도 하지만, 웹3.0 소셜토큰의 목적은 자신만의 토큰을 보유함으로써 중개인을 아예 제거하고 창작자의 수입을 증대하는 것이다.

아직도 소셜토큰과 관련된 기술 표준이나 인프라의 부족으로 일반 사용자가 소셜토큰을 획득하기는 매우 번거로운 게 사실이다. 그럼에도 불구하고 웹3.0 시대를 갈망하는 콘텐츠 창작자들은 소셜토큰을 통해 기존 중앙집중형 플랫폼 체제보다는 공평하게 수익을 확보할 수 있다는 기대감을 가지고 있다. 속도는 느리지만, 콘텐츠 크리에이터를 위한 보다 공평한 수익화 수단으로 NFT를 포함한 소셜토큰이 부상하고 있다. 이러한 소셜토큰은 창작자나 브랜드와 연관된 팬 커뮤니티에 밀접하게 연결된 교환 가능한 자산이지만, 시장에서는 아직 커뮤니티 구성원에게 독점적 참여와 경험에 대한 접근을 허용하는 퍼스널 토큰을 의미하는 경우가 보통이다.

앞의 [그림 2]에서 보았듯이, 소셜토큰 플랫폼의 하나인 롤(Roll)에 붙여진 설명으로 '토큰 인프라(Token infra)'나 '수익화 솔루션(Monetization solution)'이 달린 것을 보게 된다. 중앙집중화된 플랫폼에 종속되어 온 크리에이터들 스스로 토큰을 발행하고 자신이 창출한 가치를 수익화할 수 있어야 하고, 그 과정에서 어떻게 그 가치를 유지하고 확장하여 수익화할 것인가를 두고 주도적으로 의사 결정할 수 있어야 하지만, 인프라나 수익화 솔루션에 익숙하지는 못하다. 그나마 NFT가 대체 불가능한 고유한 속성을 통해 수집가들로 하여금 해당 NFT를 보유하고자 하는 욕구를 만들어내면서 소셜토큰의 대안으로 부상했다.

NFT를 비롯한 소셜토큰이 창작자에게 콘텐츠에 대한 단독 소유권을 보장하며 중앙집중형 플랫폼의 권력을 탈중앙화할 수 있는 소셜파이(SocialFi) 역할을 하지만, 아직은 소셜토큰과 관련해 널리 인정되는 기술 표준이나 창작자들이 자신의 콘텐츠에 이러한 자산을 통합할 수 있는 인프라가 부족한 상황이다. 웹3.0이 본격화되면 소셜토큰의 한계도 지속적으로 개선되겠지만, 현재는 이전에 검색한 적이 없는 콘텐츠를 발굴하는 데 어려움을 겪으며, 설상 선호하는 창작자의 소셜토큰을 찾아내더라도 해당 토큰을 획득하기까지 번거로운 절차를 거쳐야 하고, 소셜토큰을 통해 얻을 수 있는 경험의 유형도 콘텐츠 크리에이터가 개별적으로 결정하여 제공해야 하는 부담이 있다. 따라서, 소셜토큰이 활성화되기 위해서는 소셜토큰과 관련된 인프라가 일반 사용자들이 쉽게 접근할 수 있도록 개선되어야 한다. 소셜토큰 플랫폼이 이러한 역할을 할 것이다.

소셜토큰의 인프라가 되는 소셜토큰 플랫폼의 유틸리티라면 멤버십 가입 권한 부여, 스페셜 이벤트 참여권 부여, NFT 구매 기회 부여, 크리에이터와의 채팅 기회 부여, 오프라인 팬미팅 참여권 기회 부여, 그리고 각종 굿즈(Goods) 할인 등이 있을 것이다. 또한, 단순히 토큰 보유량에 따라 멤버십을 등급화하는 것이 아니라, 커뮤니티 활동과 기여 정도에 따른 레벨의 상승과 추가 토큰 지급 같은 팬 보상 기능도 활용될 것이다. 가장 기여도가 높은 팬들이 창작자의 이후 활동 방향 결정에 참여하는 기회를 얻게 할 수도 있을 것이다. 이렇게 본다면, 소셜토큰 플랫폼은 토큰의 발행과 교환을 용이하게 하는 등의 통제권을 의미하며, 토큰 보유자는 플랫폼 거버넌스에 참여해 토큰으로 플랫폼 내 거래 수수료를 지불할 수도 있게 된다. 또한 토큰의 가치가 상승할 것으로 예상하는 사람들이 투자 목적으로도 보유할 수도 있을 것이다.

앞에서 언급했듯이, 2022년 대표 **소셜토큰 플랫폼**으로 **랠리(Rally)**와 **롤(Roll)**이 있다. 랠리는 안드리센 호로위츠(Andreessen Horowitz) 등의 벤처캐피탈로부터 5천7백만 달러의 펀딩을 받아 2022년 이더리움 네트워크에 소셜토큰 플랫폼을 시작했으나 2024년 중단된 상태이다. 따라서, 롤의 비즈니스 설계를 살펴보고자 한다. 후오비(Huobi) 암호화폐 거래소를 비롯한 벤처캐피탈로부터 1천만 달러 시리즈 A 펀딩을 받아 2017년 뉴욕에서 설립된 롤은 창작자들을 위한 웹3.0 수익화 솔루션으로서, 이들에게 소셜토큰을 제공하고 이더리움 블록체인을 사용해 개인이나 커뮤니티가 통제하게 하는 플랫폼이다. 이 플랫폼은 이미 웹2.0 아이오에스(iOS) 및 안드로이드(Android) 기반의 디바이스에서 사용할 수 있는 웹2.0 앱으로 제공되고 있어서 웹2.0과 웹3.0 사이에서 소셜토큰을 넘나들 수 있게 한 플랫폼이 되었다.

아직 인프라가 완전하지 않았던 롤 플랫폼은 2021년 3월 15일, 해커의 핫월렛(Hot Wallet) 침입으로 인해 약 570만 달러 상당인 3천ETH가 유출되는 큰 피해를 입기도 했다. 해커가 롤 플랫폼의 핫월렛 개인 키를 손상시켜 이용자의 계정에서 자금을 이체했고, 롤은 약 12시간이 지난 후 공격에 대응했다. 해커가 이미 많은 토큰을 도난 및 판매했다고 공지하면서 롤 플랫폼은 전체 인출을 중단했다. 그 당시 공격자는 앞에서 언급한 웨일토큰($WHALE)을 비롯해 레어토큰($RARE), 피카토큰($PICA) 등 11종의 소셜토큰들을 훔쳤고, 도난당한 자금은 해커가 훔친 자금을 세탁하기 위해 사용하는 개인정보 보호 도구인 토네이도 캐시(Tornado Cash)로 이전되었다. 이전한 이후에 해커는 유니스왑(Uniswap)에서 이 토큰을 ETH로 교환했다. 보안 침해로 토큰을 도난당한 시장은 공격 후 몇 시간 내에 하락해 90% 이상 손실이 누적되었고, 피카토큰과 웨일토큰은 각각 99.6%, 99.3%나 감소하게 된다.

이 해킹 사건 이후인 2022년부터의 자료를 토대로 롤 플랫폼을 살펴보자. 토크노믹스를 보면, 창작자는 롤 플랫폼에서 ERC-20 표준의 소셜토큰을 만들 수 있다. 토큰 수수료는 없지만, 총 토큰 공급량의 1%가 발행 시에 롤에 의해 보유된다. 즉, 롤 플랫폼이 보유하게 되는 시가총액의 1%는 롤 DAO로 탈중앙화되는 것이다. 이를 통해 롤은 창작자로 하여금 자신의 퍼스널 토큰을 쉽게 발행하고 독점 콘텐츠 접근 제공을 위해 활용할 수 있도록 지원한다.

토큰 발행자는 자신만의 네트워크를 보유하며, 이는 각자의 사회적 가치를 가지고 있다. 이러한 토큰은 창작자로부터 팔로워에게 직접 전달되는 디지털 로열티 포인트가 될 수 있다. 즉, 롤 플랫폼에서 활동하는 팔로워인 이용자는 소셜 활동을 통해 이익을 얻고 독점적 경험과 제품으로 교환할 수 있다. 사용자는 이러한 소셜토큰을 축적하고 게시물에 '좋아요'하고 콘텐츠를 공유하며 크리에이터 커뮤니티와 상호작용해 특별한 보상을 받을 수 있다. 즉, 창작자는 롤 플랫폼에서 자신의 소셜토큰을 발행하고 팔로워로 하여금 네트워크에 가치를 기여하도록 인센티브를 제공하며, 소셜토큰으로 거래도 할 수 있는 수익 창출 기회를 얻는다.

토큰 공급 측면에서 볼 때, 롤은 1천만 개의 고정 공급량을 보유하게 되는데, 최대 공급량 중 200만 개는 크리에이터로 하여금 친구, 가족, 동료, 팬에게 토큰을 배포할 수 있도록 초기에 발행되고, 나머지 800만 개는 3년에 걸쳐 공급된다. 롤의 핫월렛은 3년 동안 매달 20만 개 토큰을 누적시킨다. 토큰의 흐름은 크리에이터에서 팔로워로, 그리고 다시 크리에이터로 계속 유입되면서 선순환적인 토크노믹스가 형성된다. 초기 단계에서부터 발행자가 유동성을 재설정해야 하므로 토큰의 변동성이 어느 정도 커질 수 있지만, 롤 플랫폼의 소셜토큰들은 기존의 헌신적이고 충성적인 장기 회원에게 배포하는 것부터 시작하므로, 커뮤니티가 성장할 때 유동성을 가질 필요는 없게 된다.

2022년 9월, 새로운 멤버십과 스테이킹 툴들이 출시된다. 먼저, '롤 멤버십(Roll Memberships)'을 통해 창작자는 토큰을 보유한 팔로워에게 혜택과 보상을 제공해 퍼스널 토큰으로 수익을 창출할 수 있다. 사용자의 지갑인 핫월렛에 보유한 토큰 금액 기반으로 티어(Tiers)가 생성된다. 핫월렛은 온체인(On-chain) 방식이므로 메타마스크 같은 이더리움 지갑을 연결하고 이더리움 코인인 ETH나 USDC 같은 스테이블코인에서 창작자의 멤버십 티어를 결제하면 누구나 회원이 될 수 있다. 그 대가로 회원은 토큰 게이트형(Token-gated) 소셜 기능이 있는 디스코드, 제네바(Geneva), 본파이어(Bonfire) 등의 플랫폼들에서 사용 가능한 팔로우하는 창작자의 퍼스널 소셜토큰을 받게 된다.

또한, 스테이킹 툴인 '롤 스테이킹(Roll Staking)'을 통해 창작자는 소셜토큰에 스테이킹 리워드를 생성하고 온체인에 참여할 수 있다. 이는 기존 웹2.0이 '온라인 크리에이터 경제'였다면 웹3.0에서는 '온체인 크리에이터 경제'로 전환되게 함을 의미한다. 이로써 뷰(Views), 구독자, 팔로워 수 같은 기존의 지표들은 웹3.0 퍼스널 토큰을 가진 창작자에게는 덜 중요해지게 된다. 이 스테이킹 툴을 통해 창작자는 소셜토큰의 유동성을 분산하고 자동화할 수 있다. 창작자가 거래소에서 토큰 거래를 시작할 때 이 스테이킹을 사용해 유니스왑 같은 탈중앙화 거래소에서 유동성을 높일 수 있다. 팔로워인 이용자가 유동성으로 풀(Pool)에 기여하게 되면, 자신이 팔로우하는 창작자의 소셜토큰을 스테이킹 리워드로 받을 수 있다.

2022년 기준으로 350명의 크리에이터가 롤 플랫폼에 가입했다. 앞서 언급한 NFT 콜렉션으로 유명한 웨일 샤크(Whale Shark)와 NFT 크립토 아티스트인 해카타오(Hackatao), 전 미국 풋볼 선수였던 테리 크루(Terry Crew) 등이 롤 플랫폼에 속해 있다. 2022년 5월에는 롤을 통해 발행된 웨일샤크 토큰의 시가 총액이 1억 2천만 달러를 넘었고, 해카타오의 경우 3천만 달러 정도로 알려졌다. 롤 멤버십과 롤 스테이킹 출시를 통해 롤은 크리에이터와 커뮤니티를 위해 450개 이상의 토큰을 발행했고, 총 시가총액은 1억 달러가 넘었다.

아래 **[그림 5]의 좌측**은 2022년 8월 기준으로 본 **롤 멤버십의 예시**인 쿼해리슨(QuHarrison)과 더프로페서(TheProfessor)이다. 이 롤 멤버십은 롤 플랫폼 전반에 걸쳐 온체인 유틸리티에 접근할 수 있는 사용자에게 소셜토큰을 배포하여 커뮤니티의 핵심 구성원을 만드는 데 중점을 둔다. 창작자는 각 계층에 대해 이더리움으로 가격을 설정해 롤 멤버십을 활용할 수 있고, 온체인으로 전환한 크리에이터가 웹3.0 커뮤니티를 구축하고 DAO를 설립할 수도 있다.

[그림 5] 롤 멤버십(왼쪽) 및 롤 스테이킹(오른쪽)의 예시

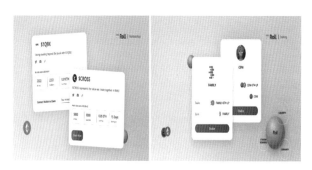

출처: 롤 블로그, 2022.9.8.; Song, 2024.9.

또한, [그림 5]의 우측은 **롤 스테이킹의 예시**를 보여준다. 인프라는 유동성 채굴이나 "톰 토큰($TOM)을 스테이킹하고 데이브토큰($DAVE)을 얻기 위해" 같은 커뮤니티 간 협업에 사용할 수 있다. 유동성을 위해, 스테이킹은 목적에 맞는 온체인 시장을 구축하여 누구나 토큰을 구매하고 회원이 되어 커뮤니티에 접근할 수 있게 하는 잠재력을 더욱 확장시키는 역할을 한다.

소셜토큰 플랫폼인 롤은 '롤 애플리케이션 프로그래밍 인터페이스(Roll API)'로 구동되는 "가스비 무료" 기능을 갖추어 롤 발행을 쉽게 하도록 해주었고, '롤 멤버십'과 '롤 스테이킹' 솔루션 출시를 통해 재무와 유동성을 구축하게 해주었다. 이로써 롤 플랫폼은 소셜토큰의 '온체인 크리에이터 경제'를 형성해 창작자로 하여금 자신의 스마트계약을 통해 커뮤니티의 기반을 소유할 수 있고, 창작자 자신과 커뮤니티에 중요한 조건들에 대해 계약을 만들어 낼 수 있게 하는 인프라 역할을 하게 된다.

참고문헌

브런치 블로그, "DAO의 개념과 사례," https://brunch.co.kr/@seunghyeon/2, 2022.12.31.

블록체인 투데이, "소셜 토큰 플랫폼 롤, 해킹 피해··· 570만 달러 상당 유출," https://m.blockchaintoday.co.kr/news/articleView.html?idxno=15620, 2021.3.16.

애플경제, "블록체인 경제의 새로운 대안 '소셜 토큰'이 뜬다," http://m.applen.or.kr/news/articleView.html?idxno=69460, 2022.5.16.

여성경제신문, "소셜토큰, 새로운 크리에이터 이코노미 만들 수 있을까," https://www.womaneconomy.co.kr/news/articleView.html?idxno=207506, 2022.5.20.

코이넛닷컴,"Whale Token: NFT 컬렉션 제작자들의 새로운 암호화폐," https://coinaute.com/ko/whale-token-nft-%EC%BB%AC%EB%A0%89%EC%85%98-%EC%A0%9C%EC%9E%91%EC%9E%90%EB%93%A4%EC%9D%98-%EC%83%88%EB%A1%9C%EC%9A%B4-%EC%95%94%ED%98%B8%ED%99%94%ED%8F%90/, 2024.12.4.

코인니스, "WHALE, 소셜 토큰 시총 1위. 희귀 NFT 부분 소유권 제공," https://coinness.com/news/934848/quote, 2021.4.6.

Archetype, "IN CONVERSATION WITH: RAC," https://archetype.mirror.xyz/NSfrT8R9OGKBmRTwBRXdn9cIhWO_qN_sDJlAFcO6qvk, 2024.4.10.

Bankless DAO, "Decentralized Arts: WHALE Members Decentralizes NFT Collecting," https://banklessdao.substack.com/p/whale-members-decentralizes-nft-collecting, 2022.11.9.

Billboard, "RAC Launches Platform for Holders Of His Social Token," https://www.billboard.com/pro/rac-nfts-social-token-platform-racos-web3/, 2022.10.2.

Blockpit, "Tokenomics: What you need to know to make better investment decisions," https://www.blockpit.io/blog/tokenomics, 2024.1.26.

Charlesrussellspeechlys, "Social Tokens: What are the regulatory challenges in the UK?" https://www.charlesrussellspeechlys.com/en/insights/expert-insights/commercial/2022/what-are-social-tokens-and-what-are-the-regulatorychallenges-in-the-uk/, 2022. 1. 13.

Coinranking, "Social Token," https://coinranking.com/coins/social, 2024. 2. 23. (검색일).

Cryptonews, "Award-winning DJ RAC Spins Crypto Tune with His Own Ethereum Token," https://cryptonews.com/news/award-winning-dj-rac-spins-crypto-tune-with-his-own-ethereum-7885.htm, 2023. 6. 26.

Datawallet, "What are Social Tokens?" https://www.datawallet.com/crypto/what-are-social-tokens, 2023. 8. 21.

Decrypt, "Musician RAC's NFT Fan Pass Is 'About Belonging to Something'," https://decrypt.co/139981/musician-racs-nft-fan-pass-about-belonging-something, 2023. 5. 13.

Decrypt, "Roll Upgrades Ethereum Social Token Platform With Memberships, Staking," https://decrypt.co/109234/roll-upgrades-ethereum-social-token-platform-memberships-staking, 2022. 9. 8.

Ethereum-ecosystem, "Roll: Overview, Reviews, Related Apps & FAQs," https://www.ethereum-ecosystem.com/apps/roll, 2024. 5. 21.

Gate, "What is Social Token?," https://www.gate.io/learn/articles/what-is-a-social-token/185, 2023. 1. 23.

Gemini, "WHALE: The First Social Token Backed By NFTs," https://www.gemini.com/cryptopedia/whale-crypto-nft-market-whale-token-the-vault#section-whale-cryptoeconomics-and-distribution-model, 2022. 2. 2.

Letterstoweb3, "4 Platforms to Launch Your Social Token in 2022," https://letterstoweb3.substack.com/p/4-platforms-to-launch-your-social, 2022. 7. 29.

Long Hash Ventures, "Social Token Economics," https://longhashvc.medium.com/social-token-economics-cdf1010c1b56, 2022. 1. 7.

M. Z. Song, "Business Model Types of Web3.0 Social Token Shaped by Tokenomics," International Journal of Advanced Smart Convergence Vol. 13, No. 3, pp. 156-

169, September 2024.

Martech Series, "Roll Releases Social Token Membership and Staking Tools to Expand the Creator Economy,"https://martechseries.com/technology/roll-releases-social-token-membership-and-staking-tools-to-expand-the-creator-economy/, 2022. 9. 8.

Medium, "The Rally Sidechain is Dead," https://medium.com/coinmonks/the-rally-sidechain-is-dead-31f97b70276e, 2023. 2. 4.

Medium, "Unveiling the Dynamics: How Tokenomics Shapes the Future of Social Markets," https://edu3labs.medium.com/unveiling-the-dynamics-how-tokenomics-shapes-the-future-of-social-markets-91475539a233, 2023. 10. 23.

Musically, "RAC launches NFT-powered "Cult Pass" for long-term fans," https://musically.com/2023/05/05/rac-launches-nft-powered-cult-pass-for-long-term-fans/, 2023. 5. 5.

NFT plazas, "Music Related DAOs - What's Out There?" https://nftplazas.com/music-related-daos/, 2023. 1. 4.

Pixelplex, "What Are Social Tokens and How Can Your Business Use Them?" https://pixelplex.io/blog/what-are-social-tokens/, 2022. 11. 30.

PR Newswire, "Roll releases social token membership and staking tools to expand the creator economy," https://www.prnewswire.com/news-releases/roll-releases-social-token-membership-and-staking-tools-to-expand-the-creator-economy-301620055.html, 2022. 9. 8.

Product Hunt, "A beginner's guide to social tokens," https://www.producthunt.com/stories/a-beginner-s-guide-to-social-tokens, 2022. 3. 9.

RBritton, "Roll social tokens," Magazine, https://www.blurb.com/b/11971597, 2024. 4. 6.

Rocknblock, "Tokenomics decoded: Key Components Explained," https://rocknblock.io/blog/tokenomics-decoded-key-components-explained, 2024. 2. 17.

Roll blog, "Roll Releases Social Token Memberships and Staking Tools," https://tryroll.com/announce-memberships-and-staking/, 2022.9.8.

Roll blog, "What is Roll?" https://tryroll.com/what-is-roll/, 2024.2.26. (검색일).

Superbcrew, "Roll Is Social Token Infrastructure For The Creator Economy," https://www.superbcrew.com/roll-is-social-token-infrastructure-for-the-creator-economy/, 2022.9.13.

Techopedia, "Tokenomics," https://www.techopedia.com/definition/tokenomics, 2024.1.15.

Techcrunch, "Roll still doesn't know how its hot wallet was hacked," https://techcrunch.com/2021/03/23/roll-still-doesnt-know-how-its-hot-wallet-was-hacked/?guccounter=1&guce_referrer=aHR0cHM6Ly93d3cuZ29vZ2xlLmNvbS88&guce_referrer_sig=AQAAAHbTUW874yYeNVfMSfbSrEIp-rZ08koXvV3BIGCgCVk-B0R6daUBLSux1QHa3ecUj8MH7tsrgwLUQXXGr4L_2wQz28e8gY6eShSV1LnA_ZpdJYysnOKE1FTpYaj_LzkN52Pc7ttPwDV7oZ47qOnyAN1EY1CPRUO3_Fo7dCCEBfpW, 2021.3.23.

Tracxn, "Top Decentralized Social Networks Startups," https://tracxn.com/d/trending-themes/startups-in-decentralized-social-networks/__Ga1c-HXxn0Nrh5pnHEpcGsNbVdkNiYa30eNpMPsGs-s, 2024.1.10.

Worldcoin, "What are Social Tokens, and why are Influencers using them?" https://worldcoin.org/articles/what-are-social-tokens, 2023.9.4.

ZenLedger, "The Emergence of Personal Tokens & Their Impact," https://www.zenledger.io/blog/the-emergence-of-personal-tokens-their-impact/, 2024.2.13.

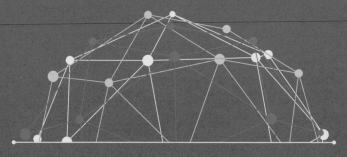

WEB3.0 MEDIA BUSINESS

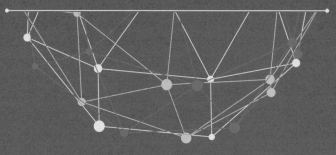

웹3.0 특성별로 본
인프라의 진화

웹3.0 특성별로 본 인프라의 진화

웹3.0 인프라 개념과 진화 패러다임

기술 진화의 역사를 되짚어보면 모두 서비스가 인프라를 발전시키는 구조로 발전하였다. 1882년 발명된 전력 공급망 이전에 전구는 3년 빠른 1879년에 발명되었다. 단순히 하나의 전구를 위해서 전력 공급망이 필요하지 않았지만, 많은 사람들이 전구를 필요로 하게 되면서 전력 공급망이 발명되었던 것이다. 비행기와 공항도 마찬가지이다. 비행기는 1903년에, 공항은 1919년에 시작되었다. 아래 **[그림 1]**에서 보듯이, 인터넷도 이와 유사하다. 웹1.0 에서는 메시징(1970년)과 이메일(1972년)이라는 첫 번째 웹사이트에서 시작해 이들을 광범위하게 채택할 수 있게 하는 인프라로 이더넷(Ethernet, 1973년), TCP/IP(Transmission Control Protocol/Internet Protocol, 1973년), 인터넷서비스제공업체(Internet Service Provider; ISP, 1974년)가 등장한다. 또한, 웹 포털(1990년 Prodigy, 1991년 AOL) 사이트가 인프라(1990년대 초반 검색 엔진 및 웹 브라우저)를 구축하도록 하였고, 1994년 아마존닷컴(Amazon.com)은 웹사이트들의 구축이 더 쉽게 구축할 수 있게 하는 프로그래밍 언어(1994년 PHP; Personal Home Page, 1995년 자바스크립트; Java Script) 같은 인프라 구축 단계로 이어진다. 이후에 냅스터(Napster, 1999년), 판도라(Pandora, 2000년), 지메일(Gmail, 2004년), 페이스북(Facebook, 2004년) 같은 더 복잡한 웹사이트들을 더 쉽게 구축할 수 있게 하는 인프라가 등장한다(2004년 NGINX, 2006년 AWS 등).

[그림 1] 웹1.0 시대 웹사이트와 인프라의 등장

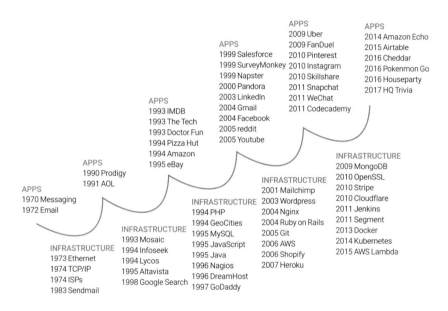

출처: Grand and Grossman, 2018.10.1.

아래 **[그림 2]**에서 보면, 이러한 패턴은 모바일 앱이 활약하는 웹2.0 인터넷에서도 그대로 나타난다. 처음에는 스트리밍 동영상에 크게 의존하는 인기 모바일 앱 제품군으로 스냅챗(Snapchat, 2011년), 페리스코프(Periscope,

2014년), 미어캣(Meerkat, 2015년), 인스타그램스토리즈(Instagram Stories, 2016년)가 있었고, 이어 모바일 앱이 동영상을 쉽게 추가할 수 있는 인프라를 구축하는 기업들로 지에고(Ziggeo, 2014년), 아고라(Agora.io, 2014년), 먹스(Mux, 2017년), 트윌리오비디오API(Twilio Video API, 2017년), 클라우드플레어스트림(Cloudflare Stream, 2018년) 등이 등장함을 보게 된다.

[그림 2] 웹2.0 시대 모바일 앱과 인프라 등장

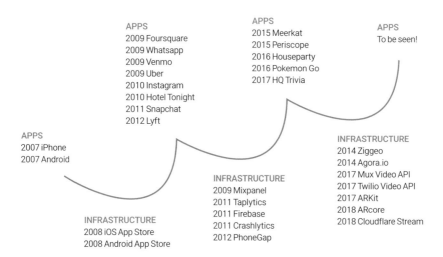

출처: Grand and Grossman, 2018.10.1.

이러한 패턴은 웹3.0 시대에도 크게 다르지 않을 전망이다. 비트코인(BTC, 2008년)이 웹3.0의 첫 번째 인프라인 비트코인 네트워크 상에 생겨나면서 가장 악명 높은 초기 암호화폐 앱으로 실크로드(CILKROAD: Crypto+Silkroad, 2011년)가 등장한다. 이는 다시 앱을 보다 쉽게 구축할 수 있게 도와주는 사이드체인(Sidechains)과 드라이브체인(Drivechain, 2015년)이라는 새로운 인프라를 등장하게 한다. 이어 이더리움 스마트계약과 ERC-

20(2015년), 라이트닝(Lightning, 2015년) 같은 새로운 인프라가 등장하더니, 웹3.0 이용자가 이러한 새로운 앱 및 DApp들을 보다 편리하게 채택할 수 있게 도와주는 코인베이스(Coinbase, 2012년) 및 메타마스크(Metamask, 2016년) 같은 지갑 인프라가 등장한다. 이들 새로운 인프라는 다시 다음 앱의 새로운 시작을 가능하게 한다. 2017년 크립토키티(CryptoKitties) 같은 이더리움 ERC-721 토큰 방식의 DApp들은 또 다시 새로운 인프라에 영감을 주어 이더리움 노드 인프라인 인퓨라(Infura, 2016년)와 웹3제이에스(Web3js) 및 제플린(Zeppelin, 2017년) 등을 탄생시키게 되고, 이러한 인프라의 다음 물결은 지금도 계속되고 있다.

이렇게 웹1.0, 웹2.0에서 웹사이트와 앱이 먼저 탄생하고 인프라가 구축된 것과 같이 초기 웹3.0에서도 유사한 단계를 밟는다. 2020년 DeFi 붐이 일더니 2021년 NFT 붐으로 이어지게 되면서 웹3.0시대에 한 발짝씩 다가가는 것처럼 보인다. 하지만, 현재의 실제 사례들 모두 사실상 앱 서비스 레이어의 발전을 나타내며, 이를 받쳐줄 인프라는 아직은 미흡한 상황이다. 많은 사용자들이 이미 웹 브라우저 확장 프로그램인 플러그인 방식의 메타마스크를 사용하지만, 각 트랜잭션 처리를 위해 계약을 직접 승인해야 하는 번거로움을 가지며, 블록체인 인프라 자체의 단점들도 완전히 극복되지 못한 상황이다.

이에 새로운 웹3.0 DApp 비즈니스를 지원하기 위한 다양한 인프라들이 등장하고 있다. 앞으로도 지속될 것이지만, 현재 시점에서는 주로 웹3.0의 상호운용성과 개방성을 가져다줄 프로토콜 레이어 위주이다. 예컨대 이더리움의 단점을 보완하고 저렴한 가스비와 빠른 속도를 위해 폴리곤(Polygon), 아비트럼(Arbitrum) 등의 이더리움 레이어2(Layer 2) 확장 솔루션이나 솔라나(Solana), 아발란체(Avalanche) 등 이더리움의 대안인 레이어 1(Layer 1) 블록체인에 대한 관심이 높다. 또한, 블록체인의 오프체인과 온체인 데이터를 담당하는 체인링크(Chainlink), 밴드 프로토콜(Band Protocol), 그래프(The Graph), API3 등 미들웨어, 그리고 데이터 분산 저장 프로토콜인 IPFS나 아르위브(Arweave)도 주목받고 있다.

그 외에도 블록체인의 최대 난제로 꼽히고 있는 거래 순서를 추가, 제외, 재정렬해 채굴자(Miner)나 검증인(Validator)이 블록 보상 및 거래 수수료 외 블록 생산에서 획득할 수 있는 최대 가치(Maximal Extractable Value; MEV)의 재분배를 위한 이덴 네트워크(Eden Network)가, 스마트계약 자동화 툴인 젤라토(Gelato)가, 스테이킹 유동화 프로토콜인 리도(Lido)가 등장했다. 이처럼 웹3.0 인프라 개선을 위한 다양한 솔루션들이 등장하고 있는 가운데, 여기서는 웹3.0 미디어 비즈니스를 촉진시킬 수 있는 세 가지 인프라에 대해 각각 웹3.0의 기본 특성인 탈중앙화, 데이터 소유권, 그리고 높은 신뢰성 측면에서 살펴보는 것이 의미 있다고 판단되어 각각에 대해 살펴보기로 한다.

"탈중앙화" 특성과 블록체인 인프라

2장에서 웹2.0 플랫폼 사업자에 대한 이용자 권한의 회복과 운영 투명성이라는 의미에서 "탈중앙화" 비즈니스 기회를 살펴보았으며, 탈중앙화 자율조직인 DAO의 시작이 되는 DeFi를 소개하였다. 다양한 DeFi 서비스들이 등장하였으며 여러 종류의 블록체인을 기반으로 서비스되고 있는 상황이다. 이는 곧 그 블록체인의 종류만큼 지갑을 각각 관리해야 하는 불편함을 의미하는 것이며, 이용자 경험 측면에서 큰 장애 요인이 아닐 수 없다. DeFi 비즈니스의 확장으로 여러 웹3.0 서비스가 등장한다 해도 서로 다른 블록체인 간 통신이 어렵다면, 이는 초기 웹1.0의 시행착오를 답습하는 것이기도 하다. 여러 독립 네트워크가 존재하지만, 디지털자산을 자유로이 교환하게 하는 상호운용성이 부족하다. 그 대안으로 가장 먼저 등장한 인프라가 바로 탈중앙화 의미가 퇴색한, 여전히 중개자를 통해야만 하는 멀티체인(Multichain)이다. 멀티체인에는 여전히 중개자가 존재하며, 이의 한계를 극복하기 위한 대안으로 다시 크로스체인(Crosschain)으로 진화하게 된다.

NFT 비즈니스에서는 이더리움이라는 특정 체인에 종속되므로 여러 프로젝트가 메인넷 선택을 고심하고, 프로젝트 출시 이후에 메인넷(Main-net)을 변경하는 사례가 발생한다. 게임파이(GameFi) 비즈니스에서는 체인 브릿지(Chain bridge)를 통한 유동성 공급이 활발하지만, 서로 다른 체인을 연결해주는 브릿지 관련 보안 문제가 대두된다. 이는 중앙화된 브릿지를 거쳐 자산이 이동하므로, 브릿지가 해킹의 단초로 악용될 수도 있기 때문이다.

"탈중앙화" 인프라를 지향하는 블록체인 생태계는 계속 진화하게 된다. 먼저 등장한 **멀티체인**은 여러 개 블록체인 네트워크가 하나의 연합 환경에서 연결된 기술로서 은행과 유사한 시스템을 가진다. 현재의 은행들은 각각 고유한 서비스와 규정을 가지면서 독립 운영된다. 예컨대, A은행 이용자가 B은행에서 대출을 받으려면 B은행에서 신규 계좌를 개설해야 하는데, 블록체인도 이와 마찬가지이다. 이러한 멀티체인은 네트워크를 병렬로 운영해 확장성을 높인다. 다양한 DApp이 각 블록체인 환경에 맞게 배포되기 때문에 혼잡과 지연을 줄이고 더 많은 거래를 처리할 수 있다. 즉, 각 블록체인은 고유한 합의 메커니즘과 기능을 제공해 다양한 DApp에 적합한 환경을 조성하게 된다. 예컨대, 고 처리량 체인은 빠른 거래 처리가 필요한 DApp에 적합하며, 보안에 중점을 둔 체인은 민감 데이터를 다루는 DApp에 유리하다. 또한, 멀티체인은 사용자가 다양한 DApp에 접근할 수 있게 한다. 그 외에도 멀티체인은 각 체인에 맞춰 DApp을 배포하기 때문에 사용자는 별도의 설정이나 복잡한 절차 없이 원활하게 다양한 서비스를 이용할 수 있다.

멀티체인 아키텍처를 활용하는 대표 플랫폼으로는 이더리움2.0(Eth2), 폴카닷(Polkadot), 코스모스(Cosmos)가 있다. 이더리움2.0은 이더리움 블록체인의 업그레이드로, 확장성, 보안, 지속 가능성을 개선하는 것을 목표로 비콘 체인(Beacon Chain)이라는 멀티체인 아키텍처를 도입한다. 비콘 체인은 네트워크의 중심에서 여러 샤드 체인(Shard chain)의 활동을 조율하고, 샤드 체인들은 병렬로 거래를 처리해 이더리움의 처리량을 크게 향상시키며, 기존 이더리움보다 높은 확장성을 제공하게 된다. 샤딩(Sharding)은 대규모 데이터 베이스를 빠르고 쉽게 관리할 수 있도록 작게 나누는 것을 의미하는데, 블록체인이라는 탈중앙화 데이터 베이스 위에서 데이터를 여러 개의 샤드로 나누어 관리함으로써 트랜잭션 처리 속도와 확장성 문제를 해결하는 것을 말한다.

폴카닷은 블록체인의 인터체인(Interchain) 프로젝트로, 기존 이더리움의 한계를 극복하려는 이더리움 창시자인 개빈우드(Gavin Wood)에 의해 시작된 것이다. 이는 서로 다른 블록체인 간의 상호운용성을 지원하는 멀티체인 블록체인 플랫폼을 말한다. 아래 [그림 3]에서 보면, **폴카닷**은 특히 상호운용성에 중점을 두기 때문에 중앙의 릴레이 체인(Relay Chain)과 패러체인(Parachain)으로 구성되어 있다. 릴레이체인은 메인 체인으로 폴카닷의 구성요소들을 연결하고 패러체인 간 보안과 통신을 지원하는 역할을 한다. 패러체인들은 특정 DApp에 맞게 맞춤화할 수 있게 되어 있다.

[그림 3] 폴카닷의 멀티체인 구조

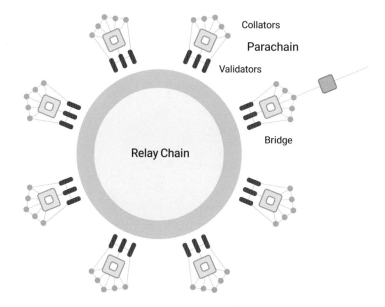

코스모스(Cosmos)도 폴카닷처럼 여러 독립된 블록체인을 연결해 상호
운용성과 확장성을 제공하는 탈중앙화 네트워크를 목표로 한다. 아래 [그림
4]에서 보면, **코스모스**의 생태계 중심에는 코스모스 허브(Cosmos Hub)가 있
다. 이 허브는 독립 블록체인인 존(Zone)을 연결하는 역할을 한다. 각 존은 독
립적인 검증자, 합의 메커니즘, 거버넌스 구조를 갖추고 있다. 코스모스는 인
터블록체인 통신(Inter-Blockchain Communication; IBC: 독립된 블록체인 존끼리
통신할 수 있도록 만들어진 프로토콜) 프로토콜을 통해 서로 다른 존 간에 신뢰할
수 있는 데이터 및 자산 교환을 가능하게 한다.

[그림 4] 코스모스의 멀티체인 구조

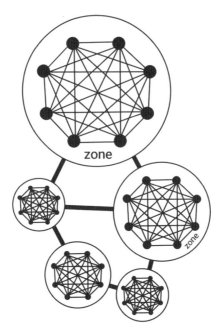

출처: 코스모스; 송민정, 2023.4.12. 재인용.

한편, 이러한 멀티체인 구조에서는 DApp이 여러 체인에 분리되어 배포되므로 유동성이 그만큼 분산된다는 한계점을 가지게 된다. 이때문에 특정 체인에서는 충분한 유동성을 확보하지 못해 거래 슬리피지(Slippage)가 발생하거나, 최적의 수익률을 제공하지 못할 수도 있다. 슬리피지란 주문이 체결될 것이라고 예상한 가격과 실행된 가격의 차이가 발생하는 것을 뜻한다. 즉, 트레이더가 원래 의도했던 가격과 다른 가격으로 자산을 매수 또는 매도할 만큼 암호자산 시장은 빠르게 움직이는데, 주문이 들어갈 때와 주문이 실제로 체결될 때의 사이에 상황이 바뀌어 트레이더가 다른 가격에서 거래를 할 수도 있다.

개발자 측면에서도 신규 블록체인에 DApp을 배포할 때마다 해당 체인의 기술적 요구 사항에 맞춰 코드를 수정하고 보안을 유지해야 하기 때문에 개발과 유지보수에 많은 자원이 소모될 수 있다. 또한 각 체인이 독립적으로 운영되기 때문에 네트워크 간에 일관된 데이터와 상태를 유지하기도 어렵다. 예를 들어, 도메인 이름 시스템(Domain Name System; DNS) 같이 글로벌 상태가 필요한 DApp은 여러 체인에 동일한 이름을 등록할 경우 중복 문제가 발생한다.

이처럼 멀티체인 구조에서는 사용자에게 더 많은 선택권을 제공한다는 장점이 있지만, 각 블록체인에 대한 별도의 설정이 필요해 새로운 네트워크에 접속할 때마다 지갑 설정을 변경하거나 가스 토큰을 확보해야 하는 등의 복잡한 절차가 필요하다. 이러한 복잡성은 블록체인 인프라의 범용화를 저해하는 요인이 된다. 아래 **[표 1]**은 이러한 멀티체인과 이의 대안으로 진화한 크로스체인을 비교하고 있다. **멀티체인**은 여러 블록체인을 병렬로 운영해 확장성을 높였다는 장점에도 불구하고 상호운용성의 한계를 가지기 때문에, 이에 부상한 기술이 크로스체인이다. **크로스체인**은 다양한 블록체인 네트워크 간 자산과 데이터를 자유롭게 이동할 수 있도록 지원하며, 블록체인 간 연결을 더욱 강화한다. 이를 금융 시스템에 비유하면 A은행의 계좌로 직접 B은행의 대출을 신청하거나 송금할 수 있는 것과 유사하다. 이 과정에서 두 은행은 실시간으로 정보를 동기화해 원활한 거래가 가능하도록 한다.

[표 1] 멀티체인과 크로스체인 비교

특징	멀티체인(Multi-Chain)	크로스 체인(Cross-Chain)
정의	독립된 여러 블록체인들이 제한된 규칙 아래 상호작용	서로 다른 블록체인 간 자산과 데이터를 원활하게 교환
자율성	높은 자율성: 각 체인이 독립된 거버넌스와 합의 메커니즘 운영	낮은 자율성: 연결된 체인들이 공유된 프로토콜과 스마트계약에 의존
확장성	새로운 체인 추가로 확장 가능하나 통합 복잡성 존재	체인 간 원활한 상호작용으로 자연스러운 확장
보안성	개별 체인들이 독립 운영되며 높은 보안성 제공	네트워크 간 연결로 인해 보안 취약성 발생 가능
비용 효율성	체인마다 스마트계약과 앱을 중복 배포해야 함	단일 스마트계약으로 여러 체인과 통합 가능해 비용 절감
상호 운용성	제한적: 체인 간 연결을 위해 별도 브리지 필요	높은 상호운용성: 여러 체인이 자연스럽게 상호작용 가능

출처: 블록미디어, 2024.10.27.

크로스체인도 멀티체인처럼 네트워크 확장을 목표로 하지만 그 작동 방식은 아주 다르다. 즉, 크로스체인 기술은 락앤민트(Lock and Mint)방식과 유동성 네트워크(Liquidity Networks) 방식을 활용한다. 먼저, 락앤민트 방식은 원본 체인에 자산을 잠그고, 다른 체인에 포장된 토큰(Wrapped token; 랩드 토큰)을 발행한다. 즉, 랩드 토큰은 다른 자산의 가치에 페깅된(Pegged) 토큰이다. 예컨대, 이더리움을 폴리곤으로 전송할 때 이더리움 체인에 자산을 잠그고, 폴리곤에서는 랩드 이더리움 토큰(WETH)을 발행해 거래를 처리하는 경우이다. 다른 예로 랩드 비트코인(WBTC)은 비트코인을 이더리움 블록체인에서 사용할 수 있도록 만들어진 ERC-20 토큰을 말한다. 한편, 유동성 네트워크 방식은 송신 체인과 수신 체인에 미리 유동성 풀이 마련되어 있어서 별도의 랩드 토큰 없이도 자산을 전송하므로 빠르고 효율적인 자산 이동이 가능하다.

이처럼 멀티체인에 비해 사용자 경험을 더 개선하고, 더 많은 거래량을 처리하며 네트워크 성능의 저하 없이도 사용자 수요에 대응하는 **크로스체인 기술**은 DeFi, 탈중앙화거래소(DEX), NFT, 공급망 관리 등 다양한 분야에서 협업과 효율성을 높이며 새로운 가능성을 열기 시작했다. 그 대표 사례들을 살펴보자. 먼저, **체인링크(Chainlink)**는 다양한 블록체인 간 메시지 전송과 토큰 이동을 지원하는 크로스체인 상호운용성 프로토콜(Cross-Chain Interoperability Protocol; CCIP)을 개발해 개발자로 하여금 복잡한 코드를 줄이고 효율적인 크로스체인 디앱(xDApp)을 구축할 수 있게 한다.

크로스체인 DApp 구축을 지원하는 범용 프로토콜인 **웜홀(Wormhole)**은 가디언 네트워크를 통해 원본 체인의 메시지를 검증하고 대상 체인에 안전하게 전달함으로써 사용자로 하여금 특정 체인에 국한되지 않고 다양한 DApp을 이용할 수 있게 한다.

오프체인과 온체인을 결합한 메시징 프로토콜인 **레이어제로(LayerZero)**는 울트라-라이트 노드(Ultra-light Node; ULN)라는 스마트계약을 통해 메시지를 효율적으로 전달하며, 필요한 경우에만 메시지 전달을 활성화하는 방식으로 비용과 자원을 절감하게 한다.

개발자 맞춤형 메시징 솔루션인 **아발란체 워프 메시징(Avalanche Warp Messaging; AWM)**은 개발자로 하여금 고유한 메시지 규격을 정의해 DApp 간 통신을 구성하도록 지원하며, BLS(Boneh-Lynn-Shacham: 사용자가 서명자가 진짜인지 확인할 수 있도록 해주는 암호화 서명체계) 디지털 서명을 통해 메시지 보안을 보장하고, 아발란체 네트워크에서 강력한 DApp을 구축할 수 있도록 돕는다.

일반 메시지 전달로 네트워크 연결성을 확대한 **악셀라(Axelar)**는 일반 메시지 패싱(General Message Passing) 프로토콜을 통해 여러 블록체인을 연결한다. 그 외에도 상호 운용을 가능하게 한 '크로스체인 탈중앙화 거래소(DEX)'로 **유니스왑(Uniswap)v3** 같은 플랫폼이 있다. 이는 신뢰 기반 없는 비수탁 거래를 지원해 중개자 없이 암호화폐를 교환할 수 있게 한다. 유니스왑 v3은 유동성, 가격 발견, 접근성을 높여 트레이더와 투자자, DeFi 사용자에게 더 많은 기회를 제공하며, 보다 탈중앙화된 금융 생태계를 조성하는 데 기여하게 된다.

이처럼 다양하게 발전한 크로스체인들은 네트워크 간 단절을 줄이고 새로운 비즈니스 모델을 창출하고 있으나, 여전히 한계점들을 갖고 있다. 먼저, 블록체인마다 합의 알고리즘, 보안 방식, 프로그래밍 언어가 달라 상호운용성 솔루션 개발에 어려움이 있다. 예를 들어, 이더리움의 솔리디티(Solidity: 이더리움 블록체인 플랫폼에서 스마트계약을 작성하기 위한 프로그래밍 언어)와 앞서 설명한 코스모스의 IBC 프로토콜 간 상호작용을 위해서는 별도의 브리징 솔루션이 필요하게 된다. 이는 개발 시간과 비용을 증가시키며, 유지보수도 복잡하다.

네트워크 간 연결이 증가할수록 해킹 위험도 커진다. 2022년 로닌 네트워크(Ronin Network) 해킹 사건에서 6억 2500만 달러의 손실이 발생해 크로스체인 브리지의 보안 취약점이 부각된 바 있다. 이는 네트워크 간 통합이 늘어날수록 새로운 공격 벡터(Vector)가 생겨날 위험이 있기 때문이다. 그 외에도 각 블록체인이 고유의 거버넌스 모델로 운영되기 때문에 상호운용성 솔루션 도입 시 네트워크 간 이해관계 충돌이 발생하며, 이는 체인 간 협력을 어렵게 하고, 상호운용성 효과를 제한한다.

결론적으로, 블록체인 프로토콜들은 마치 웹2.0의 스마트폰 OS처럼 DApp을 구축하고 실행하는 데 필요한 내장 도구와 화폐 수단을 개발자들에게 제공하여 DApp 개발 생태계를 촉진하고 확산하는 것을 목표로 삼는다. 이에 블록체인 프로토콜들은 속도, 보안, 기능 면에서 상호 연결하는 프로토콜을 지속적으로 필요로 하게 된다. 상호운용성의 장점이 수수료를 줄이고 디지털자산 전송의 복잡성을 줄이며 탈중앙화된 인터넷 이용을 촉진하는 것이기 때문이다. 멀티체인과 크로스체인은 각기 다른 목적을 가진 상호 보완적 기술로서 체인 생태계를 이끌고 있음은 분명하다. 멀티체인은 보안과 자율성이 중요한 환경에서 활용되며, 특정 산업에 특화된 기능을 제공한다. 이에 반해, 크로스체인은 유연한 확장과 상호작용이 필요한 경우에 강점을 발휘하며, 다양한 블록체인을 연결해 더 큰 생태계를 조성하고 있다.

"데이터 소유권" 특성과 쿼리 인프라

웹3.0 특성으로 3장에서 "데이터 소유권"에 대해 논의하였고, 수익 실현을 위한 디지털자산의 토큰화와 토큰 비즈니스에 대해 설명하였다. 이를 위해 소유자는 데이터 주권 증명을 필요로 하며, 이와 함께 데이터에 대한 접근성이 요구된다. 블록체인의 탈중앙화 특성이 산업 혁신의 기초가 되고 있지만, 실제로 데이터 소유권을 개인에게 환원해 각 개인의 '데이터 주권(Data Sovereignty)'을 확립하겠다는 제공 가치를 실현하기에는 아직 많은 기술적 어려움들이 있다. 실제로 블록체인 기술만으로 진정한 의미의 데이터 주권을 실현하는 데 한계가 있는데, 그 이유는 블록체인이 단순히 탈중앙화 데이터

베이스 기능만 갖추고 있어서 개발자들이 이를 활용해 DApp을 개발하기가 어렵기 때문이다.

다시 말해, 블록체인의 '기술적 접근성(Technical Accessibility)'이 매우 낮아, 특히 탈중앙화된 데이터 수집, 처리, 활용에 어려움이 크다. 그 이유들을 살펴보면, 먼저 블록체인 데이터는 사람이 읽기 어려운 데이터라는 점이다. 데이터가 바이트코드(Bytecode) 형태로 이루어져 있어 가공될 필요가 있다. 아래 [그림 5]에서 보면, NFT 전송에 대한 트랜잭션 데이터가 바이트코드로 구성되어 있다. 이를 사람이 읽을 수 있는 언어로 해석하기 위해서는 계약 ABI(Contract Application Binary Interface; Contract ABI)를 통해 바이트코드 디코딩 작업이 필요하다. 공개 데이터에 접근하고 이를 해석, 활용하기 위해 보조적 수단이 요구되는 것이다.

[그림 5] 사람이 읽기 어려운 블록체인 데이터

Raw Transaction Data

Decoded Transaction Data

Address A   Address B

출처: 타이거 리서치, 2024.6.8.

두번째 이유는 파편화된 데이터라는 점이다. 블록체인 데이터 자체만으로 유의미한 정보를 도출하기 어려워 파편화된 데이터를 수집, 조합하는 탐색 과정이 필요하다. 아래 [그림 6]에서 보듯이, DEX 거래 내역을 확인하기 위해 트랜잭션 데이터를 수집하고 DEX 관련 스마트계약, 토큰 가격 등 다양한 데이터의 조합을 통해 DEX 거래 정보를 얻을 수 있다. 이처럼 블록체인 데이터에서 유의미한 정보를 도출하기 위해서는 별도의 추가적인 작업들이 필수적인 것이다.

[그림 6] 파편화된 블록체인 데이터 사례

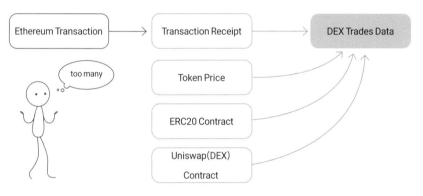

출처: 타이거리서치, 2024.6.8.

마지막 세번째 이유는 블록체인 데이터의 양이 방대하다는 점이다. 필요한 데이터를 추출, 변환, 적재하는 작업은 많은 시간과 비용을 소모하는 데다가 각 체인별로 모든 블록 상태를 보관하는 아카이브 노드(Archive Node)의 크기가 시간이 지남에 따라 계속 커지게 된다. 일례로 2014년의 솔라나(Solana) 경우에 약 100TB에 달한다. 또한, 각 체인별로 하루에 백만 건 이상 트랜잭션이 발생하며, 방대한 데이터를 저장, 처리하려면 막대한 자원이 필요하다.

이처럼 접근성이 사실상 매우 낮은 블록체인 데이터의 한계를 우선은 애플리케이션 프로그래밍 인터페이스(Application programming interface; API: 응용 프로그램 프로그래밍 인터페이스)를 통해 해결하려는 방향으로 인프라가 먼저 발전하기 시작한다. 앞서 언급한 2017년에 설립된 크로스체인 인프라로 알려진 **체인링크(Chainlink)**는 서로 다른 블록체인을 상호 연결해주는 크로스체인 상호운용 프로토콜인 CCIP를 제공함과 동시에 블록체인의 오프체인과 온체인 데이터를 연결해 현실세계 데이터를 웹3.0에 전달하고, 탈중앙화 시스템 연동을 통해 외부 시스템의 API를 호출해주는 오라클(Oracle) 기술을 함께 제공하기 시작한다. 오라클은 관계형 데이터베이스의 한 종류로 검색에 용이하도록 일정한 기준에 맞춰 자료를 분류하여 정리해 놓은 자료의 집합을 말한다.

밴드 프로토콜(Band Protocol)도 실제 데이터와 API를 스마트계약에 통합하고 연결하는 크로스체인 데이터 탈중앙화 오라클 플랫폼이다. 즉, API를 스마트계약에 연결한 후 온체인과 오프체인 간 데이터 교환을 가능하게 한다. 이 플랫폼 사용자는 DApp이나 디지털자산에 대한 평판 점수의 온체인 네트워크를 구축할 수 있어서 **탈중앙화 플랫폼 간 데이터 교환이 가능**하게 된다. 2020년 시작된 **에이피아이쓰리(API3)**도 오라클 기술을 통해 다양한 API를 블록체인과 연결하는 것을 목표로 하여 탈중앙화 API(dAPI)를 구축하였다. 이를 사용하는 스마트계약 공급자는 타사 개입 없이 데이터를 온체인으로 가져올 수 있다.

또한, 블록체인 데이터의 접근성을 더욱 혁신한 **더그래프(The Graph)**는 블록체인 데이터에 더 쉽게 접근할 수 있도록 도와주는 블록체인 데이터 인덱싱(Indixing) 프로토콜이다. 인덱싱은 데이터베이스에서 원하는 정보를 빠르게 찾기 위해 데이터를 구조화된 형태로 잘 정리하는 과정을 뜻한다. 더그래프는 이 인덱싱 과정을 토대로 데이터 활용에 어려움을 겪는 개발자들로 하여금 데이터를 쉽게 사용할 수 있도록 도와주게 된다. 다시 말해, 더그래프는 블록체인 데이터의 '개방형 API(Open API)'를 통해 개발자들로 하여금 블록체인 기술에 대한 깊은 이해 없이도 빠르게 활용할 수 있도록 도와주는 프로토콜로서, 웹2.0 시대의 구글 역할을 하게 되는 것이다.

아래 [그림 7]의 예시에서 보듯이, 더그래프를 활용해 NFT 프로젝트인 '아즈키(Azuki)'의 NFT 소유 현황을 보여주는 서비스가 가능하다. 기존에는 직접 노드를 운영해 아즈키 NFT의 전송 기록 데이터를 수집하고 처리해야 했지만, 더그래프가 이 과정을 생략해 주고 있다. 즉, 더그래프의 여러 인덱싱 작업 참여자가 제공하는 데이터 명세서인 '서브 그래프(Sub Graph)'를 통해 잘 정리된 데이터를 가져와 서비스를 쉽게 구현할 수 있게 되는 것이다. 또한 데이터를 요청하고 응답하는 과정에서 기존 웹2.0 개발자에게 친숙한 API 표준인 '그래프큐엘(GraphQL)'을 기반으로 운영되고 있어 더욱 편리하게 활용 가능하다.

[그림 7] '아즈키(Azuki)'의 NFT 소유 예시

출처: The Graph Explorer; 타이거 리서치, 2024.6.8. 재인용.

블록체인에서 스마트계약의 특정한 상황이 발생하는 경우 이벤트를 발생하도록 되어 있기 때문에 프론트엔드가 이 변화를 파악하기 위해서는 개별 스마트계약의 이벤트를 감시해야 하는데, 현실적으로 이 방식은 개별 클라이언트의 복잡도를 높일 수 있어서 실제 데이터에 접근하기 위한 쿼리 서비스를 사용하는 것이 대안이 된다. 마치 구글의 빅쿼리(BigQuery)가 그랬던 것처럼 더그래프가 블록체인 쿼리 서비스 제공자로 진화하는 모습을 잘 보여주고 있다.

"높은 신뢰성" 특성과 스토리지 인프라

웹3.0의 기본 특성으로 보안성을 포함한 "높은 신뢰성"에 대해 4장에서 논의하였고, 중앙 서버가 없는 데이터 분산 저장이 주는 비즈니스 기회로 DApp을 설명했으며, 그 시작이 되는 암호화폐 지갑 비즈니스 기회에 대해 탐색하였다. 이러한 기회가 더욱 확장되려면 분산 스토리지 인프라의 진화가 요구된다. 이미 웹2.0 시대를 지내는 동안에도 데이터 양과 종류가 기하급수적으로 증가했고, 기존의 데이터 저장 방식으로는 모든 데이터를 수용하기 어려워지면서, 데이터 저장 인프라에 변화가 일어나기 시작했다. 특히 인공지능(AI) 기술 발전으로 인해 데이터 양이 기하급수적으로 증가해, 한 곳에서 모든 데이터를 보관하고 처리하는 것이 더욱 어려워졌고, 예상치 못한 상황이 발생해도 지속적 서비스 운영에 피해가 없도록 하기 위해 분산형의 데이터 저장에 관심을 갖기 시작한 것이다.

웹3.0 시대에도 데이터 양은 계속 증가할 것이다. 앞서 8장에서 스트리밍 미디어 비즈니스로 웹3.0 콘텐츠 전송 비즈니스를 설계한 라이브피어(Livepeer)에 대해 소개한 바 있다. 동영상을 웹상에 전송할 때 필요한 모든 인프라를 종합적으로 제공하는 라이브피어의 분산 저장 기술을 사용하면 기존 CDN 대비 비용을 최대 50배까지 절감하게 된다. 분산형 스토리지 기술은 하나의 데이터를 여러 조각으로 분할한 뒤 각 조각을 물리적, 지역적으로 떨어진 개별 스토리지에 분산 저장해 장애 발생 시 가용성을 제공하고 데이터를 분산 저장하는 것이다. 또한, 기업 내 클라우드 사용이 점차 늘면서 여러 개 클라우드를 묶어 하나의 스토리지를 사용하는 분산형 클라우드 기술도 함께 발전하고 있다.

현재 스토리지 시장에서 독보적 위치를 차지하는 AWS가 대표적인 중앙화 스토리지인데, 이와 구별되는 탈중앙화된 데이터 스토리지(Decentralized data storage)인 분산형 스토리지는 마치 개인이 자신의 집에서 개인 소지품의 소유권을 유지하는 동시에 상호 지원을 통해 공동 보안을 보장하는 분산형 시스템을 말한다. 중앙집중형 스토리지의 접근성과 편의성은 여전히 뛰어나지만, 사용자들은 소중한 데이터를 공개하여 개인정보 보호, 보안 및 민감한 정보의 취약성에 대한 우려를 불러일으키고 있는 현실에서 분산형 스토리지는 P2P 네트워크를 활용해 수많은 노드에 데이터를 분산하고 저장하게 한다.

아래 [그림 8]은 분산원장 기술(DLT) 기반의 스토리지 구성도이다. 먼저, 데이터 샤딩(Data sharding) 기술을 통해 데이터가 작은 조각으로 분할되면, 이 조각들은 개인이 소유한 노드인 컴퓨터 네트워크에 분산 저장되는 방식을 통해 잠재적 중단이나 장애가 발생해도 데이터를 안전하고 쉽게 접속할 수 있도록 보장한다. 저장 공간과 대역폭을 제공하는 역할을 담당하는 노드들은 마치 서로 연결된 퍼즐 조각처럼 조화롭게 작동해 서로의 데이터를 저장하고 검색하면서 네트워크 내에서 놀라운 협업과 효율성을 보여주게 된다.

[그림 8] 분산원장 기술(DLT) 기반 스토리지

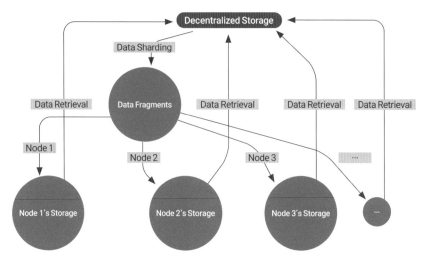

출처: Coinlive, 2023.10.10.

이러한 분산형 스토리지는 참여자 간의 투명성, 보안성, 신뢰성을 증진하며, 데이터 저장 기능을 통해 거래와 정보를 안전하고 변경되지 않는 방식으로 기록할 수 있게 해준다. **분산형 스토리지**가 중앙집중형 스토리지와 차별되는 첫번째 **장점**은 **비용 효율성(Cost-efficiency)**이다. 분산형 스토리지는 중앙집중형 인프라 의존도를 최소화해 운영 비용을 절감하고 자원 집약적인 유지 관리 부담을 완화할 수 있는 잠재력을 가진다. 최적화된 자원 할당과 경쟁력 있는 가격 정책을 가진 비즈니스 모델을 개발하면 데이터 스토리지의 비용 효율성이 크게 향상될 수 있다.

두번째 장점은 **강화된 보안(Better security)**이다. 분산형 스토리지의 높은 데이터 보안 수준은 분산화 아키텍처의 결과이며, 획기적인 개발로 인해 여러 노드에 걸쳐 파편화되고 분산된 구조의 데이터가 점차 개선되어 단일 장애 지점 및 데이터 유출에 대한 취약성을 크게 줄일 수 있게 된다. 또한, 조각화 프로세스는 고급 암호화 프로토콜과 결합해 데이터 프라이버시를 더욱 강화하고 무단 접속으로부터 보호하는 데 중요한 역할을 한다.

세번째 **장점**은 **신뢰성(Reliability)**이다. 분산형 스토리지는 이중화 및 내결합성(Fault Tolerance: 하위 시스템 고장을 견디고 가용성을 유지하는 능력)을 수용해 신뢰성을 더욱 혁신적으로 개선한다. 데이터 관리 영역에서 다양한 노드에 데이터를 복제하고 배포하는 프로세스는 데이터 접근성과 무결성을 보호하는 데 중요한 역할을 한다. 이러한 접근 방식은 강력한 방어 메커니즘으로 작용해 네트워크에 하드웨어 장애나 중단이 발생해도 데이터가 지속될 수 있도록 한다. 또한, 여러 위치에서 데이터를 복제하면 중요한 정보를 잃어버릴 위험이 크게 줄어 사용자가 데이터의 가용성과 안정성을 신뢰할 수 있다.

네번째 **장점**은 **검열에 대한 저항(Resistance of censorship)**이다. 탈중앙화된 분산 저장 시스템은 검열과 외부 통제를 견딜 수 있어서 중앙화 저장 시스템과 차별된다. 단일 기관에 의한 데이터 조작이나 검열의 잠재적 위험을 해결하기 위해 분산형 네트워크 활용이라는 해결책이 등장했고, 이러한 시스템은 여러 노드에 데이터를 분산시켜 중앙집중형 제어의 취약성을 줄여준다.

마지막 다섯번째 **장점**은 **데이터 자유도(Data freedom)**이다. 분산형 스토리지는 사용자에게 이전에는 불가능했던 수준의 데이터 제어 권한을 부여한다. 데이터에 독점적 제약을 가하는 기존 시스템과 달리, 탈중앙화 시스템은 어떤 형태의 종속이나 제한 없이 정보의 원활한 이동과 접근을 우선시한다. 새로운 제어 기능은 데이터 이동성을 원활하게 할 뿐만 아니라 보다 적응력 있고 개인화된 데이터 관리 전략을 위한 가능성을 열어준다.

이처럼 분산형 스토리지는 "높은 신뢰성"의 특성을 가져 정보 기술 지형을 재편하고 있다. 하지만, 아직도 몇 가지 **해결해야 할 과제들**이 있다. 첫번째는 **사용자 경험**으로, 분산형 스토리지 시스템을 기존 앱에 통합하는 것이 필요하다. 즉, 다양한 시스템에서 데이터 마이그레이션, 검색 및 관리를 효과적으로 촉진하는 직관적이고 사용자 친화적 인터페이스를 개발하기 위해 노력해야 한다. 두번째는 **컴퓨팅 성능**으로, 분산형 스토리지는 데이터를 배포하고 검색하는 데 효율적이나 여전히 중앙집중형에 비해 컴퓨팅 능력이 부족하다. 세번째는 **확장성**으로, 이는 탈중앙화 특성의 영향을 받는다. 여러 노드에 데이터를 분산하면 일관되고 예측 가능한 성능 수준을 유지하는 데 문제가 발생할 수 있다. 지속적 모니터링, 최적화 및 인프라 개선이 필요한 네트워크 관리 영역에서 부하 분산의 균형을 달성하고 데이터 검색 속도를 향상시키며 수요 증가에 따른 시스템 응답성을 보장하는 것이 요구된다. 마지막은 **셀프 서비스 기능**으로, 분산형 네트워크에서 스토리지 리소스의 프로비저닝(Provisioning), 모니터링, 관리를 위한 사용자 친화적 도구를 통합하는 작업이 요구된다.

웹3.0에서는 스마트계약의 모든 코드와 데이터를 블록체인에 저장하는 것을 추구하는 것이 기본 철학이다. 하지만, 실제로 블록체인의 개별 블록에 데이터를 저장하는 것이 보안이나 비용 측면에서 적합하지 않다. 왜냐하면, 무엇보다도 블록체인 인프라 특성상 데이터에 새로운 내용을 추가하거나 수정하는 경우마다 높은 비용이 발생하기 때문이다. 이에 모든 데이터를 블록체인에 저장하기보다는 현재로서는 앞서 여러 번 언급한 **IPFS(InterPlanetary File System)** 같은 분산 저장 솔루션을 쓰는 것이 대안이 되고 있다. 하지만, 이 또한 여전히 데이터 가용성의 문제는 안고 있다.

가장 널리 활용되고 있는 IPFS는 분산 파일 시스템으로서 데이터를 P2P 네트워크상의 노드에 분산 저장할 수 있는 기능을 제공하며 어디서나 접근 가능하다는 특징을 가진다. 즉, 중앙화된 서버 없이 노드들의 P2P 통신으로 실현된 더 빠르고 안전한 열린 네트워크로서 몇몇 노드의 연결이 끊어지더라도 생태계가 안전하게 유지되며, 고용량 파일을 빠르고 효율적으로 전달할 수 있으며, 파일들의 중복을 알 수 있기 때문에 저장소도 효율적으로 사용할 수 있다. 한 예로 아래 **[그림 9]**는 **블록체인을 활용한 오디오 시그니처 및 음원 파일 저장방법**을 보여준다. IPFS에 해당 파일을 업로드하면, 해당 파일의 해시값이 산출되고, 해당 해시값을 블록체인에 저장하게 된다.

[그림 9] 블록체인을 활용한 오디오 시그니처 및 음원파일 저장방법

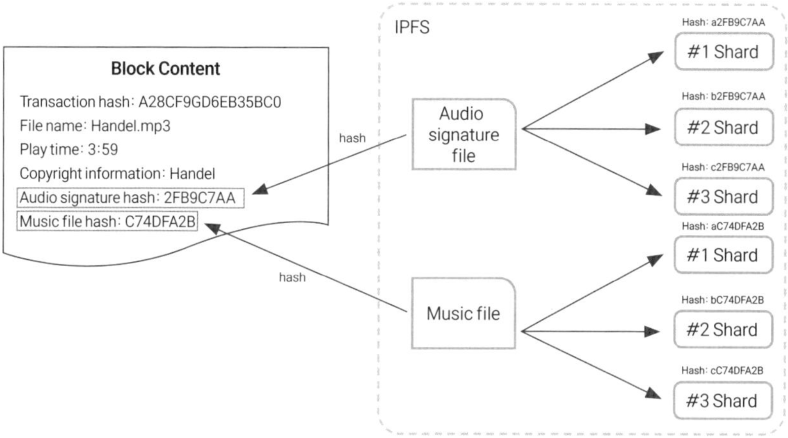

출처: 류혁근, 2024.10.10.

이러한 IPFS를 기반으로 동작하는 서비스 제공자들이 등장하고 있다. 파일코인(FileCoin), 스토르지(StorJ), 시아(Sia), 아르위브(Arweave) 등이 대표적인데, P2P 네트워크인 **파일코인(Filecoin)**에 대해 좀 더 살펴보고자 한다. IPFS를 활용해 사용자로 하여금 전 세계의 다양한 컴퓨터에서 저장 공간을 대여할 수 있게 하는 분산형 스토리지 네트워크 서비스 제공자인 파일코인은 블록체인을 사용해 저장 및 검색 트랜잭션을 기록하고 데이터가 안전하게 저장되었는지 확인한다. 파일코인은 저장 공간 제공자에게 줄 인센티브를 위한 토큰을 정의하고 데이터가 잘 저장되어 있음을 증명할 수 있는 방법을 제공한다. 아래 [그림 10]은 **파일코인의 작동 흐름**을 보여주고 있다. 데이터를 저장하려는 사용자인 고객(Clients)이 있고, 고객의 데이터를 위한 저장 공간을 제공하는 컴퓨터로 스토리지 채굴자(Storage Miners)가, 고객의 데이터 검색에 도움을 주는 컴퓨터로 검색 채굴자(Retrieval Miners)가 있다. 채굴자는 노드(Node)라고도 불린다.

[그림 10] **파일코인의 작동 흐름**

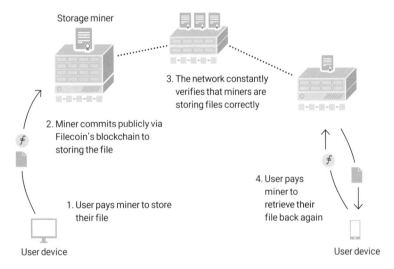

Storage miner

2. Miner commits publicly via Filecoin's blockchain to storing the file

3. The network constantly verifies that miners are storing files correctly

1. User pays miner to store their file

4. User pays miner to retrieve their file back again

User device

User device

출처: 류혁근, 2024.10.10.

파일코인에 데이터를 저장, 검색하는 과정을 기술적으로 도식화하면 아래 [그림 11]과 같다. **데이터 저장 과정**을 보면, 고객은 블록체인에 저장 트랜잭션을 생성하는데, 여기에는 저장할 데이터의 크기, 저장 시간, 수수료 등 저장할 데이터 정보가 포함된다. 스토리지 채굴자는 이 트랜잭션에서 경쟁한다. 더 많은 저장 공간을 보유하고 더 낮은 수수료를 제공할 수 있는 스토리지 채굴자가 이기게 되면 데이터를 더 작은 조각으로 분할해 드라이브에 저장한다. 스토리지 채굴자가 데이터를 안전하게 저장하고 있음을 입증하기 위해 생성하는 증명은 고객이 데이터를 검색해야 할 때 데이터가 여전히 손상되지 않고 사용 가능한지 확인하는 데 사용된다.

[그림 11] 파일코인에 데이터를 저장, 검색하는 과정

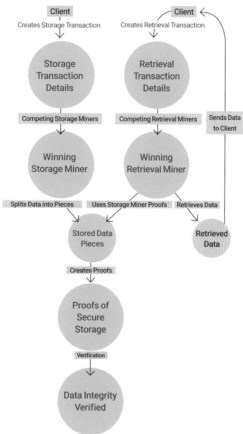

출처: Coinlive, 2023.10.10.

파일코인에서 데이터를 검색하는 과정을 살펴보자. 고객이 블록체인에 검색 트랜잭션을 생성하는데, 검색할 데이터에 대한 정보가 포함된다. 검색 채굴자가 이 트랜잭션에서 경쟁한다. 다른 스토리지 채굴자로부터 데이터를 검색할 수 있는 검색 채굴자가 이길 가능성이 높다. 이긴 검색 채굴자는 스토리지 채굴자의 증명을 사용해 데이터를 검색하고, 데이터를 고객에게 전송한다.

파일코인의 토큰(FIL)은 저장소, 데이터 검색 및 네트워크 내 기타 트랜잭션 비용을 지불하는 데 사용된다. 중앙집중형 스토리지에 비해 여러 장점들을 가지고 있는 파일코인 네트워크에 저장된 데이터는 특정 개인이나 조직에 의해 통제되지 않으며, 데이터가 더 작은 조각으로 분할되어 여러 대의 컴퓨터에 저장되므로 데이터 손실 위험을 줄일 수 있어서 보안도 우수하고, 스토리지 비용도 더 저렴하다. 하지만, 파일코인이 가진 몇 가지 단점들을 보면, 데이터 검색 속도가 중앙집중형보다 느릴 수 있으며, 사용자 수 증가로 확장성 문제에 직면하게 된다는 점 등이다.

참고문헌

류혁곤, "PARAMETA PDS (Personal data storage) 기술 및 적용 사례," 웹3.0연구회 심포지엄 발표문, 2024.10.10.

메타노미스트, "폴리곤, 한국 웹3.0 생태계 확장 위한 파트너십 체결 및 채용 계획 발표," https://www.themetanomist.co.kr/news/articleView.html?idxno=527, 2022.8.3.

미디엄(Medium), "영지식 증명이란 무엇입니까?" https://medium.com/@Inw5s AJJIrks6IE/%EC%98%81%EC%A7%80%EC%8B%9D-%EC%A6%9D%EB% AA%85%EC%9D%B4%EB%9E%80-%EB%AC%B4%EC%97%87%EC%9E%85% EB%8B%88%EA%B9%8C-e9c78f354415, 2023.10.28.

블록미디어, "멀티체인과 크로스체인, 블록체인의 미래를 여는 핵심 기술," https://www.blockmedia.co.kr/archives/739795, 2024.10.27.

블록스트리트, "[단독 인터뷰]정승환 체인링크 한국총괄 "웹 3.0 번영 위한 가교 되겠다"," "https://www.blockstreet.co.kr/news/view?ud=2024022217555093331, 2024.3.4.

비인크립토, "암호화폐 거래에서 슬리피지를 피하는 방법 [2024년]," https://kr.beincrypto.com/learn-kr/what-is-slippage-in-crypto/, 2024.2.29.

비티씨씨(BTCC), "밴드 프로토콜이란?" https://www.btcc.com/ko-KR/academy/crypto-basics/band-protocol-and-band, 2023.10.16.

비티씨씨(BTCC), "에이피아이쓰리(API3)란?" https://www.btcc.com/ko-KR/academy/crypto-basics/api3, 2023.8.8.

송민정, "Web3.0 시장과 비즈니스 모델," 웹3.0포럼 창립총회 발표문, 2023.4.12.

이선경, 김종성, 정세희, "웹 3.0 시대 환경 변화에 따른 차세대 분산형 스토리지 프로젝트 비교 분석 -BTFS(Bit Torrent File System)을 중심으로," *Journal of the Korea Academia-Industrial cooperation Society,* Vol.24, No.5 pp.317-325, 2023.

정의현, "Web 3.0 전망 및 문화분야 대응 방안," 문화정보 이슈리포트, 제45호, 한국문화정보원, 2023.

지디넷코리아, "탈중앙화 구현 웹 3.0, 호환 인프라가 핵심," https://zdnet.co.kr/view/?no=20220719131248, 2022.7.19.

타이커 리서치, "더 그래프, 데이터 접근성 혁신을 위한 여정(풍요의 역설: 블록체인 데이터의 혁신이 필요할 때)," https://reports.tiger-research.com/p/the-graph, 2024.6.8.

Coinlive, "Unleashing the Power of Decentralized Storage: Revolutionising Data Management," https://www.coinlive.com/news/Unleashing-the-Power-of-Decentralised-Storage-Revolutionising-Data-Management, 2023.10.10.

Dani Grant and Nick Grossman, "The Myth of The Infrastructure Phase," https://www.usv.com/writing/2018/10/the-myth-of-the-infrastructure-phase/, 2018.10.1.

저자 약력

송민정 교수는 스위스 취리히대학교에서 커뮤니케이션학 박사학위를 취득하였고, 현재 한세대학교 미디어영상광고학과 부교수로서 학과장을 맡고 있다. 1995~1996년 스위스 바젤에 있는 경영경제 컨설팅 기업인 프로그노스(Prognos AG)에서 [미디어와 통신(Media and communication)] 부서의 전문 연구위원을 시작으로 1996~2014년 KT경제경영연구소 수석연구원으로 연구원 생활을 하였고, 2014년 성균관대학교 휴먼ICT융합학과 대학원의 산학협력교수를 거쳐 2015년부터 한세대학교 교수로 재직 중이며, 동시에 연세대학교 언론홍보대학원에서 객원교수로서 미디어산업론의 이론과 실제에 대해 강의하고 있다.

한국방송학회 기획이사 및 편집위원, 한국여성커뮤니케이션학회 협력이사, 한국미디어경영학회 감사, 한국사이버커뮤니케이션학회 감사 및 부회장, 대한경영학회, 디지털경영학회 부회장, 프로그램심의조정위원회 위원, 정보통신부 자체 평가위원, ITU전권회의 자문위원, ITU-T SG13 멤버, KTV 온라인자문위원회 위원장 등을 역임했고, 현재는 스마트사이니지포럼 감사, 제주콘텐츠진흥원 이사, KTV 자문위원회 위원, 화성시 관광진흥위원회 위원, 서울교통공사위원회 자문위원으로 활동 중이다.

대표적인 저서를 최근부터 보면, 크리에이터 미디어 실전(공저, 2023), OTT 미디어 산업론(2022), 디지털 전환 시대의 미디어경영론(2021), 디지털파워(공저, 2021), 에너지데이터경영론(2020), 미디어 공진화(공저, 2019), 디지털미디어경영론(2015), 빅데이터경영론(공저, 2014, 2019), 스마트 미디어의 이해(공저, 2014), 빅데이터가 만드는 비즈니스 미래지도(2012), 모바일 컨버전스는 세상을 어떻게 바꾸는가(2011), 차세대 디지털 컨버전스(공저, 2005), 디지털 미디어와 콘텐츠의 이해(2003), 인터넷 콘텐츠 산업론(2001), 독일 언론학 연구(공저, 2001), 미디어의 실제(공저, 2001), 정보 콘텐트 산업의 이해(공저, 1999), 정보화 시대와 방송교육(공저, 1999), 디지털이 경제다(공저, 1998), 출판매체론(공저, 1991) 등이 있다.

웹3.0 미디어 관련 영어 논문으로 Business Model Types of Web3.0 Social Token Shaped by Tokenomics(2024), Web3.0 Metaverse Business Model Innovation of Sports Media(2024), Web 3.0 Business Model Canvas of Metaverse Gaming Platform, The Sandbox(2024), Web3.0 Video Streaming Platform from the Perspective of Technology, Tokenization & Decentralized Autonomous Organization(2024), European Creator Economy's Web3.0 Business Model Case Study(2024), Web3 Business Model Innovation Approach and Cases of Korean Game Giants(2024), Meta's Metaverse Platform Design in the Pre-launch and Ignition Life Stage(2022), A Study on NaverZ's Metaverse Platform Scaling Strategy(2022) 등이 있다. 그 외의 미디어 관련 영어 논문으로는 A Study on the Organizational Resilience of Netflix(2022), A Study on the Business Model of a Fan Community Platform 'Weverse'(2021), A Study on the Predictive Analytics Powered by the Artificial Intelligence in the Movie Industry(2021), Over-The-Top (OTT) Platforms' Strategies for Two-Sided Markets in Korea(2021), A Comparative Study on Over-The-Tops, Netflix & Amazon Prime Video: Based on the Success Factors of Innovation(2021), A Case Study on Partnership Types between Network Operators & Netflix: Based on Corporate Investment Model(2020), A Study on Artificial Intelligence Based Business Models of Media Firms(2019), Trust-based business model in trust economy: External interaction, data orchestration and ecosystem recognition(2018), A Study on Trust ICT Business Models: Based on Disruptive Innovation Theory(2018), A Case Study on Kakao's Resilience: Based on Five Levers of Resilience Theory(2017), A Study of Media Business Innovation of Korea Telecom(2016), Global Online Distribution Strategies for K-Pop: A case of "Gangnam Style"(2015), A Case Study on Korea Telecom Skylife's (KTS's) Business Model Innovation - Based on the Business Model Framework(2013), Case Study on Hybrid Business Model: kt's Olleh TV Skylife(2012) 등이 있다.

주요 국문 논문으로는 한류의 비즈니스 확장에 관한 연구: 창의성 유형 모델 기반으로(2018), IoT 기반 스마트사이니지 비즈니스모델 개념화: 4대 스마트커넥티드프로덕트(SCP) 역량 중심으로(2017), 글로벌 5대 MCN 미디어기업들의 비즈니스모델 연구: 파괴적혁신 이론을 토대로(2016), IoT 기반 스마트홈 비즈니스 유형 연구: 플랫폼 유형론을 근간으로(2016), 동영상스트리밍 기업인 넷플릭스의 비즈니스모델 최적화 연구: 비즈니스모델혁신 이론을 토대로(2015), 국내 스마트헬스케어 기업들의 파괴적 비즈니스 혁신 연구: 파괴적 혁신 이론을 토대로(2015), 빅데이터를 활용한 통신기업의 혁신전략(2014), 망중립성 갈등의 대안인 비즈니스모델 연구: 양면시장 플랫폼전략의 6가지 전략 요소를 근간으로(2013), 비즈니스모델 혁신 관점에서 살펴본 스마트TV 진화에 관한 연구(2012), 플랫폼흡수 사례로 본 미디어플랫폼전략 연구: 플랫폼흡수이론을 토대로(2010), IPTV의 오픈형 플랫폼 전략에 대한 연구: 플랫폼 유형화 이론을 기반으로(2010), DMB 사업자의 경쟁전략 방향 연구: 산업구조 분석을 토대로(2003), IT혁명이 문화콘텐츠산업구조에 미치는 영향(2002), 양방향 서비스의 주요 특징인 상호작용성(Interactivity)의 이론적 개념화(2002), 다채널 시대의 상업적인 공익 프로그램 공급 가능성에 대한 연구(2001), 인터넷 콘텐트산업의 경제적, 사회적 파급효과 연구(2000), 유료(有料)TV 산업의 경쟁전략: 클러스터 이론과 연계하여 살펴본 BSkyB 사례를 중심으로(2000) 등이 있다.

이 저서는 2023년도 한세대학교 교내학술연구비 지원에 의하여 출판되었음

웹3.0 미디어 비즈니스

초판발행	2025년 2월 28일
지은이	송민정
펴낸이	안종만·안상준
편 집	조보나
기획/마케팅	김한유
표지디자인	BEN STORY
제 작	고철민·김원표
펴낸곳	(주) **박영사**
	서울특별시 금천구 가산디지털2로 53, 210호(가산동, 한라시그마밸리)
	등록 1959. 3. 11. 제300-1959-1호(倫)
전 화	02)733-6771
f a x	02)736-4818
e-mail	pys@pybook.co.kr
homepage	www.pybook.co.kr
ISBN	979-11-303-2248-3 93320

정 가   25,000원